Hello, Brasil!
e outros ensaios

F*SF*R*

CONTARDO CALLIGARIS

Hello, Brasil!
e outros ensaios

Psicanálise da estranha civilização brasileira

prefácio
LILIA MORITZ SCHWARCZ

7 PREFÁCIO À TERCEIRA EDIÇÃO
Pensar pelos detalhes
Lilia Moritz Schwarcz

19 PREFÁCIO À SEGUNDA EDIÇÃO
Vinte (e tantos) anos depois
Contardo Calligaris

43 HELLO, BRASIL! NOTAS DE UM PSICANALISTA
EUROPEU VIAJANDO PELO BRASIL
47 "Este país não presta"
58 O escravo
72 Crianças
81 Quero gozar
88 Função paterna
109 Fundações
133 Marginalidade e criminalidade
145 Consumo
153 Notas de viagem
171 O sintoma nacional
177 Dívida externa
187 *Arrivederci*

193 ENSAIOS SOBRE O PAÍS DO FUTURO

195 Brasil, país do futuro de quem?

212 Notas sobre migrações

249 Lei e comunidade: algumas propostas

273 A psicanálise e o sujeito colonial

291 Saudades da maloca: quinhentos anos sonhando com os índios

306 FONTE DOS TEXTOS

307 ÍNDICE REMISSIVO

PREFÁCIO À TERCEIRA EDIÇÃO

Pensar pelos detalhes

Grandes livros de interpretação do Brasil foram escritos no exterior ou com a perspectiva e a experiência que se adquirem fora do país. Muitos deles tiveram a autoria de pessoas provenientes do estrangeiro; outros foram realizados por sujeitos nascidos aqui, mas que se valeram, igualmente, do distanciamento e do estranhamento que a viagem e o deslocamento propiciam. Basta lembrar que *Raízes do Brasil*, de Sérgio Buarque de Holanda, foi escrito durante a estada do então jovem intelectual em Berlim, na Alemanha. Manoel Bonfim fez todo o livro *América Latina: males de origem* durante sua estada em Paris. Oliveira Lima completou seu clássico *Dom João VI no Brasil* em Washington, aproveitando sua experiência como embaixador. Helena Morley começou e terminou *Minha vida de menina* enquanto morava em Ouro Preto. Abdias Nascimento publicou o estudo "Racial Democracy in Brazil: Myth or Reality" no exílio nos Estados Unidos, durante a ditadura militar. O resultado são obras que tendem a apresentar visões mais descentradas, olhares por vezes autônomos, críticas menos contaminadas pelos cânones e uma ironia salutar na hora de imaginar o que são esses verdadeiros retratos em ¾ de um país que tanto nos comove e por vezes nos assusta.

E, a despeito dos possíveis reparos que essas obras realizaram em relação ao Brasil, nem por isso esses livros de interpretação do país deixaram de lado uma certa afeição, no sentido de seus observadores encontrarem-se "afetados" pelo território geográfico, sensível e simbólico sobre o qual se debruçaram. Ao contrário, destaca-se nesses ensaios brasileiros e sobre o Brasil o fato de a nação ser pensada como se fosse um biografado; como se fosse uma pessoa integrante do círculo íntimo de amigos a quem queremos tão bem.

Por isso mesmo, a atitude diante desse protagonista chamado Brasil é recorrentemente ambígua. Por vezes esses intérpretes parecem se orgulhar do personagem escolhido, outras vezes se decepcionam com ele. Por vezes mostram-se felizes ao descrevê-lo, outras vezes revelam estar entristecidos, decepcionados até.

É dessa maneira ao mesmo tempo afetiva e crítica que Contardo Calligaris reflete sobre esse país chamado Brasil, que vira e mexe procura por sua identidade e seu futuro também. *Hello, Brasil! e outros ensaios: Psicanálise da estranha civilização brasileira* começou a ser escrito no final dos anos 1980, quando o psicanalista deixou a França. Nessa situação liminar — nem bem no Brasil, nem bem longe dele —, coletou informações e observações sobre seu biografado, com a intenção de entender quais os motivos que o haviam feito escolher morar no país. E assim o livro saiu, com um jeito de autoanálise do escritor, mas também com um formato de autoanálise coletiva — uma análise coletiva do Brasil.

Não sou psicanalista, e não ouso entrar em temas vinculados por demais à área. Da minha parte, é possível dizer que *Hello, Brasil!* tem muito de história e de antropologia. Aliás, é o próprio Contardo quem explica como Freud "pode e deve ser lido como um antropólogo descritivo da modernidade".

Um conceito central do livro é o de gozo: uma imagem projetiva e autorreflexiva que o país constrói sobre o gozo. Tomemos, por exemplo, a análise que o autor faz da "mãe preta e tristeza branca", quando se debruça sobre a função da babá preta (estruturalmente preta mesmo quando branca) e escrava (estruturalmente escrava mesmo cem anos depois da Abolição) na formação das elites brasileiras. A ideia é que o filho branco estaria tomado por dois corpos maternos: o da mãe branca, interditado, e o da mãe de leite, licencioso. Conforme explica o psicanalista, tomado pela história desse país: "A valsa do filho entre as duas mães lembra a viagem do colonizador, desde o país de origem, onde a mãe estava interditada, até a nova terra, onde a mãe seria permitida". É como se na vida familiar colonial fosse reservado um determinado espaço para que o filho pudesse exercer a língua paterna sobre um corpo materno milagrosamente permitido, tal qual gozo autorizado.

Contardo também questiona e indaga sobre detalhes contidos em expressões tão "naturalizadas" por nós brasileiros falantes do português, que mal conseguimos perscrutar significados recônditos, escondidos nos hábitos mais cotidianos. A pergunta "Tudo bem?", por exemplo. Ela suporia mais felicidade na vida do interlocutor do que qualquer outra fórmula de cortesia até então conhecida pelo autor deste livro. Ela poderia ser comparada à versão mais carioca e paulista do "tudo joia", a qual carregaria consigo uma suposição paradisíaca. Entre a pergunta do "tudo bem?" e a resposta do "tudo joia" se entabularia um diálogo previamente disposto por uma confirmação recíproca e prévia. O suposto de que tudo há de estar tudo certo e pacificado.

O autor de *Hello, Brasil!* tira da pátina da normalidade um outro costume local: a importância do nome em relação ao sobrenome. Escreve ele: "Impressionou-me no Brasil, desde o começo de minha estadia, a prevalência do nome em relação ao sobrenome. 'Você conhece Euvaldo em Salvador?' Mas qual Euvaldo? O sobrenome pode até ser esquecido, e o incrível é que funciona".

Acostumado com as classificações europeias, Contardo (e vejam que a maneira de aqui tratá-lo só confirmaria o estranhamento do autor) também se incomoda com o fato de listas de membros de uma associação aparecerem sempre em ordem alfabética de nome, e não de sobrenome, ou que reservas de teatro e de restaurante sigam a mesma regra. "Nunca escutei tanto o meu nome, em detrimento de meu sobrenome", desabafa Calligaris; aliás, a forma como o psicanalista preferiria ser chamado: pelo sobrenome.

Em compensação, escreve ele, a variedade de nomes é extraordinária e excede de longe qualquer calendário litúrgico: "nomes estrangeiros, inventados, nomes que são de fato sobrenomes famosos...". Motivos para suspeita é claro que existem: afinal, por aqui o nome, individual e não herdado, parece contar muito mais do que o sobrenome, que é familiar e regularmente transmitido. O suposto explicativo do escritor é que na Europa a prevalência do sobrenome parece justificar uma articulação simbólica: litúrgica, familiar, histórica etc. Já no Brasil, a prevalência do nome individual e da singularidade a ele acoplada funcionaria como atestado de uma espécie de ruptura na cadeia simbólica da filiação. Talvez seja também um efeito da necessidade do colono, que logo na chegada precisa operar uma nova fundação, sustentada apenas por sua persona e sujeito individual. Isso porque na nova circunstância ele se encontraria sozinho, separado da sua e de qualquer filiação. Quem sabe seria esse o famoso "fazer a América": um eterno começar mais uma vez.

Contardo Calligaris (pois aprendi que é preciso incluir o sobrenome) igualmente desconfia do lugar proeminente das crianças que frequentam festas e encontros sociais sem serem convidadas, além de se imporem com seus choros altos e vontades eloquentes. Admira-se, ainda, com a facilidade com que se cancela a filiação e o onomástico toda vez que é necessário escolher "o motivo da festa" de uma criança. Na segunda viagem que fez ao Brasil, com o filho Maximilien, se deu conta de que iria passar o aniversário dele em Porto Alegre. E foi então que teve o seguinte debate:

"Ligam-me antes da nossa chegada e me perguntam: 'Qual poderia ser o tema da festa?'.

Sem entender, respondo:

— Mas o aniversário já não seria um tema suficiente?"

O psicanalista deparou-se, então, com estranhos patronos que levavam ao tema das festas de aniversário: Rambo, Super-Homem, Batman, He-Man. Por sua vez, às meninas seriam reservadas personagens como Branca de Neve, Batgirl e She-Ra, sempre fiéis às divisões tradicionais de sexo. Motivo de grande surpresa para o psicanalista, os "temas" das festas de aniversário cumprem, segundo ele, função paralela à da prevalência dos nomes: seu objetivo seria, da mesma maneira, dar mais elementos para o esquecimento do onomástico.

O autor chama ainda atenção para o efeito de inversão temporal que esse mesmo costume de nomeação produz, e também avalia suas implicações. Por exemplo, na Europa, a filiação a um patrono cria no passado uma referência mítica que não demanda uma identificação particular. Sendo assim, seguindo-se um "mito de filiação", é possível inventar vínculos de parentesco e assim construir justificativas pautadas na história e na antiguidade. Já a proposta do "tema do aniversário" supriria, no Brasil, a falta de filiação e de passado, projetando para o futuro uma identificação não só imediata, como também projetiva.

Entretanto, a lista de espantos não para por aqui. O pensador fica incomodado com algumas expressões de ódio veiculadas cotidiana e coloquialmente no Brasil. "Vou acabar com a tua raça" surpreendeu o psicanalista, por causa da extrema violência que promete: "não se trata de matar alguém, mas de matar o seu sobrenome, a sua estirpe".

E o que dizer da maneira como os brasileiros atendem o telefone? Conta Calligaris que foram traumáticas as primeiras vezes em que ele passou por essa situação. Achou violenta a interrogação de quem ligava e que demandava: "De onde fala?". Psicanalista de formação, considerou ser essa uma questão intrusiva demais: uma voz desconhecida, anônima, fazendo uma questão de foro íntimo. Se na Europa espera-se que, ao ligar, a pessoa enuncie primeiro quem ela é e com quem quer falar, deixando ao interpelado a possibilidade de assinalar que se trata de um engano, sem ter de declinar a sua identidade, por aqui a questão antecede e inquere aquele que é "vítima" da ligação. E não se trata apenas de uma questão de etiqueta. Muito regularmente, fenômenos sociais se manifestam por meio de costumes coletivos, revelando práticas e percepções mais generalizadas.

Vejamos a mania dos brasileiros de incluírem o adjetivo "novo" para definir atos e eventos políticos da agenda brasileira. Esse adjetivo é motivo de reflexão do autor: Estado Novo, Nova República, Cruzado Novo, Plano Brasil Novo, e por aí vamos. Na interpretação de Calligaris, a escolha pelo que é "novo" acaba acarretando um sentimento de perda e fracasso, com o passar do tempo. Isso porque "novo" vira uma espécie de performativo — uma palavra cuja significação depende do momento no qual é enunciada, como os pronomes pessoais e alguns advérbios de tempo, a exemplo de "hoje", "amanhã" ou "agora".

Outro tema que comove Contardo Calligaris é como a história brasileira foi avara de mitos fundadores. A condução do processo de independência do país, por exemplo, teria sido roubada ao povo, pois caiu nas mãos de um soberano cujo enunciado heroico, inapropriado à situação ("Independência ou morte!"), não deixa de ter, segundo o autor, um "ar de farsa". Esse processo estaria por sua vez relacionado ao "engano" perpetrado ao colono, "que para aqui veio pedir um nome, mas encontrou o projeto de escravizar os corpos e recebeu como significante ao qual se afiliar a designação de um saque".

Tal "engano" poderia ser confirmado pela separação que se estabeleceu entre propriedade e posse durante a colonização brasileira. Por sinal, na demanda pela terra, parece também não se impor a necessidade de um nome e de uma cidadania, os quais seriam finalmente reconhecidos pela própria atribuição de uma propriedade.

Situação semelhante é verificada na relação dos colonizadores com os colonizados. Segundo Calligaris, aqueles pretendiam, com o uso do corpo do indígena (e do africano, eu acrescentaria), marcar realmente a potência paterna. Entretanto, as elites poderiam agir apenas dessa maneira, pois teriam cruzado o Atlântico para serem pais, e não mais filhos. Afinal, a própria linguagem da escravidão representava a filiação como um ato de captura física do "outro".

A tradição do jeitinho e da malandragem é entendida pelo autor como "um epifenômeno da marginalidade". Desse ponto de vista, o jeitinho não parece ser apenas o símbolo de um crônico subdesenvolvimento simbólico: ele representa também esperança. Recorrer ao amigo do parente para evitar a fila do INSS não pode ser considerado a simples realização de uma injustiça. Afinal, graças ao jeitinho é possível sair do que o autor chama de "anonimato do corpo escravo" para se transformar em "alguém". Assim sendo, e como demonstra Calligaris, a lei que me protege também é aquela que manipulo de maneira violenta. É certo que hoje sabemos que esse anonimato funcionava mais para os colonos do que para os colonizados escravizados, que criavam redes de sociabilidade e de proteção. Mas o psicanalista se refere sobretudo ao corpo da branquitude (e esse termo é meu) e a como ele adquire privilégio por meio desses processos de poder.

Calligaris também questiona a configuração geográfica das cidades. Explica ele que em todas as urbes europeias os lugares idealmente dominantes seriam as catedrais, os prédios do governo, os museus, os teatros — em suma, os diferentes "centros" em relação aos quais se calculam as distâncias e se distribuem as significações culturais e administrativas. Já no Brasil, são os postos de consumo que se transformam nos locais mais marcantes das capitais: shoppings, grandes supermercados, feiras de expositores. São eles que "orientam o mapa da cidade, surgem e se afirmam como os verdadeiros centros, de onde irradia e responde o ideal social. Neles se confundem o mercado, o fórum romano e a ágora grega". Da constatação, o psicanalista conclui que o ideal dominante no país coincide com a posse de bens.

O livro explora a representação do Brasil como o local da grande natureza. Seria por sinal a Amazônia que funcionaria no país como o fantasma da oferenda inesgotável da terra. E dá-lhe ambivalência nacional presente até os dias de hoje. De um lado, a ameaça real de destruição da Amazônia é dolorosa para os brasileiros. De outro, a preocupação do resto do mundo com a preservação da floresta constitui para nós uma ameaça ainda mais dolorosa a algo essencial no discurso nacional — a questão de soberania.

Chamaram-lhe atenção, ainda, as narrativas de que "este país não presta" ou que se trata de "um país de futuro". Projeção de um capítulo de história europeia, a ideia é que o destino do país oscilaria entre a utopia e a incerteza. Em suma, parece que a América do Sul, e mais especificamente o Brasil, quando "descobertos" (eu diria "invadidos"), vieram preencher um espaço desde sempre aberto na cultura ocidental: o espaço reservado à nostalgia de um gozo supostamente perdido. Como escreveu o etnólogo Claude Lévi-Strauss, quando os índios da América foram encontrados pelos europeus, já correspondiam ao sonho mais íntimo deles, constatação que, aliás, explicaria o (suposto) pouco estranhamento ocorrido no momento da descoberta.

E assim o Brasil virou a terra do Éden reencontrado, explicado por seu clima ameno, por sua fauna (não há como esquecer que o país foi chamado de Terra dos Papagaios), por sua flora e também, talvez, por uma curiosa conjuntura. Conforme explica o analista: "Não só a cultura dos índios continha a espera dos seus futuros colonizadores, mas também a dos colonizadores trazia um sonho edênico pronto para ser ocupado pelos 'selvagens'. Estes, aparentemente tão outros, para os descobridores talvez correspondam ao mais íntimo de seus sonhos. Em suma, se o conquistador já estava na cultura indígena antes de sua chegada à América, o índio também já estava na cultura europeia antes da 'conquista'".

Esses e outros temas — como a convivência do moderno com o arcaico e do acelerado com o parado; a herança escravocrata e a tradição extrativista da colonização portuguesa; a criminalidade; as migrações — são percorridos com rara inteligência, sensibilidade e muito bom humor por Contardo Calligaris.

O autor propõe ainda saídas ou formas do Brasil se encontrar e se desencontrar com seu futuro. Entre as sugestões estão o serviço comunitário de utilidade prática, um plano de ação contra a violência, o combate à segregação e à desigualdade. Escrito há mais de vinte anos, o livro continua atual. Vale a pena, todavia, lembrar — pois o intérprete não esconde — que o psicanalista fala sempre de seu local, refletindo sobre esse "outro" que não inclui, por exemplo, as populações negras e indígenas. Tampouco inclui marcadores sociais de gênero/sexo e região. Nem sempre expressões que valem para São Paulo e Rio funcionam para o Nordeste e para a região Sul, e vice-versa ao contrário. Por outro lado, sabemos que a experiência de gênero e sexo é muito significativa na percepção do mundo e das suas divisões. E o que dizer das subjetividades negras que de alguma maneira questionam e problematizam esses retratos de interpretação que visam produzir uma imagem do país? Essas são, porém, observações que em nada retiram a visão panorâmica e necessária que este livro traz.

Aliás, *Hello, Brasil!* é livro que se lê comendo pipoca — de tão divertido e inusitado que é —, assistindo na arquibancada, concordando mas por vezes discordando e achando falta. Sabemos que a comunidade, conforme explica Calligaris, "é uma farsa que corre atrás da bola e desfila no Carnaval". Além do mais, a comunidade é ao mesmo tempo uma entidade imaginária — feita de representações coletivas —, simbólica — baseada num quadro jurídico (fundamentalmente igualitário) — e real — ou seja, uma presença concreta da "coisa pública". Mas ela também vira "coisa concreta" por meio dos olhos desse estrangeiro que escolheu uma pátria afetiva para si mesmo. Do alto dessa posição ambivalente é que o psicanalista coloca sob suspeita, mas também reconhece — familiariza o que é estranho e estranha o que é familiar.

Entretanto, nem sempre é preciso optar pelo deslocamento. Aliás, disse o poeta Fernando Pessoa que para "viajar basta começar". Pois bem, este livro é fruto da odisseia da viagem, que é uma atividade muito próxima da escrita e do desenho. É realizado por meio de convenções sociais partilhadas e da originalidade daquele que as interpela. Afinal, a matéria-prima do livro é feita de um viajar pelos detalhes, pelos atos falhos, por um método indiciário que aposta que nas pequenas esquinas moram grandes cruzamentos, nas (supostas) superficialidades residem barulhentas verdades.

Só me falta resolver, de uma vez por todas, como devo me referir ao autor. Como Contardo? Penso que não, pois essa seria uma forma por demais pessoal e vinculada a uma mania brasileira. Por Calligaris? Soaria muito europeu e distante. Pois bem, vamos ao nome composto.

Contardo Calligaris escreveu este belo livro de interpretação do país a partir dos olhos de um estrangeiro que escolheu o Brasil como lugar para chamar de seu. É, portanto, um livro sem prazo de validade, escrito por esse grande intérprete e interpelador do nosso país — da sua história, cultura e sociedade — que infelizmente nos deixou *tão* cedo e nos lotou de saudades. Leia com saudades.

LILIA MORITZ SCHWARCZ

PREFÁCIO À SEGUNDA EDIÇÃO

Vinte (e tantos) anos depois

1.

O título que surgiu naturalmente, na época, *Hello, Brasil!*, é o tipo de saudação que usaríamos ao encontrar uma pessoa com a qual podemos ter um dedo de prosa.

Entrei assim na fileira dos intérpretes do Brasil que tratam o país como se fosse "alguém", uma espécie de ectoplasma do território e do povo, com a aparência e o jeito de um indivíduo, que tem seu caráter, seus gostos, humores e sintomas — e todas essas maneiras de ser dependem de como ele foi criado, das experiências que teve e das que lhe fizeram falta, em suma, de suas histórias, as que ele conhece e também as que ele mesmo ignora.

Um dos meus livros preferidos sobre o Brasil é, justamente, *Brasil: uma biografia*, de Lilia Schwarcz e Heloisa Starling (Companhia das Letras, 2015). Como diz o título, é uma biografia que narra a história do país como se fosse a de uma pessoa se formando e se deformando ao longo da vida.

Parece que, espontaneamente, desde a época em que foram escritas as grandes interpretações do Brasil (na primeira metade do século 20), tendemos a abordar e explicar o país como um semelhante, talvez um parente, que nasceu (ou foi encontrado) na selva, teve uma infância complicada, uma adolescência aventurosa e talvez debochada, uma maturidade menos gloriosa do que a gente gostaria etc. E os percalços dessa existência constituem traumas, esquecimentos, lembranças evitadas ou reprimidas, com as quais ele sofre, idealizações enganosas, esperanças frustradas e ilusões quase delirantes.

Essa tradição de considerar o Brasil um semelhante, para um psicanalista, só podia funcionar como um convite. Nenhuma crítica ou autocrítica nisso. Se escrevesse hoje sobre o país, eu não faria diferente. Talvez apenas acrescentasse que esse modo de entender o Brasil como se fosse um indivíduo como qualquer um de nós não é banal e é bem brasileiro. Ou seja, é uma das próprias características do país, que os brasileiros tentam explicar quem é ao contar suas histórias e seus casos, como se se tratasse de um dos amigos do bairro.

Na iconografia, a coisa é banal: a dita Itália Turrita, personificação do país, é uma mulher cuja coroa representa as torres de um castelo, e a França é Marianne, com seu boné frígio. Na procura por um caráter "nacional", porém, são os italianos ou os franceses que os historiadores descrevem, eles nunca falam da Itália ou da França como pessoas.

Já o Brasil, para os brasileiros, seria um país cordial, onde se teria inventado uma feliz "democracia racial", onde as crianças são adoradas — ainda que não se saiba educá-las — e onde seus habitantes gostariam de ter a reputação de serem muito interessados em sexo. E também (mais uma peculiaridade) ele se veria e entenderia como um indivíduo — claro, um gigante, pelo próprio tamanho, mas, mesmo assim, um indivíduo.

Seria esse, aliás, um corolário da "cordialidade" brasileira: o país não nos aparece nem como um processo histórico, nem como um campo de batalhas e conflitos, mas como uma pessoa. Quem sabe, um amigão da gente.

2.

Escrever *Hello, Brasil!* foi um processo prazeroso, um pouco como organizar um álbum de fotografias de lembranças queridas. E foi também um jeito de explicar para mim mesmo a escolha de me estabelecer aqui.

Além disso, sua escrita e publicação tiveram consequências marcantes na minha maneira de escrever e na minha vida em geral. Depois de *Hello, Brasil!* (e suponho que por causa dele) comecei a colaborar com a *Folha de S.Paulo*, da qual sou colunista semanal há mais de vinte anos. Duvido que isso tivesse acontecido se, além de falar do Brasil, eu não tivesse tentado reatar no livro com um modo de escrever que tinha se perdido durante a minha formação psicanalítica. Explico.

Comecei a escrever (depois de algumas tentativas juvenis em ficção) fazendo colaborações para o jornal *L'Unità* e seu suplemento cultural semanal, o *Rinascita*, e também para *Utopia*, uma revista mensal de cultura e política. Além disso, fui convidado a publicar em livro (que seria reeditado várias vezes) a monografia de minha primeira licenciatura sobre Italo Calvino. Até então eu escrevia para ser lido por qualquer leitor, não apenas por meus colegas universitários.

A formação psicanalítica na Escola Freudiana de Paris (a escola de Lacan), nos anos 1970, era excelente e instigante, mas uma calamidade com relação à escrita. Os candidatos adquiriam o hábito de escrever não para serem lidos, mas para demonstrar aos colegas que conseguiam manejar a teoria lacaniana e imitar o estilo de Lacan. Era como se exibir a capacidade de usar a criptografia dominante fosse mais importante do que expor os tópicos tratados.

Com *Hello, Brasil!* comecei a me liberar desse vício, até mesmo porque eu estava no Brasil e me endereçava a leitores brasileiros, que, em sua maioria, eu supunha, estariam pouco interessados em minhas habilidades de criptógrafo psicanalítico.

Ao redigir o livro, eu não me preocupava em ser reconhecido como analista; eu apenas queria contar minhas experiências, meus pensamentos e algumas mudanças na minha vida, como um analisante. Ou seja, eu escrevia para ser escutado, queria deitar no divã e contar minhas primeiras experiências brasileiras.

A moral da história é que *Hello, Brasil!* me permitiu reatar, aos poucos, com meu estilo antigo. A colaboração com a *Folha*, que se seguiu e foi se intensificando, contribuiu para terminar a transformação.

Metade dela é um efeito de minha história, então. A outra metade talvez tenha de ser atribuída à própria língua portuguesa. Para quem fala mais de uma língua, cada uma delas talvez permita uma neurose diferente (por sua estrutura própria e pelo lugar que cada língua ocupa na história da nossa vida). Minha maneira de me expressar, meu "estilo", escrito e oral, é diferente segundo a língua em que me expresso. Fui alfabetizado em inglês e tentei escrever ficção em inglês. Acabei escrevendo em italiano, depois em francês e agora em português (o que foi totalmente inesperado).

Quais são os sintomas diferentes que cada uma dessas línguas produz em mim?

Apenas para indicar a direção na qual eu responderia: o inglês é a língua da Liberação da Itália (do fim da Segunda Guerra, da chegada dos Aliados); o italiano é a língua dos meus pais, mas também a língua na qual eles foram ameaçados e perseguidos pelo fascismo; o francês, a língua do *Guide Bleu Hachette*, que meu pai sempre carregava consigo e lia exaustivamente nas viagens. E o português é uma língua que aprendi tarde, com a decisão (também inesperada) de vir para o Brasil e, de certa forma, com o projeto de me apresentar aos brasileiros e ser claro. Volto, porém, aos efeitos de *Hello, Brasil!* na minha vida. O começo de minha colaboração com a *Folha* não foi a única consequência da publicação do livro; houve outras, que me trouxeram, indiretamente, mudanças.

Em 1993, um editor da Penguin americana, Mark Stafford (a quem eu tinha sido apresentado por um amigo, Marshall Blonsky), gostou do livro e durante certo tempo contemplamos a possibilidade de traduzi-lo para o inglês. O interesse vinha com um pedido de acréscimos, com maior ênfase no Carnaval. Hesitei: atender ao pedido, no fundo, seria aceitar a ideia de que o Brasil deve ser entendido como um lugar exótico.

Bem naqueles anos um dos meus amigos mais próximos, Octavio Souza, escrevia *Fantasia de Brasil* (que seria publicado pela editora Escuta em 1994). Uma ideia central de Octavio era que a fascinação pelo exotismo do outro é quase sempre uma forma disfarçada de racismo. Achar o outro pitoresco, gostar dele por isso, seria como assistir a um daqueles números de circo (hoje, em geral, proibidos) em que os ursos usavam chapéus de clown e andavam em círculos, montados em uma bicicleta ou em um monociclo. Quando criança, eu preferia os números circenses com animais que sacudiam a jaula e davam medo. Mas essa antipatia pelo exotismo (que é uma maneira de domesticar a diferença do outro) tem um precedente importante em minha história — tão importante que, ao escrever *Hello, Brasil!*, eu preferi esquecê-lo. Aqui vai.

Na minha infância, nos anos 1950 e começo dos 1960, eu me sentia humilhado com a imagem da Itália que parecia prevalecer no olhar dos estrangeiros e, paradoxalmente, no dos próprios italianos. Nos estrangeiros, era o olhar do turista à caça de experiências (levemente) exóticas (spaghetti, *mandolino*, pizza, admiração pelos panos pendurados nas janelas, pelos gritos das famílias brigando, pela circulação dos carros buzinando em Roma ou Nápoles...). Nos italianos, eram as risadas dos espectadores diante das comédias de costumes que o cinema nacional produzia profusamente naqueles anos: a Itália achava graça e se reconhecia na extraordinária vulgaridade de sua própria caricatura.

Parte dessa vulgaridade era (e continua sendo) encarnada pelas torcidas de futebol — esporte que é uma paixão comum à Itália e ao Brasil. Deve ser por isso, aliás, que o futebol ficou de fora de *Hello, Brasil!*, como se, na hora de me estabelecer aqui, eu não quisesse enxergar o "exotismo" mais parecido com o da Itália de minha infância. Mas voltemos à publicação do livro.

Em 1994, fui convidado a dar aulas nos Estados Unidos, primeiro na New School de Nova York e depois na Universidade da Califórnia. Nessa época, durante uma conversa com Stafford, surgiu a ideia de que eu escrevesse um *Hello, USA!*, no mesmo espírito de *Hello, Brasil!*. A proposta de Stafford transformou-se em projeto e foi um argumento cabal para que eu conseguisse em poucas semanas um visto de "estrangeiro de habilidade extraordinária", que garantiria a residência americana para mim e minha família. Fiquei dez anos em Nova York (com alguns períodos na Califórnia e em Boston). Ou seja, *Hello, Brasil!* foi instrumental para a minha permanência nos Estados Unidos entre 1994 e 2004.

Ainda tenho algumas notas que escrevi para *Hello, USA!* e talvez um dia eu faça algo com elas. O fato, porém, é que nunca poderia ter em relação aos Estados Unidos o frescor que me permitiu escrever *Hello, Brasil!*.

Como disse, fui alfabetizado em inglês. Claro, desde o fim da Segunda Guerra, ninguém mais escutava a BBC de Londres para saber quando os Aliados chegariam ou para captar mensagens cifradas para a Resistência, mas o inglês continuava ressoando como a língua e a cultura da Liberação.

Talvez por isso mesmo eu tenha me apaixonado por uma norte-americana e casado com ela em 1966. Passei uma década dividido entre o que acontecia na Europa (Maio de 1968 na França, o outono quente de 1969 na Itália etc.) e a complexidade da experiência norte-americana naqueles anos: a contracultura, a militância contra a Guerra do Vietnã, um cunhado militar na Alemanha, outro que voltou irreconhecível do Vietnã... Viajei várias vezes da Europa para os Estados Unidos, e vice-versa. Fora as obrigações universitárias, a língua em que eu mais lia era o inglês. Quando tentava escrever ficção, era em inglês.

Conto tudo isso para explicar que nunca teria conseguido escrever, nos anos 1990, a história de um "primeiro" encontro com os Estados Unidos, pois, de fato, esse encontro tinha se dado muito tempo antes e já havia se transformado, por assim dizer, em uma relação conjugal.

Algumas das notas para um improvável *Hello, USA!* eu integrei como tema de meus cursos em Nova York e em Berkeley sobre o individualismo moderno. Talvez eu acabe publicando esses cursos um dia, mas nunca serão um *Hello, USA!* — nunca serão a história de um encontro inesperado, às cegas, como foi o meu com o Brasil.

Em outras palavras, não teria podido escrever *Hello, Brasil!* se eu já conhecesse o Brasil e se, ao chegar aqui, não fosse totalmente estrangeiro. O mesmo vale para o conjunto dos demais textos reunidos neste livro, entre eles um que até agora só havia sido publicado em inglês (língua em que foi escrito). Publicados em coletâneas e revistas acadêmicas, esses ensaios completam e apuram as ideias e as experiências relatadas em *Hello, Brasil!*.

3.

Hoje, posso rever e atualizar *Hello, Brasil!* (e foi isso que fiz nesta nova edição), mas certamente não poderia escrevê-lo. Por quê? Primeiro porque hoje sou brasileiro demais; por isso eu não saberia escrever o mesmo livro, nem se quisesse: eu não enxergaria as mesmas coisas — ou então as enxergaria, mas elas não me surpreenderiam mais. *Hello, Brasil!* é o livro de um momento específico, o da chegada. Peguemos o exemplo das crianças.

Atualmente, não tenho mais a mesma reação de estranhamento diante de crianças que correm endemoniadas em restaurantes ou diante de amigos que levam crianças pequenas a encontros de adultos sem perguntar antes se isso incomodaria etc.

Será que me acostumei com isso? Ou será que o país me transformou? Afinal, qualquer cultura assimila os recém-chegados. A osmose é certamente mais rápida nos países que foram e são destinos de emigrantes, como o Brasil. Hoje, o que importa é que, embora continue enxergando a maioria das situações e experiências que me fizeram refletir quando escrevia *Hello, Brasil!*, sou brasileiro demais para estranhá-las. É por uma razão parecida que o psicanalista não deveria escutar seus próximos, amigos ou parentes: além do envolvimento afetivo, os hábitos, gestos e palavras deles seriam familiares, enquanto, na escuta analítica, se espera que tudo nos surpreenda.

Mais uma nota sobre a pergunta que fiz antes: será que me acostumei ou será que o país me transformou? Essa questão tem uma relevância particular na minha maneira de ser psicanalista e psicoterapeuta. Os parágrafos que dediquei à psicanálise no Brasil são os únicos que tenho dificuldade em reler, irritando-me comigo mesmo, ou melhor, com aquele "eu" que desceu do navio (ou do avião). Logo voltarei a esse assunto.

Antes disso, outra pergunta: o que eu sabia do Brasil no fim dos anos 1980, quando escrevi este livro? Entre 1984 (minha primeira viagem) e 1989 (quando fechei meu consultório em Paris e me estabeleci no Brasil, dividindo-me entre Porto Alegre e São Paulo), além de aprender português, tentei adquirir o que eu mesmo chamava de a cultura de um "vestibulando médio" a respeito do país. Essa me parecia ser a condição mínima para escutar pacientes brasileiros ou que viviam no Brasil.

Mesmo assim, embora minha experiência etnográfica do Brasil fosse variada (pois não parava de circular pelo país para ministrar seminários), eu estava longe de ter o conhecimento da história e da cultura brasileiras que tenho hoje. E aquela *docta ignorantia* me permitia elaborar livremente (ou quase) minha experiência brasileira. Se eu conhecesse o Brasil e sua cultura como conhecia a Itália, a França ou os Estados Unidos, teria escrito outro livro, menos aventureiro.

Para entender os efeitos dos limites de meu saber sobre *Hello, Brasil!*, vale a pena comparar construção e interpretação na técnica psicanalítica. Se conhecêssemos perfeitamente a história real de nossos pacientes, mal nos aventuraríamos a produzir construções — pois o que haveria para "construir"? Seria uma perda, porque as construções, aventureiras e incertas, podem se aproximar da verdade do paciente mais do que interpretações que respeitem perfeitamente as lembranças e os fatos.

4.

"Uma vida não examinada (ou seja, uma vida que não reflita sobre ela mesma) não vale a pena ser vivida" é uma famosa frase que Platão coloca na boca de Sócrates. Pois bem, *Hello, Brasil!* foi o primeiro momento da continuação de minha análise (pela escrita) depois de minha chegada ao Brasil — o que supõe duas coisas:

1. que é possível, se não fazer, no mínimo continuar nossa análise por escrito, ou melhor, escrevendo;

2. que uma mudança de língua, cultura e país é uma excelente razão para retomar a análise. Já disse que mudar de língua e país pode ser um jeito, não de se curar, mas de mudar de neurose. Suspeito que viajei muito ao longo da vida, não na esperança de me curar, mas para fugir da mesmice de uma neurose só.

Enfim, este foi o livro em que me analisei na hora em que decidi me mudar para o Brasil. Claro que a análise continuou depois dele.

Tomemos um exemplo, crucial em *Hello, Brasil!* — a frase dita por amigos brasileiros: "Este país não presta". Escrevi que a frase me surpreendeu, que ela me parecia difícil de ser enunciada por um europeu. Curiosamente, alguns anos depois, em 2004, já estabelecido solidamente no Brasil, senti um cansaço parecido com o de meus amigos de 1989 e decidi continuar a viagem: fui para os Estados Unidos, como disse. Há, nessa "continuação", aliás, uma confirmação da ideia de que a viagem do colono nunca acaba: se procuro um local onde a vida seja melhor, por que eu pararia, por que não continuaria na esperança de encontrar um lugar melhor ainda?

Mais importante é algo que, na época, não percebi: comentei sobre a vontade de fugir dos amigos brasileiros ao meu redor sem que isso evocasse em mim o fato de que nunca parei de fugir da Itália, como se eu achasse, de certa forma, que a Itália não prestava.

Primeiro foi a língua, quando, aos quatro anos, pedi para ser alfabetizado em inglês (aqui a razão era histórica: como contei, o inglês era a língua da Liberação, da BBC, da Rádio Londres, da literatura americana censurada pelo fascismo etc.). A mesma fuga se confirmou quando, aos quinze anos, fugi para Londres para encontrar uma canadense por quem estava apaixonado. Aos dezoito, houve o casamento com a norte-americana. Ao longo da vida, casei várias vezes, mas nunca com uma italiana. E fiz toda a minha formação acadêmica entre a Suíça e a França, tornando o francês a minha língua culta.

Seja qual tenha sido o caminho de minha fuga, o fato é que eu via a Itália dos anos 1960 como um país no qual eu não me reconhecia e um país que não me reconhecia. Ou seja, eu olhava para a Itália um pouco como os antigos emigrantes italianos, embora minhas razões para isso não fossem econômicas.

Já mencionei que eu não tolerava a forma como a Itália do milagre econômico aparecia na comédia cinematográfica da época. O riso das plateias significava para mim um reconhecimento complacente (nós *éramos aquilo*): a sátira grotesca do cinema revelava um lado obsceno do qual o público parecia se orgulhar.

Pois bem, eu me envergonhava disso. A vulgaridade do país que aparecia na tela se espelhava na vulgaridade das plateias que achavam graça em se ver assim retratadas. E a vulgaridade do pós-guerra confirmava a do fascismo. A Itália da comédia daqueles anos não era o meu país, eu não queria que fosse o meu. Eu poderia ter dito que era um país que não prestava.

Fui embora. Emigrei para a Suíça, para a França e, enfim, dezesseis anos depois, para o Brasil, tudo para fugir do país de Lina Wertmüller — e mesmo de Dino Risi.

Quando conto essa história a meus amigos brasileiros, eles estranham, pois acabei vindo para o Brasil, que tem curiosas semelhanças com a Itália da qual fugi. O "milagre" no Brasil foi um pouco mais tardio, mas provavelmente tão vulgar quanto o da Itália. E a pornochanchada dos anos 1970 era inspirada na comédia italiana. Seu sucesso de público mostrava que as plateias brasileiras eram tão complacentes com sua própria caricatura quanto as italianas.

Cinema à parte, pense na complacência com a qual, no Brasil, se fala dos vícios nacionais, como a malandragem e a corrupção: é como se, ao mesmo tempo, a gente se orgulhasse e se envergonhasse deles. Essa é a mesma atitude que eu encontrava na Itália. Mas não acho que errei de país e que tenha pulado da panela quente para o fogo. Ao contrário, vindo para o Brasil, talvez eu quisesse dar mais uma chance à minha capacidade perdida de gostar da Itália.

Trinta anos depois, acho que consegui: o Brasil me ajudou a fazer as pazes com meu país natal. Ou melhor, tolerar a comédia brasileira (talvez por me identificar menos com ela) ajudou-me a tolerar a comédia italiana.

No fim dos anos 1990, encontrei, na *Autobiografia* de Norberto Bobbio, publicada pela Laterza em 1997, este parágrafo que resume minhas dificuldades com a comédia e o exótico bom humor italiano (e brasileiro): "A Itália sempre foi um país trágico, embora as nossas máscaras, pelas quais os estrangeiros nos conhecem, sejam cômicas: a do servo feliz e a do patrão ludibriado. Um país trágico, mesmo que a maioria dos italianos não o saiba ou faça de conta que não o sabe. Ou melhor, que não quer sabê-lo".

5.

Quando escrevi *Hello, Brasil!*, algo estava mudando na minha maneira de encarar o mundo e minha própria clínica. E essa mudança em curso teve um peso considerável na escrita do livro.

Minha formação originária (os anos do colégio e o começo da faculdade) é italiana, ou seja, historicista. A ideia de que as coisas se explicam por sua origem e por sua história se confirmaria para mim quando estudei Piaget e Freud em Genebra. Mas minha segunda formação é francesa, ou seja, racionalista e (no começo dos anos 1970) estruturalista. Essas duas formações sempre discutiram uma com a outra, dentro de mim. Por isso minha simpatia por Roland Barthes, que, na época em que nos encontramos, já não levava muito a sério seu estruturalismo, e por Michel Foucault, que, estruturalista ou não, nunca deixou de ser um historiador.

Seja como for, nos anos 1970, em Paris, a gente considerava que uma boa clínica era estrutural, ou seja, devia descrever a personalidade, não tanto a partir de uma história e de uma gênese, mas das relações entre elementos discretos: a função materna, a função paterna, o objeto, o outro etc. Nesse quadro, a estrutura psicótica era definida, por assim dizer, pela falta de um elemento que é central à neurose. Em outras palavras, a psicose era uma estrutura em que o lugar do pai não teria sido simbolizado.

Essa definição de psicose pela negativa continua me parecendo fecunda, mas insuficiente. A parte historicista de minha origem cultural se interessava mais pela experiência psicótica em si, e menos por sua definição como falha na estrutura. Também, em 1972 ou 1973, no primeiro congresso Psicanálise e Política, em Milão, servi de intérprete a Félix Guattari, que participava ao lado de Gilles Deleuze. Conversar com eles era entender que a experiência psicótica poderia ser abordada e descrita positivamente como uma das relações possíveis com o mundo, não como uma falha da neurose ordinária.

Jovem analista em Paris, depois de 1975, lidei, não sei por quê, com uma proporção alta de pacientes psicóticos. Aliás, sei: analistas principiantes tendem a receber uma taxa acima da média de pacientes incômodos — melhor assim. Logo descobri que a psicose me interessava por ser uma experiência que não se define apenas por não ser a neurose. Essa ideia, que consegui formular plenamente em um seminário no fim dos anos 1980,[1] revelou-se crucial na hora de descobrir o Brasil e de escrever *Hello, Brasil!*. Explico.

Qualquer escritor de relatos de viagem é facilmente tentado a comparar o lugar ao qual chega com o lugar de onde vem. Quanto mais distante ou diferente for o país visitado, mais se salienta seu charme exótico em comparação (implícita ou explícita) com o país de origem do escritor, geralmente considerado a "civilização". Essa é quase uma regra dos relatos de europeus que vão para terras longínquas e "pitorescas".

O contraste pode ser estupidamente crítico ou pode servir para criticar o próprio país "civilizado" originário do viajante. Por exemplo, "eles andam nus e não sentem vergonha" pode ser uma maneira de salientar os efeitos sinistros da ideia de que "eles não conhecem a verdadeira religião". Mas também pode ser um jeito de questionar a vergonha na cultura do país de origem daquele que viaja e escreve e mesmo de mostrar que os nativos são muito mais felizes do que nós. As duas posições, de qualquer forma, usam os nativos para falar da cultura do viajante.

Agora, que tal olhar os nativos e tentar entender quem eles são, positivamente? Que tal olhar para os psicóticos e se perguntar qual é sua experiência do mundo, positivamente (sem apenas descrever o que os separa dos neuróticos)?

Curiosamente, uma ressalva dos leitores mais apressados de *Hello, Brasil!* foi a de que era o livro de um europeu (como dizia, aliás, o subtítulo: "Notas de um psicanalista europeu viajando ao Brasil") que criticava o país por ele não ser a Europa — ou que, no mínimo, lia o Brasil por uma óptica europeia.

---

[1]. Transcrito em *Introdução a uma clínica diferencial das psicoses*. 2. ed. São Paulo: Zagodoni, 2013.

Certamente, há ideias no livro que parecem supor a comparação, especialmente com a realidade europeia. Se digo que uma referência comum, propriamente nacional, faz falta aos brasileiros, eis que pareço dizer que na Europa, por sorte, a coisa seria diferente. Se digo que no Brasil falta função paterna, é a mesma coisa: subentende-se que neste país falta algo que na Europa, "por sorte", há de sobra. Mas é difícil dizer quando esse subentendido está no meu texto e quando ele está mais nos meus leitores do que em mim.

Eu me surpreendia, nos anos 1980, com a facilidade com a qual vários psicanalistas brasileiros adoravam e adotavam interpretações apressadas do Brasil feitas por colegas europeus, os quais mal desciam do avião em Guarulhos ou no Galeão e já proclamavam as falhas e faltas capitais do espírito local. As conferências que eles ministravam pareciam funcionar como castigo por terem os brasileiros sonhado com a possibilidade de fugir do domínio que o pai exercia no continente antigo. Era como se caricaturas paternas viessem da Europa para dizer aos filhos pródigos que a sua fuga não tinha resultado em nada que prestasse.

Quanto a mim, das duas reflexões, não sei qual influenciou a outra: se foi a sobre psicose que influenciou a de *Hello, Brasil!*, ou o contrário. O fato é que, no livro, eu tentava entender o Brasil na sua positividade — ou seja, não como o efeito do que lhe faltaria (para ser a Europa), mas como algo específico, diferente, uma realidade nova, inventada talvez a partir de uma falta, mas que não se resume a isso.

Um exemplo? Eu não entendia o jeitinho brasileiro como efeito de um subdesenvolvimento simbólico crônico, uma falha moral insanável. Eu o entendia sobretudo como uma compensação e uma esperança possíveis: em uma sociedade em que é fácil ser insignificante, um privilégio indevido pode servir para restituir a qualquer um, por um instante, uma necessária dimensão de dignidade.

Escrevi: "Os amigos europeus que conhecem de perto ou de longe o Brasil, sobretudo os amigos analistas, se encantam com a constatação de que ao país 'falta pai'". A afirmação, por se sustentar frequentemente em acrobáticas confusões e fabulosas ignorâncias, deixa entrever perspectivas diagnósticas sombrias que reservariam aos brasileiros uma escolha dolorosa entre a loucura e uma perversão eventualmente alegre por ser não necessariamente a mesma para todos, mas a singular de cada um.

Essa ideia de que ao Brasil faltaria pai, trazida pelos convidados europeus (e formulada como diagnóstico peremptório, quando não irrisório), parecia entusiasmar alguns colegas brasileiros. De fato, o entusiasmo dos filhos fujões era exatamente o que os europeus gostariam de ouvir.

Que melhor ocasião, com efeito, seria oferecida aos queixosos do "país (ou do pai) que não presta" para tentar agradar ao antigo pai europeu? Que melhor ocasião também de reconfortar os amigos europeus em sua convicção de que detêm o monopólio da função paterna?

A vontade de agradar ao antigo pai europeu, ou mesmo de lhe pedir perdão por ter "fugido", é um pouco como a história dos índios, cuja cultura contemplaria o lugar do colonizador já dentro de si — como se eles estivessem desde sempre à espera da colonização ibérica. O índio teria dito "colonize-me, por favor", e os que queriam agradar ao pai europeu afirmariam: "Despreze minha fuga, pegue-me pelo cangote e puna-me, por favor".

"Aqui falta pai" talvez seja então sobretudo um sintoma dos brasileiros diante dos europeus, expressão da nostalgia de uma neurose da qual eles escaparam. A culpa diante do pai originário é satisfeita pela nostalgia e pela ilusão de que a vida teria sido muito melhor se eles não tivessem fugido para as colônias.

Do mesmo modo, muitas crianças adotadas saem à procura dos pais biológicos, como se lhes fizessem falta, como se elas sentissem nostalgia do tratamento "maravilhoso" (?) que não receberam e que imaginam (sei lá por quê) que os pais biológicos agora lhes reservariam (arrependidos, quem sabe).[2]

O apelo ao pai antigo encontra sua expressão mais simples nas filas diante dos consulados para pedir nacionalidade e passaporte aos países da origem da linhagem que emigrou. É uma corrida de obstáculos burocráticos e um investimento considerável de tempo e dinheiro: advogado, viagens, pesquisas no país de origem etc. O esforço de estudar a língua e a cultura do país de origem já é mais raro, mas, de qualquer forma, o processo obriga a reconstituir um pouco a história da família e de sua migração.

A maioria dos que se jogam nessa procura não planeja voltar ao país de origem, mesmo no futuro. Quase todos dizem que fazem isso para os filhos, de maneira que possam viajar mais facilmente, estudar "lá fora", conseguir trabalho e sobretudo viver em segurança. O efeito mais provável é um enfraquecimento suplementar da identidade nacional dos filhos, os quais cresceriam com a sensação de que o que os pais querem para eles é que tenham uma chance de ir embora...

Talvez uma explicação esteja na expressão, usada de maneira corriqueira, "vou tirar a cidadania", "estamos tirando a cidadania", sem precisar dizer de qual país, como se a cidadania verdadeira só fosse aquela que a gente "tira" no consulado do país europeu de origem.

Em 2005, produziu certo alvoroço a notícia de que a primeira-dama brasileira, Marisa Letícia, obtivera a cidadania

---

2. De fato, essa nostalgia injustificada nas crianças adotadas é sobretudo expressão de um lamento dos pais adotivos, os quais quase sempre acham que o fato de eles não terem sido pais biológicos constituiria uma espécie de defeito original de seu jeito de "ser pais".

italiana. Nessa ocasião, aliás, Marisa declarou que nem ela nem o então presidente Lula tinham a menor vontade de sair do Brasil. Acrescentou, porém, que tinha feito os trâmites por insistência dos filhos, para dar "uma oportunidade" aos meninos. Era no mínimo curioso: os filhos do presidente do Brasil confirmavam que a "oportunidade" para eles estava na Itália, não aqui.

Agora, o desejo de cidadania é coisa de colono. O colonizador nunca deixou de ser um emissário do país de onde ele vem, nunca comprou a ideia de vir a ser brasileiro. É o colono que passa pela decepção de uma cidadania que não foi inventada e, ao mesmo tempo, assiste de longe a uma mudança em seu país de origem — que o excluiu economicamente e agora talvez encontre um jeito de garantir cidadania a todos os seus filhos, inclusive aos que saíram de lá.

O colono não quer voltar, mas acha que seu sonho não é mais aqui, então ele sonha que os filhos voltem para a Europa ou com a continuação da viagem. Essa decepção do colono juntou-se à consternação diante do mar de lama no Brasil, em 2017. Logo depois da morte de Marisa Letícia, por exemplo, tive de escutar que ela, de fato, não estava morta, mas vivia tranquilamente na Itália, onde fora fotografada às escondidas e para onde o ex-presidente Lula em breve seguiria.

Escutei isso, sentado em uma cadeira de cabeleireiro, de um sujeito que jurava ser tudo verdade comprovada. O convencimento de quem nos "revelava" esse segredo era uma espécie de queixa: aqueles mesmos de quem esperávamos que inventassem um Brasil cidadão já haviam partido e nos abandonaram aqui. Por sorte, o salão inteiro ria da história.

6.

Hello, Brasil! foi comentado por Caetano Veloso e José Miguel Wisnik.[3] Ambos foram leitores simpáticos, mas não puderam deixar de apontar o que parecia ser (e de fato era), no meu texto, uma redução irônica da antropofagia de Oswald de Andrade e, por consequência, de sua retomada pela Tropicália, nos anos 1960. Wisnik, em particular, fazia-me notar que, na minha "descoberta" do Brasil, eu não tinha enxergado, por assim dizer, a música brasileira. Essa crítica foi surpreendente para mim, pois eu, de fato, já naquela época, amava a MPB e mesmo o pop nacional. A trilha de minhas viagens ao Brasil entre 1985 e 1989 era eclética, mas sempre brasileira: além do próprio Caetano, Milton Nascimento, Gilberto Gil, Belchior, Marina, passando por Kid Abelha e Paralamas do Sucesso. Sem contar o samba. Como eu não tivera a ideia, óbvia, de considerar que as letras e as notas das músicas certamente falavam de uma maneira "nova" de ser brasileiro — no mínimo diferente da que eu enxergava?

Em 1967, em resposta a uma cobrança de mais compromisso com a cultura nacional, Caetano disse em entrevista: "Nego-me a folclorizar meu subdesenvolvimento para compensar dificuldades técnicas. Ora, sou baiano, mas a Bahia não é só folclore. E Salvador é uma cidade grande. Lá não tem apenas acarajé, mas também lanchonetes e hot dogs".

Como um italiano dos anos 1960, eu só podia concordar com Caetano, ou seja, recusar-me a "folclorizar meu subdesenvolvimento" (mediterrâneo, em vez de tropical) e procurar uma nova vitalidade cultural, misturando o patrimônio nacional com a li-

---

3. Ver: Caetano Veloso, *Verdade tropical*. São Paulo: Companhia das Letras, 1997, pp. 248-54; José Miguel Wisnik, *Sem receita: ensaios e canções*. São Paulo: Publifolha, 2004, pp. 235-9.

teratura, a música e as lanchonetes anglo-saxãs, com as quais a Itália foi, bem ou mal, reconstruída.

Minha dificuldade, em suma, não era com o tropicalismo como movimento, mas apenas com a metáfora da antropofagia, que, justamente, me parecia folclórica. Querer ser "antropófago" seria como, na Itália da década de 1960, apostar na pizza e no *mandolino* de *Strapaese* (o *Strapaese* — superpaís — foi um movimento cultural populista, ufanista e filofascista na Itália dos anos 1920 e 1930) como fundamentos de uma "nova" cultura. Mas talvez a explicação de minha desconfiança diante da antropofagia fosse e seja simplesmente meu medo de ser comido e digerido pelo Brasil.

Será que fui? Pois bem, em alguma medida acho que sim. Mas não foi ruim.

7.

Não acho que cada cultura tenha a psicanálise que lhe toca, mas é certo que a psicanálise não é nenhuma metafísica da subjetividade humana. Sua prática e sua teoria dependem sempre de como as pessoas, em determinada cultura e época, podem se endereçar a ela, ou seja, do que, como e para quem as pessoas, em dada cultura e época, pedem.

Quando comecei a vir ao Brasil, em meados dos anos 1980, eu ministrava com regularidade um seminário para psicanalistas em várias cidades: Porto Alegre, São Paulo, Belo Horizonte, Salvador etc. Ensinar parecia-me uma experiência diferente da que eu tivera na Europa (França, Itália, Espanha e Bélgica) anos antes. E essa diferença foi uma das razões que me levaram, no final daquela década, a deixar Paris e me estabelecer no Brasil.

O ensino na Europa (ao menos da psicanálise) era parecido com uma cerimônia de santificação de um mestre (grande ou pequeno, general ou sargento, tanto fazia). Ou seja, a compreensão do que estava sendo ensinado era acessória, e sua serventia na prática clínica era mais que dispensável: era entendida como a marca de um utilitarismo moralmente duvidoso. Na grande maioria dos casos, em suma, o mestre falava para confirmar sua posição de mestre, e os alunos estavam lá para canonizá-lo.

Ora, as questões que encontrei ao ensinar no Brasil (ou na Argentina e, mais tarde, nos Estados Unidos) eram quase inéditas, porque exigiam que eu elaborasse melhor minhas ideias e explicasse como elas se aplicavam à prática clínica.

Alguns diriam que essas diferenças apenas "confirmam" o utilitarismo no continente americano. Mas eu preferi considerar o que elas me diziam sobre o estranho culto ao mestre que parecia dominar a cena dos anos 1970 e 1980 na Europa.

Uma das consequências dessa escolha pelo ensino nas Américas foi que, rapidamente, eu parei de me preocupar além da conta com minha fidelidade a uma doutrina ou a uma terminologia e comecei a me preocupar muito mais com minha fidelidade à complexidade da clínica. Ou seja, passei a cuidar mais dos pacientes, em sua singularidade, e menos de minhas filiações e de meus pressupostos (ou preconceitos) teóricos.

Por exemplo, o futuro (planos, sonhos, projetos etc.) é um tempo determinante na subjetividade contemporânea e mais ainda na subjetividade americana (pois o colono é mais portador de um sonho do que de um passado). Hoje, clinicando nas Américas, defender a ideia freudiana de que o sujeito só sofreria de reminiscências, e não de seus próprios planos, seria um bom exemplo do que significa manter a fidelidade a uma "reta" doutrina em vez de escutar a singularidade dos sujeitos que confiam na psicanálise.

Existe uma razão para essa diferença entre as Américas e a Europa e para minha mudança ao longo de meus anos brasileiros — uma razão que, na época de *Hello, Brasil!*, não captei como deveria: a fidelidade às filiações não tem como ser o forte da América, que, caso se preocupasse com isso, produziria só choradeiras pela Europa perdida ou pelo pai europeu perdido. Levou certo tempo para que eu mesmo me desse conta de que as Américas me transformavam.

Na época de *Hello, Brasil!*, no campo da psicanálise, eu era um europeu: qualquer posição (prática ou teórica) que não fosse obediência a uma filiação me parecia ser uma heresia, uma traição, uma espécie de descompromisso. Há páginas, neste livro, nas quais critiquei colegas que podiam se interessar por várias doutrinas, escutar vários interlocutores (nenhum dos quais configuraria propriamente um mestre) e criar eles mesmos uma mistura singular do que lhes parecesse mais adequado à singularidade de cada paciente de que se ocupavam. Hoje, eu me reconheço muito mais nesses colegas que eu criticava do que na militância por uma doutrina só.

Claro, os amigos europeus acham que a América e o Brasil, especificamente, corromperam-me de vez. É provável, mas não lamento.

8.

A Lava Jato não mudou o Brasil. Ainda não. Mas ela tornou o país mais legível.

Parecemos assistir a um enfrentamento (decisivo ou não) entre o colono que quer um país de verdade, um país que respeite suas próprias leis e as esperanças de seus cidadãos, e a ganância do colonizador, que é revelada como nunca na atitude dos corruptos ativos e passivos: aquelas classes empresariais e aqueles políticos que compraram e venderam o país.

Claro, a oposição entre colono e colonizador é, como sempre, teatral: de fato, o colonizador está dentro de todos nós, tanto quanto o colono. Cada um pede sinceramente respeito às leis e rigor no seu cumprimento, mas nem por isso deixa de saquear o país quando a ocasião se apresenta.

A justificativa dessa dualidade é simples (e todos parecem concordar com ela): eu quero um país respeitável, mas, se o país me desconsidera como cidadão, por que eu o respeitaria como país? Ou seja, por que eu não sonegaria imposto, se o país me sonega cidadania?

O que me permite afirmar que a Lava Jato não mudou (ainda) o país?

Nenhum dos presidentes porta-vozes do colono (Fernando Henrique Cardoso, Luiz Inácio Lula da Silva ou Dilma Rousseff) conseguiu acabar com uma classe política porta-voz do colonizador. A retomada democrática, até agora, foi a convivência de sempre destas duas vozes, a do colono e a do colonizador.

É ótimo que os porta-vozes do colonizador sejam hoje desvendados como corruptos e saqueadores da coisa pública e do país, mas isso não surte nenhum efeito drástico. Por quê?

O problema não é tanto que os corruptos permaneçam no poder, mas que eles mantenham, de fato, seu prestígio. Os indícios de corrupção se tornaram (só por um tempo?) mais uma categoria indicadora de poder. Quanto mais alguém é corrupto, mais é presumivelmente poderoso. Por isso, os políticos acusados descobriram as virtudes da desfaçatez. Aos olhos do eleitorado, o corrupto, pela falta de vergonha, demonstra que continua confiando em seu próprio poder.

Para eu acreditar que a Lava Jato tenha mudado o país, será preciso que um dia os eleitores deixem de entender esse *potlatch* nacional de abuso de poder, riqueza ilícita e corrupção como demonstração de força que impõe respeito. Ou seja, será preciso que se eleja uma nova classe de políticos, representantes apenas da demanda do colono (sem satisfações a dar ao colonizador), e, assim, se faça do Brasil de fato um país.

CONTARDO CALLIGARIS

São Paulo, outubro de 2017

Hello, Brasil!

Notas de um psicanalista europeu viajando pelo Brasil

EM 1985, DOIS AMIGOS, Raul Sciarretta, de Buenos Aires, e Alduísio Moreira de Souza, de Porto Alegre, convidaram-me, junto com alguns colegas, para uma breve temporada de trabalho na Argentina e no Brasil. Nessa época, eu não falava uma palavra de português e, na verdade, ignorava até a localização, se não a existência, da cidade de Porto Alegre (onde, quatro anos depois, acabaria morando).

Do Brasil, sabia o que sabe um honesto leitor do jornal *Le Monde*. Curiosamente, desde essa primeira viagem, nasceu uma paixão pelo país que me levou a voltar três vezes em 1986 e, a partir de 1987, a cada dois meses. Em dado momento tinha me transformado em um impossível viajante e tive de decidir entre não vir mais e vir mesmo, e deixar a França. Decisão que tomei em janeiro de 1989.

Que a paixão por esta terra se confundisse com a paixão por uma mulher é algo que, a mim, não parece comprometer nenhum dos dois amores. Pelo que vou entendendo da minha paixão brasileira, aliás, este país, mais do que qualquer outro, talvez esteja destinado a ser amado como um corpo feminino.

Este livro é, portanto, um escrito de amor: ao mesmo tempo é uma declaração, uma elegia e, naturalmente, também uma queixa. Se ele tivesse de pertencer a um gênero literário, eu gostaria que fosse recebido como um relato de viagem.

"Este país não presta"

No fim de 1988, tenho a impressão de me insinuar no Brasil no contrafluxo. Quanto mais vou decidindo me estabelecer no país, mais me deparo com a estupefação dos amigos brasileiros. Acredito que, na calorosa tentativa de me dissuadir, não haja nenhum, ou quase nenhum, ciúme (no estilo "o Brasil é meu, não venha para cá, seu estrangeiro"): parece mesmo que eles estão antevendo e querendo prevenir a necessária repetição de uma decepção secular.

Nessas tentativas de dissuasão volta assiduamente uma frase: "Este país não presta". É uma frase corriqueira; ela aparece na conversa ocasional com motoristas de táxi e inevitavelmente ressoa nas palavras das próprias pessoas que deveriam ter e têm grande interesse na minha presença no Brasil. Causa-me estranheza ainda a facilidade com que, mesmo em situações que não são extremas, é enunciado — como prova e demonstração — um projeto de emigração: aqui não presta, vamos embora para um lugar que preste.

Finalmente entendo por que essa frase me deixa perplexo cada vez que a ouço. De fato, pouco importam as razões que cada um dá para justificar que o país não presta: a enunciação mesma da frase configura um enigma. Como é possível enunciá-la? De onde será que se pode dizer "este país não presta"? A frase pareceria natural se fosse dita por um estrangeiro, mas, como enunciação dos próprios brasileiros, ela surpreende.

Parece-me que um europeu poderia afirmar que um governo não presta, que a situação econômica não presta ou mesmo que o povo não presta, mas dificilmente ele diria que o seu país não presta. Deve haver alguma razão para que os brasileiros, em relação à própria identidade nacional, se situem em curiosa exclusão interna, que permite articular a frase que me interpela. Essa razão não deve datar de hoje.

"Brasil, ame-o ou deixe-o", propunha a ditadura — frase que também soa estranha aos meus ouvidos. Um fascista europeu teria dito sobre seu país: "Ame-o ou te mato". E nenhum europeu teria encontrado como resposta a famosa frase "o último a sair apague a luz", pois ele antes responderia reivindicando uma filiação que não aceita a alternativa proposta: "Eu sou daqui e não vou a lugar nenhum". A história do Partido Comunista Italiano, durante a primeira década do fascismo, é exemplo disso: havia uma incessante substituição dos quadros do partido, que era clandestino, a cada vez que seus membros eram descobertos. E isso se justificava, antes de mais nada, para afirmar o direito, o dever e a necessidade de permanecer na Itália. Matem-nos, mas não sairemos daqui.

Em suma, algo nessa frase me parece testemunhar um problema de *um*tegração — se o leitor me permite o neologismo. Não digo um problema de integração, pois não se trata de uma dificuldade em ocultar ou uniformizar as diferenças originárias das diversas etnias. Também não se trata, é evidente, de uma falta qualquer de sentimento patriótico. Trata-se de uma dificuldade relativa ao *um* — ao qual uma nação refere os seus filhos —, ao significante nacional em sua história e sua significação.

Em outras palavras: se os brasileiros podiam falar de seu país como se fossem estrangeiros, é porque, de alguma forma, "Brasil" — o *um* das suas diferenças — devia ser algo a mais ou a menos do que um traço identificatório fundador da filiação nacional. Pois tal traço normalmente não se discute, assim como normalmente um sujeito não discute o seu sobrenome.

Mas, diabos, como funciona então esse significante nacional que permite que quem o reivindica para si enuncie a frase "este país não presta"? Encontrei ecos dessa expressão de exclusão interna em formas às vezes extremas de execração ou escárnio nas páginas dos jornais; lembro, por exemplo, de uma reportagem de capa da revista *Veja* sobre a fuga dos brasileiros para o exterior; outra, inacreditável, da *IstoÉ*, em que se via na capa o Brasil derretendo e esvaindo-se pelo ralo.

Resistindo ao contrafluxo, imaginei, então, duas figuras brasileiras que pudessem, nos corredores dos aeroportos, lançar-me a frase "este país não presta": o colonizador e o colono.

Essas duas figuras, que desde aquela época não me deixaram e com as quais fui pensando o Brasil, devem ser entendidas como figuras retóricas. E são, na minha leitura, as figuras retóricas dominantes do discurso brasileiro. Elas têm relação com a história, pois certamente é a história da nação que compõe o quadro, a estrutura dos lugares possíveis de enunciação no Brasil.

Esteja claro que o povo brasileiro não se divide em colonizadores e colonos. Poderíamos, porém, dizer que cada um tem em si um colonizador e um colono, mas esse raciocínio seria ainda psicológico e impreciso. O certo seria dizer que, no discurso de cada brasileiro, seja qual for a sua história ou a sua posição social, parecem falar o colonizador e o colono.

O COLONIZADOR

O colonizador é aquele que veio impor a sua língua[1] a uma nova terra, ou seja, ao mesmo tempo demonstrar a potência paterna (a língua do pai saberá fazer gozar um outro corpo que não o corpo materno) e exercê-la longe do pai. Pois talvez o pai interdite só o corpo da mãe pátria, e aqui, longe dele, a sua potência herdada e exportada me abra o acesso a um corpo que ele não proibiu.

[1]. Esclarecimento teórico: nas páginas que seguem, tratar-se-á de língua materna. E talvez valha a pena esclarecer o conceito. É uma questão sobre a qual bastante se escreveu e falou. Chamo a atenção, em particular, para uma conferência feita em Israel pelo psicanalista francês Charles Melman, que me parece ser o que de melhor foi dito sobre o assunto (ver: *Le Langage et l'inconscient*. Paris: Association Freudienne Internationale, 1990). Para a psicanálise, a língua materna não é propriamente nem a língua que a mãe falou para o seu filho, nem a língua na qual cada um aprendeu a falar. Ela é a língua em que cada um imaginariza o corpo materno como impossível. Desse ponto de vista, não é uma língua natural e menos ainda nacional; trata-se de uma língua singular, talvez babélica: a língua inconsciente na qual cada um institui a dimensão simbólica de um pai que o aceite numa filiação, à condição de interditar algo que passa a ser o corpo materno. Desse ponto de vista, poderia, aliás, ser chamada de língua paterna, não fosse a coincidência que faz da língua que interdita a mesma que permite sonhar com o que foi interditado. Ela é, em suma, para cada um, a língua da estrutura simbólica fundamental que o faz sujeito e a língua do gozo perdido por ser sujeito.

Embora, em princípio, a língua materna não seja o mesmo que a língua nacional, entende-se rapidamente por que uma acaba se confundindo com a outra. Por duas razões: primeiro, porque a estrutura simbólica que nos faz sujeitos, por ser singular, não deixa de ser tomada em uma rede maior, cultural, que é privilegiadamente a rede organizada por uma história nacional; segundo, porque, se cada um dispõe de um pai singular, esse pai sempre vale à medida que ganha proeminência de alguma maneira na rede social, que também é privilegiadamente nacional (vejam-se, como contraexemplo, as dificuldades de organização subjetiva enfrentadas por um sujeito cujo pai não encontra no social nenhum tipo de reconhecimento, como no caso de se achar em uma situação de miséria real que o priva de cidadania). Tudo isso implica que se possa, sem extrapolar demasiado, considerar que a língua materno-paterna seja representada pela língua nacional.

Conhecemos bem o caso de emigrantes que procuram analistas que falem ou pelo menos possam escutar a sua língua nacional originária. A procura

Em outras palavras, a questão do colonizador é: será que vou poder gozar desta nova terra sem os limites, as inibições, os interditos que me limitavam no meu país de origem? Se eu conseguir, será uma dupla façanha:

1) vou demonstrar a potência paterna, pois a língua dele, o saber dele, tudo o que trouxe na embarcação e dentro de mim, vão me permitir explorar esta nova terra;

2) vou me servir da potência paterna, mas, por estar longe do pai, poderei fazer isso sem as chatas limitações que ele me impunha lá em casa.

O colonizador é o verdadeiro "explorador", na duplicidade do fantástico equívoco que só a língua portuguesa — que eu saiba — propõe: em português, "explorar uma terra" significa tanto arrancar os seus recursos como ser o primeiro a conhecê--la (para designar as duas diferentes coisas, o francês emprega dois verbos, *explorer* e *exploiter*, e o inglês, *explore* e *exploit*). O colonizador maneja a nova terra como se possuísse o corpo de uma mulher e gritasse "goza, Brasil!", esperando seu próprio gozo do momento em que a mulher, esgotada, se apagará em suas mãos — prova definitiva da potência do estuprador.

O colonizador deve ser quem inventou, ainda em sua embarcação rumo ao Brasil, as piadas de português, pois essa extraor-

---

→ concerne à língua materna; é certo que ela pode às vezes ser uma armadilha, pois, analisando-se na sua língua originária, o sujeito pode fazer a triste economia de interrogar a posição singular na qual o seu estatuto de emigrante o coloca. Como se ele quisesse continuar se confrontando com a língua que instituiu o pai e interditou a mãe, quando ele já escolheu, por exemplo, falar outras e, quem sabe, tentar assim um acesso possível ao corpo materno e um desmentido ao interdito paterno.

Existem escritores (como Beckett, Nabokov etc.) que só conseguiram soltar a caneta ao abandonar a própria língua materna e escolher outra língua, na qual talvez a mãe não fosse interditada ou o pai se acalmasse um pouco. Faz sentido, do ponto de vista da psicanálise, considerar que a mudança de língua pode ser um jeito de mudar de neurose.

dinária proliferação de chistes a partir de uma vítima escolhida, embora seja frequente em outros países (os belgas, vítimas dos franceses; os berneses, dos genebrinos etc.), apresenta a característica única de ter como vítima o povo do qual se origina um grande número de brasileiros. E as piadas de português parecem-me todas redutíveis a um denominador comum, do qual resta a emblemática história das portuguesas de grandes seios. Sabe por que são elas assim? Porque os portugueses, em vez de chupar, sopram. Os portugueses são os que ficaram, os que não vieram para cá, e por isso são para sempre os que não sabem e nunca saberão gozar direito, pois renunciaram a gozar de um corpo que talvez não lhes fosse proibido.

Mas o colonizador também é triste, pois, de qualquer forma, mesmo que o corpo entre as suas mãos não seja proibido e goze, ele sempre saberá que não é bem esse o corpo que ele queria. O corpo que queria fazer gozar era o corpo que deixou para trás, o corpo materno interditado. Esse outro corpo, que é o Brasil, explorado, gozado até o fim, esgotado, deslocado em suas mãos como um manequim, lhe aparecerá como simples lembrança de que só conseguiu fazer gozar um corpo diferente do único que importava para ele. O colonizador não pode deixar de multiplicar essa atividade de exploração que continua ilustrando a potência da língua paterna da qual se apropriou, mas constata o fracasso dessa apropriação. Pois, para exercer a potência paterna como se fosse a sua, teve de deixar o corpo da mãe pátria.

O colonizador veio então gozar da América, por isso deve esgotá-la, mas sabe que não era a América que ele queria fazer gozar.

Ele tem com o Brasil como corpo uma relação de cobrança que lhe permite dizer "este país não presta", seja porque deveria ser o outro corpo (aquele que ele deixou), seja porque esse corpo não goza como deveria.

Quem sabe a figura do colonizador nos explique a dificuldade específica de fazer qualquer reforma agrária neste país. Expropriar, mesmo que não implique nem de longe "privar", é de qualquer forma um gesto político inaceitável para o colonizador, pois contradiz o essencial da sua empresa. Na época, não encontrei ninguém em São Paulo, nem nas conversas dos botecos mais humildes, que aprovasse — a não ser por razões de militância partidária — a expropriação da casa dos Matarazzo, na avenida Paulista,[2] pois foi para "possuir" a terra, só para isso, que o colonizador veio.

O COLONO

O colono é quem, vindo para o Brasil, viajou para outra língua, abandonando a sua língua materna. Isso evidentemente vale também para os portugueses — não tanto por razões históricas (ou seja, por causa de ondas de imigração sucessivas, nas quais os portugueses viajaram para o "idioma" brasileiro como língua outra), mas porque ser colono ou ser colonizador é, antes de mais nada, uma posição subjetiva. O colono não é um colonizador atrasado que poderia esperar participar da festa do colonizador. A sua esperança é outra: se ele adere à nova língua, não é para ter acesso a um corpo materno finalmente

2. No fim dos anos 1980 e início dos anos 1990, o palacete construído em 1896 foi objeto de disputa entre a família Matarazzo e a Prefeitura de São Paulo, que pretendia tombá-lo e transformá-lo em um Museu do Trabalhador. Em 1994, a família conseguiu reaver o imóvel, que foi demolido. O terreno foi mais tarde vendido para uma construtora, que no lugar ergueu uma torre de escritórios e um shopping. (N.E.)

licencioso. O que o diferencia do colonizador parece ser a procura de um nome. Ele não vem fazer gozar a América, mas, na América, fazer um nome para si. Procura aqui, em uma outra língua, um novo pai que saiba interditar, colocar limites, e que talvez o reconheça como filho e cidadão.

Existe, em Bento Gonçalves (RS), um admirável museu da imigração. Nele está exposto, entre outras coisas, o passaporte de um imigrante italiano que chegou ao Brasil com a mulher grávida e filhos pequenos. Como se sabe, o passaporte da época era um salvo-conduto, uma simples folha de papel, sem imagens, na qual o rei da Itália autorizava especificamente essa viagem, e só para essa destinação. Naquele começo de século 20, o nosso imigrante, provavelmente analfabeto, talvez encontrasse pela primeira vez, no registro do seu passaporte, alguma forma de reconhecimento da sua consistência simbólica e jurídica. O ato de deixar a sua língua materna produzia milagrosamente um documento no qual, por ser nomeado, ele tinha a sua dignidade humana reconhecida.

Foi o colono certamente quem escreveu a divisa comtiana na bandeira do Brasil: "Ordem e progresso". Sobretudo "ordem". Pois, se ele pedia algo ao país, o seu pedido era o contrário daquele do colonizador: não um corpo de gozo além do interdito paterno, mas um interdito paterno que, impondo limites ao gozo, fizesse dele um sujeito, o assujeitasse.

E o colono também pode dizer "este país não presta", mais inesperadamente, e talvez mais dramaticamente. Pois o seu "não presta" sanciona o fracasso da *um*tegração: o país não soube ser pai, o *um* nacional não conseguiu assujeitar o colono. Não que ele fique fora, excluído, nada disso; mas algo fez e faz com que aqui, nesta nova língua, o colono não pareça encontrar um interdito paterno que, regulamentando o apetite de gozo, organize um quadro social que lhe outorgue uma cidadania.

Sobretudo nas minhas primeiras viagens, quando ainda falava um português duvidoso, eu encontrava com frequência em São Paulo e em Porto Alegre imigrantes de origem italiana, de segunda ou terceira geração. Eles, inevitavelmente, falavam desse Brasil "que não presta", da língua italiana mais ou menos esquecida, e eu colocava a eles a questão fatídica da volta. Não a volta para sempre, mas uma volta de férias, uma vez apenas. E a resposta era sempre a mesma: não era possível, nunca dava para voltar, a viagem era cara demais. Acabei estranhando, pois, se a explicação fazia sentido vindo de alguém com poucos recursos, parecia incongruente se formulada pelo dono de um restaurante de sucesso.

O emigrante norte-americano sempre volta e sonha em voltar. É verdade que há nesse sonho, como se sabe, a infantil esperança de um retorno do filho pródigo. Mas eles voltam, mesmo que não possam desfilar nas ruas da vila como se espera que desfile o tio americano. Eles podem e querem voltar. Talvez os colonos brasileiros não possam e não queiram voltar porque, justamente, o Brasil não conseguiu fazê-los outros, quero dizer, não conseguiu fazê-los brasileiros. Imagino que a dificuldade em voltar seja proporcional a um fracasso que, antes de ser econômico, é cultural. Como voltar para a Itália se saí de lá renunciando a uma língua que não me reconhecia como sujeito e a língua que escolhi também não me reconheceu?

O colono de repente parece suspenso no meio de uma viagem. O colonizador também. A presença deles aqui é só uma parada, não na perspectiva de uma volta, mas eventualmente de um prosseguimento. Se eu, colonizador, não encontrar mais o que explorar ou se eu, colono, não encontrar um jeito de o país mudar e me outorgar algum *um* nacional que me faça cidadão, pelo menos posso ter a esperança, seja como colono, seja como colonizador, de encontrar outra terra. Contrariamente à lenda, as embarcações parecem não ter sido queimadas.

✳

A frase, então, que me acolheu ao chegar ao Brasil, "este país não presta", assumia significações diferentes se ela fosse uma enunciação por parte do colonizador ou por parte do colono. Por parte do colonizador, significava: "Este país não goza (mais?) como deveria"; por parte do colono: "Este país não interdita nada e, por consequência, até mesmo quando se faz fortuna aqui, isso nunca implica fazer um nome que não seja um nome de colonizador, ou seja, de bandido". Tudo isso parece produzir duas exortações, "Goza, Brasil" e "Muda, Brasil", que curiosamente talvez se anulem.

Com efeito, não parece fácil explicar por que a *um*tegração brasileira teria fracassado. Certo, esse fracasso não é um destino de qualquer colônia; nos Estados Unidos, por exemplo, a *um*tegração se produziu, sem que fosse preciso, para isso, sacrificar as diferenças culturais das comunidades que se integraram.

Quem sabe a história da constituição da nação ofereça um indício, pois mesmo as inconfidências mineira e baiana nem de longe lembram o movimento popular da revolução americana. E qual teria sido o destino dos Estados Unidos se a Declaração de Independência tivesse sido um presente dos ingleses, em vez de uma criação dos delegados na Filadélfia? Há que se concordar que, em seu contexto, o grito "Independência ou morte" assume o valor de uma melodramática paródia.

Impressiona-me mais ainda o próprio significante "Brasil". Que extraordinária herança do colonizador para o colono é esse significante nacional, que eu saiba o único que não designa nem uma longínqua origem étnica nem um lugar, mas um produto de exploração, o primeiro e completamente esgotado. É como se o colonizador entregasse para o colono o manequim destroçado por um gozo sem freio e ironicamente o convidasse a fazer com isso o *um* da nação da qual ele quer ser sujeito.

Entre o colonizador e o colono, quem é o ganhador? Difícil dizer: eles coexistem. A voz do colono está sempre presente. No famoso segundo turno das eleições presidenciais [de 1989], em que se enfrentaram Lula e Collor, a voz do colono se ouvia não só nos apelos de justiça feitos por quem votou em Lula, mas também na exigência de moralização da vida pública e civil, que foi certamente o fundamento do fenômeno Collor.

De qualquer forma, o essencial não é inventar consertos (a neurose é a ciência dos consertos e das ocultações subsequentes que não dão certo). O essencial é indicar um real contraditório, que não tem conserto, para fazer, com isso, com o inevitável, algo interessante.

No dia em que apresentei em público pela primeira vez essas cogitações, o jornal *Zero Hora*, de Porto Alegre, publicava em destaque a fotografia e a história de Valdomiro Oliveira, que homenageei: "Sob o viaduto Imperatriz Dona Leopoldina, nas avenidas João Pessoa e Perimetral, estão instaladas várias pessoas que não têm outros locais para morar. Isso acontece em outros pontos da cidade, mas em nenhum deles há uma bandeira brasileira para marcar sua residência, como faz o mendigo Valdomiro Oliveira".

Valdomiro faz o que é certo: é à beira do horror que a bandeira precisa ser plantada, pois só assim, sem escondê-la, ela talvez possa se tornar uma bandeira.

O escravo

Um domingo, depois de um churrasco, a avó Eduarda concorda em contar a história de sua chegada ao Brasil. Ela tinha mais ou menos três anos e vinha do Marrocos, para onde seus pais espanhóis haviam emigrado antes.

Os primeiros anos de sua vida no Brasil estão longe, esquecidos, e o relato não chega a se organizar como história até a descida da família para o Rio Grande do Sul — alguns anos depois de aportar no país. Mas, escutando-a, eu me digo que, se o relato se organiza como história só a partir da chegada ao Sul, não é apenas por causa da maior proximidade temporal dos episódios e, de maneira geral, da amnésia de que todos parecemos sofrer relativamente à primeira infância. Antes da chegada ao Sul, talvez a família não pudesse ter história.

No Rio Grande do Sul, a vida da família, na completa miséria, não foi fácil. Todo mundo teve de se separar: a mãe e as filhas arrumaram "serviço" na cidade, e o pai tentou a sorte nas minas de carvão. Poderem se encontrar uma vez por ano já era considerado um luxo. Mas o pai não desistiu da esperança de reunir um mínimo pecúlio e, trabalhando dois turnos por dia na mina, finalmente conseguiu recursos para voltar à cidade e estabelecer um pequeno varejo ambulante de frutas e verduras.

O que aconteceu antes? A chegada ocorrera em Santos, e o destino inicial fora uma fazenda de café no estado de São Paulo. A avó Eduarda só se lembra da extrema miséria da casa atribuída à família, do trabalho das crianças — ela inclusive — na colheita do café e mais ainda do cultivo da terra onde era permitido ao colono plantar para si mesmo e sua família. Ela lembra que essas terras ficavam distantes: duas, três horas para ir e outras tantas para voltar.

Avó Eduarda fala de seu pai como de um homem culto, que lia livros, e também se lembra de reuniões noturnas de ensino, com adultos e crianças, que seu pai talvez animasse.

Depois, vem à memória um episódio estranho: uma tia que chega à noite à casa, em grande agitação, a ponto de acordar todo mundo, e a saída definitiva da fazenda, logo depois, na noite escura, levando o que era possível carregar. O que ocorrera? Uma expulsão? Uma fuga?

Leio um livro nada banal, *Memórias de um colono no Brasil* (1850), de Thomas Davatz, e, ao fazê-lo, pareço adivinhar o que deve ter acontecido com a família de avó Eduarda. O drama que nos conta Davatz em meados do século 19 devia se repetir ainda no começo do século 20, em três atos.

Primeiro ato: a propaganda mentirosa do intermediário que vende um sonho de felicidade. É preciso ler os contratos e considerar as condições que empurravam o emigrante europeu para o Brasil, para se dar conta de que o sonho do futuro colono não era tanto o Eldorado do colonizador, mas muito mais a conquista do reconhecimento da sua dignidade de cidadão. Não era um sonho de exploração sem limite de um novo corpo, mas o sonho de um país que, por dar acesso e direito um dia a um pedaço de terra, reconhecesse no colono um sujeito, um seu futuro sujeito.

Segundo ato: é a realidade da viagem, da chegada e do trabalho. Sabe-se que a fazenda para a qual o colono era levado exercia o monopólio na venda dos bens, inclusive os necessários à sobrevivência e ao cultivo do pequeno lote de terra da qual o mesmo colono tinha o usufruto. A circulação física dos colonos, aliás, era frequentemente proibida. Por consequência, a venda de eventual excedente da produção do colono passava pelo mesmo monopólio. De tal forma que, paradoxalmente, o colono comprava bens pelo preço imposto pelo vendedor e vendia bens pelo preço imposto pelo comprador (lógica esta que se repetiu, como uma vingança da história, na constituição da dívida externa do país). O colono, assim, estava ligado ao dono da fazenda por uma dívida impagável, comparável ao preço da liberdade para o escravo: cobravam dele taxas arbitrárias de juros e davam-lhe verdadeiros calotes, como ao cobrar novamente pela viagem rumo ao Brasil (que ele já pagara na Europa) ou exigir dele o pagamento de aluguel por uma moradia que era garantida no contrato de trabalho.

Terceiro e último ato: pode ser a transformação do colono em escravo branco. Ou então o seu apelo a uma autoridade que reconheça a sua condição de explorado, a descoberta de que a autoridade é a sombra do fazendeiro que o explora e, por fim, a revolta e a morte. Ou então a fuga antes da morte. Uma fuga que, graças à imensidão do país, o liberta para uma viagem onde conseguirá, ou não, abrir um espaço não só de sobrevivência, mas de vida: fazer um nome, um mínimo de nome, para além do nome da fazenda que teria sido a única estampilha no seu corpo.

Gosto de reconstruir as primeiras lembranças de avó Eduarda no quadro desse drama, como se o pai dela, Antônio, tivesse sido outro Thomas Davatz. Homem instruído, rapidamente consciente da armadilha que levava à escravidão, quem sabe abrindo "demais" os olhos dos seus companheiros de infortúnio, ele teve de fugir depois da ameaça de morte, ou então foi expulso no meio da noite por um dono menos cruento.

O drama, uma vez contado, transforma-se em uma tragédia que é preciso articular. Pois não interessa tanto espalhar lágrimas sobre um destino duro e violento, mas constatar, entender como se inscreveu na história do país uma decepção sem remédio. O ponto trágico do drama não se manifesta nas condições de vida impostas ao colono, mas na mentira — na mentira do contrato assinado na Europa. O que importa, aliás, não me parece ser a privação de bens prometidos. É a mentira em si que se revela trágica, tanto mais quando o colono, ao fazer apelo a uma autoridade terceira para que desfaça o laço de escravidão que lhe é imposto, descobre que não há autoridade terceira, que a partida se joga a dois, como confrontação de forças desiguais.

A tragédia é a descoberta de que a autoridade que assinou o contrato com a pena de um intermediário é a marionete inconsistente do colonizador que pede corpos para explorar. Tanto mais que o contrato, por ser contrato e engajar o colono, já antecipava o seu sonho de reconhecimento e de cidadania. A tragédia embutida no drama também teria três atos.

Primeiro: o pai fundador da comunidade de origem parece ter esquecido o seu filho. A miséria real ao mesmo tempo produz, expressa e comprova um desconhecimento que ameaça reduzir o filho a um corpo faminto, doente e sobretudo sem nome.

Segundo: um intermediário, um Messias, propõe ao futuro colono um Outro pai, uma outra terra — e nasce o sonho de um pedido de amor e de reconhecimento que seria ao menos ouvido por este Outro.

Terceiro: o Outro pai prometido desmente a sua própria palavra, deixa cair a máscara e se revela: ele não é autoridade nenhuma, não quer nem pode reconhecer o pedido de um nome que lhe é endereçado, pois não tem dignidade simbólica, mas é somente o braço armado do colonizador que pede um corpo escravo.

Essa tragédia, inscrita para sempre na memória do colono brasileiro, é outro modo de dizer o que já apontei: que a herança do colonizador para o colono, que pede um novo nome ao novo pai, é um significante nacional que implica uma decepção definitiva: você quer um nome? Eis o pau-brasil, dejeto da mesma exploração que prometo ao seu corpo. Queres um significante nacional que te afilie? Eis "Brasil", e você será "brasileiro" — o que, pelo menos até o século 19, como se sabe, não designava filiação nenhuma, mas era o nome comum de quem trabalhava, explorado, na exploração do pau-brasil. Entende-se que a tragédia inscreva, no discurso brasileiro, um cinismo radical relativamente à autoridade. Uma espécie de impossibilidade de levar a sério as instâncias simbólicas, como se, sempre, inevitavelmente, elas fossem a maquiagem de uma violência que promete a escravatura dos corpos.

O corpo escravo se constitui assim como o horizonte fantasmático universal das relações sociais, como se o colonizador tivesse conseguido instaurar a sua exploração do corpo da terra como metáfora última das relações sociais. E, de fato, o corpo escravo é onipresente. Os jornais nos falam regularmente da escravatura que ainda existe e que a polícia persegue. E há aquela que a polícia não persegue. Um mal-estar permanente nas classes privilegiadas, com relação às condições de indigência de uma grande parte da população, manifesta o sentimento de que algo, no vínculo empregatício, ainda participe ou possa participar da escravatura.

O fantasma do corpo escravo também deve ser pensado na sua complexidade. O hóspede europeu, por exemplo, sempre começa escandalizando-se com os salários míseros das empregadas domésticas. E, geralmente, acaba escandalizando-se com a posição de dignidade "excessiva" que elas parecem ocupar no quadro familiar. O europeu gostaria de pagar mais e conversar menos com elas, ou então pagar mais, mas não se responsabilizar pelos filhos da empregada, sua saúde, seu futuro, sua casinha etc.

O problema é que o hóspede europeu pensa a escravatura, com a qual pretende se indignar, nos moldes da exploração do trabalho no capitalismo nascente. O corpo escravo, fantasma brasileiro, não exclui uma forma de integração familiar ou mesmo de paródia de nominação ("os enteados"), que mais propriamente se deveria chamar de marcação (os fazendeiros entendem). O escravo não é uma extensão instrumental do colonizador, como o proletário europeu do século 19 podia ser uma extensão instrumental do capitalista, assim como o era o tear. O escravo é uma extensão, e talvez o melhor representante, do corpo da terra, de um corpo permitido, aberto, por efeito da potência da língua do colonizador, que o explora e que nele, portanto, se inscreve.

Lembro do estranhamento que experimentei, num Carnaval baiano, ao escutar blocos afros cantarem um plausível Senegal, um impossível Madagascar e um grotesco Egito dos faraós, todos presumidos como lugares "originários". Lembro-me também de ter comentado com o meu amigo baiano Euvaldo que eu não encontrava nisso nada de cômico: o importante não me parecia ser a origem efetiva, mas o esforço para fundar, mesmo na mais improvável das lendas, um significante *um*.

A psicanalista Betty Milan não seria a única aliás a me dizer, imagino, que é nesse esforço comovedor da cultura afro-brasileira que talvez esteja se propondo uma cultura nacional.

A ideia de que a cultura miticamente originária dos escravos possa vir a constituir ou pelo menos a sustentar o significante nacional parece só testemunhar um visionarismo que, apesar de simpático, não é menos problemático. É como se o colono, decepcionado, justamente vingativo, esperasse que um Outro pai possível surgisse na memória do escravo que ele mesmo foi chamado a ser.

O discurso afro-brasileiro, desse ponto de vista, fala da mesma coisa que o colono: do anseio de um pai. É verdade que o escravo africano tem uma boa razão para recorrer à memória do pai de origem, pois dele foi tirado à força, enquanto o colono deixou o seu país por causa do silêncio e da negligência do seu pai. Mas ambos, o escravo e o colono, conheceram a escravidão: uma vez que, logo na chegada ao Brasil, o primeiro já fosse e o segundo se encontrasse privado da esperança de um nome, isso não me parece suficiente para produzir uma substancial diferença de discurso. Pois ambos pedem uma cidadania que dê um fim, não tanto a uma escravatura já acabada, mas ao corpo escravo como horizonte fantasmático da relação com um pai que desconheceu os nomes e quis os corpos.

É também natural que, desprovidos e irremediavelmente desconfiados de um novo pai fundador, ambos recorram à nostalgia do pai perdido ou deixado do outro lado do oceano. Desse ponto de vista, Blumenau, Nova Bréscia, Garibaldi etc. são quilombos, como Palmares. Mas o *um* nacional dificilmente pode surgir como efeito da problemática soma dos *uns* perdidos que a lenda e a memória celebram. Os *uns* das origens resgatadas não constituem, a princípio, impedimento nenhum: não é por ter sido e ainda ser alemão, português, italiano, senegalês que não se conseguiria ser brasileiro. E não é por força da uniformização integrativa das diferenças que se constitui qualquer *um* nacional. Mas também o resgate das diferenças originárias, apesar de oferecer o consolo da nostalgia de uma referência simbólica perdida, não garante soma nenhuma.

A questão, aliás, não é produzir uma soma. Que o *um* nacional valha ou não como referência para todos, isso talvez dependa das condições da sua instituição. E, no Brasil, ele parece ter sido proposto ao colono não como valor simbólico em que ele se reconheça ou seja reconhecido, mas como marca de uma prepotência exploradora.

Uma vez mais a comparação com os Estados Unidos se impõe, pois ela indica que a importância do fantasma do corpo escravo no discurso brasileiro não pode ser um simples efeito do passado escravagista. Precisou de uma repetição: ou seja, que o colono encontrasse, na sua chegada, a ameaça, às vezes realizada, da sua escravatura. Foi preciso isso para que, por um lado, a escravização permanecesse como horizonte das relações discursivas e sociais e, por outro, o pedido de cidadania do escravo viesse a coincidir com o discurso do colono, expressões do mesmo pedido.

Se o fantasma do corpo escravo não é um fantasma norte-americano, é porque o colono norte-americano encontrou resposta ao seu pedido. É suficiente lembrar que o governo dos Estados Unidos, no século 19, interveio legalmente contra a importação de escravos brancos. E também que a fronteira norte-americana ofereceu, ao colono, a propriedade das terras bandeiradas e não o simples usufruto temporário. Em outras palavras: no Brasil, a escravização do corpo proposta ao colono em busca de um nome eterniza a escravatura como modelo de assujeitamento ao próprio significante nacional — o qual, por sua vez, pela significação que acarreta, não deixa de repetir o equívoco que já se consumou desde a descida da embarcação. Ser "brasileiro" em que sentido?

Existe uma solução conhecida para as dificuldades aparentes do significante nacional brasileiro: a antropofagia.

Cansei de ouvir falar do manifesto de Oswald de Andrade, tanto preventivamente quanto, se posso assim me expressar, "pós-ventivamente". Ou seja: antes que decidisse me estabelecer no Brasil, alguns amigos brasileiros previam que eu seria comido, destino normal de qualquer europeu, ainda mais se portador de algum projeto cultural. Era um jeito de me dizerem que as palavras que eu já trazia em cursos e conferências seriam escutadas, respeitadas e cuidadosamente digeridas em um processo químico que as privaria de toda aspereza, para concluá-las e amalgamá-las em um estômago que — graças à potência dos seus ácidos — não se espanta nem com uma feijoada ao meio-dia de verão.

Meus amigos previam, em suma, uma variante interessante da aventura da psicanálise nos Estados Unidos. Se, nesse caso, reza a lenda que a psicanálise teve de se adaptar aos ideais americanos, no Brasil isso não seria necessário, pois a digestão nacional se encarregaria de adaptá-la.

Aliás, algo nesses propósitos preventivos se revelou certo, pois, pelo menos no campo da psicanálise — mas quem sabe a mesma consideração valha para a política —, a ideia do amálgama conciliatório é aqui bem-vinda. É raro que, no Brasil, a questão se coloque em termos de adesão a uma dada orientação: mais naturalmente a tendência é beliscar o que se supõe ser o melhor de cada prato em um rodízio de antepastos. A desconfiança em relação ao significante nacional como referente repercute — e isso é normal — na desconfiança com relação a qualquer significante que poderia vir a ser paterno: a escolha diz respeito menos a se filiar a esta ou aquela orientação e mais a tentar escolher o próprio coquetel de referências.

Mas é interessante que a postura antropofágica possa ser e tenha sido evocada positivamente como uma solução para a identidade brasileira. Assim proposta, a solução resulta em um deslocamento da própria questão do significante nacional, como se os brasileiros dissessem: desse significante nacional nós não precisamos, pois o que faz *um* entre nós é sermos devoradores de *uns*.

Freud, como se sabe, expressou a primeira identificação, fundante e paterna, nos termos das pulsões orais, batizando-a de incorporação. Ele, porém, atribuiu a essa primeira "comida" um caráter decisivo e pontual: o que foi incorporado inicialmente foi simbolizado e assim contribuiu para fundar o sujeito; o que não foi incorporado ficou de fora. Que sujeito seria esse que estendesse indefinidamente essa voracidade de leitão? Se significantes paternos transitassem diariamente pelo seu corpo como biscoitos amanteigados na boca de um cão da raça boxer, como esse sujeito conseguiria se apoiar firmemente em um deles, e em qual seria? O remédio, evidentemente, seria escolher como valor nacional a própria voracidade.

O projeto antropofágico parece propor a unidade de um tubo digestivo como solução à falta de um significante nacional, com tristes e previsíveis consequências quanto ao resultado final. De qualquer forma, um corpo e suas funções digestivas teriam a tarefa de constituir o *um* nacional. Que corpo será esse, senão o corpo escravo, que justamente foi prometido a quem pedia filiação? O colonizador só consegue dar ao corpo da terra o nome de um resto de planta exangue. O colono pede reconhecimento e recebe, junto com a herança desse nome, a ameaça de escravatura. Como não surgiria a tentação de proclamar que o *um* nacional é esse próprio corpo escravo, alérgico e impermeável a toda nominação?

A ideia de que o *um* nacional seja um corpo não é apenas uma consequência possível do ideal antropofágico (o traço que reúne os brasileiros seria a voracidade, a sua maneira de comer o que vem de fora). O corpo que come (nos dois sentidos que o idioma permite) é também um traço da identidade nacional que os estrangeiros acham sedutor e os brasileiros talvez achem "positivo".

Esse exotismo corporal e erótico é feito para turistas (o Brasil não seria um nome, mas um corpo que goza — ótimo para as férias), mas também para brasileiros, que, assim, contemplariam contentes as próprias pragas — que levam o colono a achar que o país não presta —, certos de que, ao preço "módico" da falta de um significante paterno, essas pragas reservariam a todos um espaço de gozo sem limites.

O drama é que, se o corpo sem nome (do qual faríamos o nosso nome) é o corpo escravo, o gozo sem limites não é tanto desse corpo, mas de quem o explora sem limites. Reduzir-se a um corpo é entregar-se a quem queira gozar de nós.

É assim, talvez, que o colonizador, por não querer nomear a terra mas só explorá-la e por não reconhecer no colono senão uma extensão do corpo escravo explorado, poderia acabar definindo o país como um corpo ofertado ao gozo de quem pensa ainda poder lhe extirpar um gemido. Quem sabe, os turistas, mas também os exploradores de toda estirpe...

O meu amigo Luiz Tarlei de Aragão, antropólogo, em "Mãe preta e tristeza branca",[1] analisou a função da babá preta (estruturalmente preta mesmo quando branca) e escrava (estruturalmente escrava, mesmo cem anos depois da Abolição) na formação das elites brasileiras. A ideia essencial é que o filho estaria tomado por dois corpos maternos: o da mãe branca, interditado, e o da mãe de leite, licencioso. Aliás, licencioso no

---

1. Luiz Tarlei de Aragão, "Mãe preta e tristeza branca". Em: Luiz Tarlei de Aragão et alii, *Clínica do social: ensaios*. São Paulo: Escuta, 1991.

sentido de que a liberdade com o corpo da mãe preta seria encorajada pelo próprio pai, como se a licença dada por este ao filho demonstrasse a transmissão da potência paterna.

A valsa do filho entre as duas mães lembra a viagem do colonizador, desde o país de origem, onde a mãe estava interditada, até a nova terra, onde a mãe seria permitida. E não é de estranhar que a vida familiar colonial tenha reservado um espaço em que o filho pudesse exercer a língua paterna sobre um corpo materno milagrosamente permitido.

Não é necessário recorrer aqui à clássica função de iniciadora sexual da babá e da empregada. Basta lembrar — o que talvez seja mais pertinente — a extraordinária possibilidade de comandar que a criança reconhece em si mesma. Na educação burguesa europeia, a hierarquia de idade antecede absolutamente a hierarquia social — e pedir autonomamente à empregada um copo d'água parece ser um momento que tem quase valor iniciático de entrada na vida adulta. Ocorre, nesse caso, que o laço é empregatício, jurídico, não resultado de um domínio hereditário escravagista.

Quando eu ainda era quase um turista no Brasil, lembro-me de ter intervindo espontaneamente na briga de uma criança com uma empregada. A rebeldia da criança de seis anos à autoridade que havia sido delegada à empregada se expressou assim: "Você é minha empregada". Eu corrigi: "Não, ela é empregada dos teus pais". Hoje não estou certo de que a minha intervenção seja mais do que uma pedagogia etnocêntrica.

O texto de Luiz Tarlei de Aragão permite pensar uma transmissão original do discurso do colonizador: não é preciso que o filho do colonizador procure em outro país um corpo materno não interditado, pois esse corpo lhe é oferecido em casa, no corpo escravo e licencioso da mãe preta. Transmite-se e se mantém assim, de pai para filho, o discurso do colonizador: o projeto inicial de exploração não se esgota nas gerações; ele se confirma. E a observação não concerne apenas às ditas elites.

É um fenômeno frequente, ou mesmo tradicional, que uma família burguesa brasileira aceite e sustente a eventual prole de uma empregada, que pode se situar, na estrutura familiar, em uma variedade de posições que vão da quase adoção até a exclusão cuidadosamente preservada.

Surpreendente é que, nessa situação, seja qual for a posição da criança — pseudoadotada, enteada ou mesmo excluída —, a relação dela com o corpo da sua mãe natural parece ser licenciosa, uma vez que a mãe interditada é a da família burguesa. Ou seja, a empregada é também empregada de sua própria criança. É apenas surpreendente, pois como a criança não consideraria licencioso um corpo materno que ela constata estar exposto aos abusos dos outros?

Assiste-se, assim, ao curioso espetáculo de uma empregada que serve, primeiramente, na sala de jantar, à família e, depois, na cozinha, serve à própria filha ou ao próprio filho. O colonizador oferece para a sua criança o fantasma de um corpo escravo licencioso que é metonímia do corpo da terra, ao mesmo tempo que transmite esse fantasma para a descendência dos outros que ele explora, colonos ou escravos.

Por isso não parece existir um discurso do escravo na retórica brasileira. Onde ele poderia se constituir articulam-se, de fato, ora o pedido de cidadania do colono, ora a pretensão exploradora do colonizador.

O escravo é não tanto um agente de enunciação, mas o fantasma que parece sustentar o discurso de todos os agentes: um corpo permitido, em que se afirma e se alimenta o sonho do incesto possível com uma mãe-terra submissa e oferecida.

No discurso do próprio colono, o escravo é não só uma ameaça, mas também uma espécie de esperança. A armadilha que o colono encontra quando ameaçado de escravatura e talvez também a escravidão mesma produzem um efeito de sugestão. Explico. Ao colono que pede reconhecimento e nome, como ao escravo, que foi arrancado de seu pai originário, a escravatura ou a sua ameaça parecem indicar outro caminho possível: aqui não encontrarás um nome, mas talvez seja esta a ocasião de esqueceres a procura de um pai e experimentares as delícias de quem poderia tentar dispor do corpo da terra e, por que não?, de seus semelhantes sem interdito algum.

Em outras palavras, a ameaça da escravatura e a escravatura mesma parecem introduzir no pedido do colono e na rebeldia do escravo o fantasma de que eles mesmos possam escravizar.

Crianças

O Brasil me aparece como o paraíso das crianças. Estranha-me o sorriso do garçom de um restaurante luxuoso tragicamente atrapalhado no serviço por uma turma de meninos correndo entre as mesas. E também que nenhum cliente pareça se incomodar com o barulho que não dava para suspeitar estivesse incluído no preço.

Surpreende-me que, durante uma festa em minha casa, mais de um casal convidado chegue com crianças pequenas implicitamente não convidadas. Aqui, no Brasil, isso é uma graça. Na Europa, salvo laços de amizade férreos, seria uma imperdoável grosseria.

De um hotel cinco estrelas é exigido que haja uma sala de jogos eletrônicos para as crianças e que se prevejam atividades infantis. Assusta-me a insistência com que se defende a necessidade do "lúdico" na aprendizagem — pedagogicamente justificada com um requinte de rousseauismo. Em algumas das melhores escolas privadas, decorar as lições é considerado um ato de tortura impingido às crianças. Assombra-me a importância que assume a programação das crianças na vida cotidiana: os pedidos de pratos e bebidas especiais, os passeios, as visitas dos amigos... O adulto brasileiro parece constantemente preocupado com o prazer das suas crianças.

Para ser breve: no Brasil, a criança é rei.

Curioso, tanto mais em um país cuja reputação no estrangeiro está comprometida com legiões de crianças abandonadas na rua.

Evidentemente toda educação — como Freud propôs — é reacionária, pois cada um não educa como foi educado, cada um pretende educar como seus pais imaginavam que os pais deles teriam pretendido educar. E, já que o mesmo vale para os avós, entende-se que a educação tenha sempre e fundamentalmente como objetivo restaurar uma ordem passada, que por sinal nunca existiu.

Essa constatação, porém, não é uma crítica, pois parece — ou pelo menos me parece — que tentar restaurar essa ordem passada que nunca existiu é justamente o que permite à última pessoa que chegou encontrar, em uma dada ordem, um lugar. Explico-me: contaram-me que, na infância de meu pai, as crianças, quando faziam, excepcionalmente, as refeições à mesa com os adultos, precisavam ficar de pé, não lhes sendo permitido sentar. Pouco importa que essa história seja verdadeira ou falsa — de fato, presumo hoje que, para o meu próprio pai, fosse uma lenda da infância do pai dele. Pouco importa também que a história possa parecer o testemunho de um antigo costume bárbaro. Pouco importa, pois, ao separar a criança do adulto, essa lenda e outras similares constituem a mitologia possível de uma ordem de filiação necessária e boa para a criança.

Por exemplo, aquilo que mais pesou na minha infância, ou seja, a subordinação de qualquer das minhas aspirações à paixão incondicional do meu pai por obras de arte (subordinação que fez dos domingos e das férias da minha infância momentos de passeios artísticos e culturais, quando eu sonhava com piscinas, os Beatles, beisebol e quadrinhos), não acredito que isso tenha resultado em trauma nenhum. Eu poderia alegar que devo a esse aparente abuso de autoridade paterna o meu gosto por arte. Mas, além disso, acredito que o efeito desse aparente abuso seja a sólida inserção em um registro de filiação. O importante não é poder ou não poder nadar, escutar música e jogar beisebol. O importante é dispor de um lugar a partir do qual se possa pelo menos querer nadar etc., seja isso possível ou não. De fato, parece que o preço de tal lugar — necessário à vida — seja justamente uma interdição. O que me é proibido (os limites que me são impostos como criança) é justamente o que me outorga e me permite reconhecer o meu lugar, o lugar de filho.

Um dia, talvez, e é provável que já seja o caso, concordemos em dizer que quem derrotou os Estados Unidos no Vietnã foi o doutor Benjamin Spock, que postulava uma atitude mais liberal dos pais com relação aos filhos. Ou seja, que a desistência da juventude americana da guerra no fim dos anos 1960 não foi um efeito da propaganda comunista, mas muito mais de uma orientação pedagógica permissiva que corroeu as condições da idealidade, movendo uma ou mais gerações para fora da linha de filiação.

Tanto melhor para o Vietnã, pode-se dizer, naturalmente, ainda que o Vietnã do Sul, que não era apenas povoado pelos vietcongues comunistas, talvez merecesse ser escutado. De qualquer forma, é possível pensar que a guerra teria sido outra se os combatentes americanos, em razão da mesma falta de idealidade que parou a guerra, não tivessem sido convertidos em sádicos autorizados.

Tudo isso para defender a ideia de que não é ruim o que há de aparentemente reacionário em uma educação, pois é o que permite que a própria educação produza o seu efeito essencial: o de constituir uma filiação simbólica.

Que o Brasil seja o paraíso das crianças não implica necessariamente dizer que a educação seja um fracasso. Poderia imaginar que aqui, milagrosamente, se consegue reconhecer à criança uma cidadania precoce, que frequentemente lhe é negada na Europa. E que, também milagrosamente, o preço cobrado em interditos para que se alcance essa cidadania, esse lugar reconhecido, aqui consegue ser menor. Assisto com emoção a crianças de seis, sete anos pedirem em um restaurante o prato de sua escolha e comprarem mercadorias em lojas, quando sei que o simples ingresso de uma criança, mesmo acompanhada, em uma loja em Paris poderia ser considerado uma ameaça, ou ao menos que a loja negligenciaria o lugar de uma criança sozinha na fila do caixa.

Entretanto, a minha emoção cessa quando ouço uma criança de seis, sete anos convocar imperiosamente o garçom: "Moooooço!". Algo me incomoda, e não sei bem o quê. Certo, a licença sobre o corpo de um adulto lembra o passado escravagista, quando a diferença adulto/criança só podia ter validade entre homens livres, sendo o escravo um escravo tanto para o adulto quanto para a criança. Mas há algo a mais na imperiosidade do pedido infantil e na dedicação tanto parental quanto educacional e geralmente social em responder a esse pedido. Acredito que o que me incomoda deva ter alguma relação com o exército de crianças ditas abandonadas na rua. Pois é estranho, afinal, que a criança no Brasil seja rei e ao mesmo tempo dejeto. Nesse caso, não acredito em explicações sociológicas, ou desconfio delas: se a criança dispusesse de um estatuto simbólico particular, se fosse um sujeito precocemente reconhecido, isso valeria para qualquer criança. E me interrogo sobre essa majestade que talvez não esteja fundada em nenhuma excelência simbólica, uma vez que tem como contraponto a dejeção da própria criança.

*

Confrontado com a criminalidade de menores (e de menores muito jovens) em proporção inédita para mim, acabei também estranhando a impunidade que o Código Penal reserva ao crime cometido por eles. Mas estranhei por estranhar, pois não há nisso nada de especial, e não conheço código que preveja uma responsabilidade penal para os menores. Também me parece insuficiente considerar que minha reação possa ser uma reação "normal" em vista da violência da criminalidade infantil.

Por exemplo: escuto um dia um relato triste e espantoso que envolve uma conhecida. Algumas crianças de sete, oito anos, em uma esquina paulistana, talvez por ter-lhes sido recusado o trocado que pediram, cortaram com uma gilete — aproveitando o vidro aberto — a garganta de um bebê de poucos meses, na sua cadeirinha ao lado da mãe. A minha reação indignada explode contra a impunidade, mas ao mesmo tempo o horror que sinto do crime, por grande que seja, não me parece justificar tal posição.

Se eu, zeloso que sou de uma sociedade regulada pelo direito, me surpreendo protestando para que a punição seja exemplar e sem atenuantes relativos à idade, é porque a impunidade dos menores talvez seja no Brasil outra coisa que um princípio de direito. A Febem,[1] por exemplo, aparece, não apenas na lenda popular, mas também nas páginas dos jornais, como o porto onde os adolescentes entram e de onde saem, à mercê dos ventos. Tudo acontece como se a sociedade, mais por uma impossibilidade de estrutura do que por impotência, não soubesse repri-

---

1. Em 2006, a Fundação Estadual para o Bem-Estar do Menor, em São Paulo, passou a ser Fundação Casa (Centro de Atendimento Socioeducativo ao Adolescente). (N.E.)

mir os menores, as crianças. E quem não sabe reprimir também não consegue reconhecer um lugar e uma dignidade simbólicos.

Se as crianças e os adolescentes fossem cidadãos, seria possível considerá-los deveras responsáveis e puni-los quando fosse preciso e da forma adequada, conforme a lei. Suspeito que a impunidade das crianças (criminosas ou não) revele que elas não são no Brasil verdadeiros sujeitos de direito.

O lugar de majestade que a criança parece ocupar talvez não indique uma excelência simbólica, mas algum tipo de incondicional exaltação fantasmática da criança. O que, aliás, explicaria por que, quando essa exaltação fantasmática não sustenta a criança, ela passe a ser simples dejeto. É como se a sociedade, em razão de sua impotência para garantir o paraíso a cada criança, devesse escolher deixar impunes as tentativas criminais das crianças para ter acesso, justamente, ao paraíso.

A questão, porém, se desloca: de onde surge e o que é essa aparente impossibilidade de reprimir, que parece testemunhar uma verdadeira fantasia relacionada à infância?

É por causa dessa pergunta que até hoje não consigo me inserir no debate dos últimos anos sobre a diminuição da maioridade penal. Fico sempre com a impressão de que a questão que importa é outra: crianças e adolescentes talvez devam ficar impunes, mas não pelas razões que as fazem impunes hoje — ou seja, não por serem representantes de nossos sonhos de felicidades futuras. Não sei se sou a favor ou contra a redução da maioridade penal. Mas certamente sou contra a idealização da infância e seus efeitos nas crianças e nos adolescentes.

Clinicando no Brasil, encontrei uma quantidade impressionante de exemplos de promiscuidade doméstica. O acesso das crianças à cama parental é frequente, até épocas tardias, assim como a extrema tolerância a fobias e enureses noturnas. A psicologização ajuda, por sinal, a desaconselhar uma sonora interdição, que seria salutar. É curioso também como, na gestão do lazer da criança, o gozo tem a primazia: é raro que uma criança, ao descobrir que o aprendizado do piano, inglês, balé, tênis, hipismo, xadrez etc. não cai do céu, encontre a injunção necessária para considerar com interesse o gozo limitado e trabalhoso de uma aprendizagem. A alternativa parece ser aceita pelo adulto tal como a criança a coloca: ou se goza na hora, ou então não vale a pena.

Le goût de l'effort, literalmente "o gosto pelo esforço", "o prazer da dificuldade": não parece haver uma expressão consagrada que possa traduzir essa peça-chave da pedagogia europeia, em que se trata de transmitir uma espécie de espírito olímpico permanente; importa treinar e participar, não ganhar. Qual é o interesse do *goût de l'effort*? Ele vale como princípio pedagógico em um quadro simbólico claramente organizado em torno de um impossível interditado: o gozo do corpo materno é impossível, e o gozo que é permitido a você está relacionado aos seus esforços (vãos) para atingi-lo. E a excelência de uma vida está relacionada à nobreza dos esforços: ser alguém, ou seja, um filho digno, é se distinguir no esforço, não é alcançar êxito. Por isso, aliás, na Europa a manifestação aparente de gozo — sinais externos de riqueza, como os define o Estado, que os penaliza por meio de impostos — não é suficiente para enobrecer o sujeito.

Se o colonizador veio para gozar, não para distinguir-se no exercício da língua paterna, mas para tentar com ela o acesso a um corpo não interditado, o *goût de l'effort* não tem valor no Brasil. Aqui, só vale gozar.

Talvez o paraíso das crianças testemunhe um cuidado do colonizador, triste e decepcionado: o gozo que ele veio procurar e que necessariamente não encontrou ele sonha para seus filhos.

Na transmissão dessa esperança de gozo, o colonizador desiste de si mesmo como pai. Se ser pai é sustentar um interdito sobre o corpo materno que permita à criança situar-se e ser reconhecida como filha ou filho, isso parece difícil de ocorrer aqui, uma vez que à criança se delega nada mais nada menos que a fantasia paterna de um gozo sem limites.

O projeto de um paraíso para as crianças pode assim virar um inferno, onde — sem interdito — a criança receberia uma injunção nada irrisória: "Goze você, meu filho. Pelo menos você há de gozar. É isso que eu quero".

Responder ao mandamento paterno seria então, paradoxalmente, burlar a lei, qualquer lei, levando a uma inevitável desintegração do tecido social. E à criança para quem as portas do paraíso estivessem fechadas só restaria ser dejeto. A impunidade, nesse quadro, corresponde à única legitimidade reconhecida: responder a um mandamento de gozo.

Um significante nacional poderia ser transmitido e valer como qualquer significante paterno, ou seja, como um traço ideal inspirador, que abrisse um campo de possíveis a partir dos limites que colocasse. Ora, é curioso notar que, para a criança do colonizador, ser brasileiro significaria ter de realizar o sonho paterno ou ancestral de um gozo sem limites. E o gozo sem limites é um projeto que implica o desrespeito de qualquer significante paterno...

Concluir aqui, apressadamente, que faltaria no Brasil função paterna seria uma besteira, pois significaria esquecer a esperança do colono que veio para encontrar um pai e cujo discurso é o contraponto do discurso do colonizador.

O mesmo Brasil que se faz paraíso das crianças e sonho de impunidade do menor criminoso é também um lugar onde a maior esperança parece estar depositada na instância pedagógica. Como já mencionei, a pedagogia dominante é vagamente rousseauista e parece desconfiar de uma transmissão do *goût de l'effort*. Mas, de qualquer forma, dos progressos da escola todo mundo espera o milagroso surgimento de um cidadão novo. Jules Ferry e todos os artífices da escola obrigatória europeia no começo do século 20 seriam bem-vindos aqui, pois no Brasil se respira uma verdadeira fé nos efeitos possíveis do ensino. É o colono que, com certeza, espera que o ensino constitua magicamente para seus filhos o nome que ele não encontrou nesta etapa da sua viagem.

Desse ponto de vista, aliás, para ambos, colonizador e colono, a criança é portadora de uma fantasia de esperança. Que as decepções dos dois sejam diferentes e, portanto, que as fantasias delegadas à criança também sejam, isso pouco importa. Não deixa de ser preocupante que a criança ingresse na filiação nacional de maneira que lhe pareça decisivo responder, ou ser encarregada de responder, a uma frustração ancestral, seja a do colonizador, seja a do colono.

Os psicanalistas sabem que, quanto mais um sujeito cuida das suas frustrações (que são também aquelas que lhe foram transmitidas), tanto menos ele consegue propriamente exercer o seu desejo. Normalmente, a palavra paterna que — interditando — outorga um lugar ajuda a desejar. Mas o que acontece quando a palavra paterna transmite privilegiadamente a tarefa de realizar, gozando, o sonho paterno? Acontece, no mínimo, que ela se abstenha de interditar, por medo de frustrar a criança, ou seja, sobretudo de frustrar o próprio sonho do pai.

Quero gozar

Salvador, praça Castro Alves, noite de terça-feira de Carnaval. Estamos sentados, eu e Eliana, ao lado de uma barraca, tomando cerveja, olhando e escutando passar os blocos e os trios, esperando a manhã.

Eliana está sentada de pernas cruzadas, tornozelo sobre o joelho, com uma bermuda larga. Um negro alto e sorridente para na frente dela, olha fascinado para a fenda entre o tecido e a perna e finalmente enfia a mão. Embora eu seja briguento por natureza, a situação surpreendentemente não me abala, como se não me sentisse chamado a ocupar o lugar fálico que me competiria, ou então como se não estimasse que a investida pesada se endereçasse de modo indireto a mim, já que, visivelmente, acompanho a mulher. Eliana, com um sorriso, desvia a mão do pretendente e lhe dedica uma frase simples: "Pega leve" — à qual ele responde, sacudindo a cabeça com uma expressão de infinita tristeza. Acena com a mão para nós dois e se afasta.

A cena é atípica porque, mesmo no Carnaval baiano, a mulher acompanhada é respeitada e é pessoa a ser evitada por galanteadores, tanto mais que cada um supõe que nela o acompanhante tenha investido toda a ambição de possessão exclusiva de colonizador. Mas é atípica também por causa de minha reação ou de minha ausência de reação, como se eu estivesse de repente fascinado por uma pretensão ao gozo que se legitimaria fora da competição entre irmãos por um corpo interditado a todos.

Um pouco mais tarde, o sol já banhando a praça Castro Alves, o bloco da limpeza descendo de Campo Grande, Dodô e Osmar tocando um "quero gozar", nós decidimos dançar e abrimos caminho na massa compacta dos últimos foliões. Sinto uma mão apalpar fundo no bolso da minha bermuda, penso na burrice de quem imaginou que numa situação daquelas eu andaria com dinheiro no bolso, seguro com a minha mão o braço anônimo que me sonda e o levanto com força. Virando-me, descubro um jovem que, com a mão mesma que aprisiono, fecha o punho e levanta o polegar, fazendo sinal de cumplicidade e me lançando um sorriso divertido. O movimento da massa o empurra, e eu o solto, sem saber se ele queria roubar meu dinheiro ou ter um instante de prazer. Logo toca o hino a Nosso Senhor do Bonfim, todos cantam.

De volta ao largo do Campo Grande, atravessamos o bloco da limpeza e, atrás dele, a cidade já está de novo funcionando. O sentimento é de tristeza, o que é esperado ao fim de um Carnaval.

O Carnaval no Brasil não deixa de ser um rito de inversão como em qualquer lugar no mundo. Foi o meu amigo Alfredo Jerusalinsky, psicanalista, quem me falou as coisas mais bonitas sobre o desfile das escolas, fazendo-me notar a função de destaque da porta-bandeira e do mestre-sala, casal geralmente vestido com roupas que evocam o auge da escravatura. O casal abre o desfile, e a mulata solista parece apresentar o fruto dos amores do colonizador com o corpo escravo.

Nesse Carnaval, todavia, penso mais na contaminação de uma extraordinária determinação a gozar, herança do colonizador, que de repente parece se enunciar para todos. A tolerância inesperada às investidas ao corpo da minha mulher ou ao meu próprio corpo testemunha que participei de uma festa em que se celebra a abertura dos corpos, todos eles, a um gozo finalmente sem impedimentos.

No Carnaval carioca, e geralmente nos desfiles, já foi notada muitas vezes a relação narcisista, quase especular, entre a escola que passa e a arquibancada que explode. Olha como gozo que olho como você goza: a festa está na mútua sustentação da efêmera certeza de que estamos gozando.

Quanto a nós, em Salvador, a tristeza da última hora está ligada ao hino ao Nosso Senhor do Bonfim. Pois, se gozamos, resta-nos a nostalgia de um pai desmentido que nos deixou gozar, ou melhor, desmentido por nos ter deixado gozar. Se gozamos — embora, como sempre, não tenha sido tão bem como deveria —, resta-nos o apelo a um pai que seja o bom término da nossa viagem, o país impossível de um pai que tenha valor não por interditar, mas por permitir o gozo. Ou, então, um pai que nos perdoe a nossa viagem e nos aceite de volta como filhos.

O imperativo de gozo não é, verdade seja dita, nem uma invenção nem uma especificidade brasileira. Mas o colonizador parece ter imprimido aqui uma marca especial.

Querer gozar poderia ser uma "razão de ser" universal, que normalmente se resolve em um gozo insatisfatório, mas não sem prazer, relacionado ao exercício dos nossos limites. De uma maneira simples, poderia dizer, por exemplo, que, minha "razão de ser" sendo gozar, isso se resolve no gozo de "ser filho", que é insatisfatório comparado a um eventual acesso a outro gozo que me é proibido. De repente, a minha vida se organiza em torno da questão do meu reconhecimento pelo pai interditor. É certo, aliás, que não penso nem por um segundo que a sólida sujeição a uma função paterna seja um sintoma social particularmente invejável — a prova é que escolhi viver no Brasil.

De qualquer forma, mesmo que "ser filho" esteja no centro das minhas preocupações, posso dizer que querer gozar continua sendo a minha "razão de ser": por ser filho, o meu gozo é impedido, e assim descubro um gozo necessariamente amputado relacionado ao exercício da minha filiação (aqui surge o *goût de l'effort*). E mais: mesmo que eu goze amputadamente de ser filho, continuo sonhando com um gozo outro, aquele que o pai me teria interditado.

O colonizador fez uma aposta contra a amputação do seu gozo que lhe era imposta pelo fato de ser filho; ele escolheu ir para outro lugar, onde quem sabe a língua paterna lhe permitisse gozar plenamente. Disso, podem-se tirar algumas consequências: gozar, para quem aposta contra os limites impostos pela sua filiação, não pode ser uma "razão de ser", mas se transforma necessariamente em uma "razão de estar" onde o gozo seja possível, uma razão, aliás, que no gozo precisa se justificar. Por isso o "estar", embora contingente, é mais imperativo do que o "ser". Para quem "é daqui", o "ser" é uma necessidade, talvez chata, mas sem outras obrigações além da simples determinação simbólica; para quem "está aqui", o "estar" é uma contingência que precisa ser justificada a cada instante, gozando. Se gozar é minha razão de estar, por que não ir embora quando não gozo como previsto ("este país não presta")? Por que não procurar sem tréguas um lugar outro, onde eu possa gozar mais?

Em determinado momento precisei escolher um funcionário. Fiz nessa ocasião uma pequena aprendizagem sobre triagem e fiquei impressionado com as carteiras de trabalho: seis meses em um emprego, três em outro, cinco em outro... Não entendia ainda o porquê de tal mobilidade da mão de obra. Justificava-a pensando nos salários eventualmente medíocres, nos ambientes de trabalho etc. Conhecia também a extraordinária mobilidade da mão de obra americana e, por outro lado, a extraordinária estabilidade da mão de obra europeia. Na Europa, quando ocorre declínio econômico em uma região, eventuais propostas de transferência da mão de obra para zonas de nova industrialização, mesmo que próximas do local de origem, encontram sempre uma resistência feroz das instâncias sindicais, que defendem a inserção cultural local do trabalhador como um valor vital. Isso acaba onerando pesadamente os governos, que precisam inventar projetos quase sempre inviáveis de industrialização forçada, quando não decidem nacionalizar empresas já mortas. Nos Estados Unidos, é diferente: o trabalhador que vive em uma *mobile home*, a casa amarrada ao seu carro, corre atrás da fronteira de trabalho, parecendo uma espécie de herói do sonho americano, meio Walt Whitman, meio Jack Kerouac; é o amor dos vastos espaços, de uma terra grande onde a mobilidade se transforma em ideal que sublinha a filiação simbólica aos mitos nacionais.

No Brasil é outra coisa: algo diretamente relacionado à hipótese ou ao sonho de um ganho um tanto maior ou de uma jornada de trabalho menor. Ou, mais exatamente, nada disso: trata-se do anseio de outro lugar; é impossível deter-se na viagem para Pasárgada. Os laços que tecem a vida no ambiente de trabalho não entram, ou entram pouco, na conta da decisão. Pois o que conta é o sonho de gozo, e ele é sempre razão de estar. Mas onde?

Encontro no Brasil os motéis. Tendo vivido em Paris durante mais de quinze anos e conhecido a Alemanha, os motéis não deveriam me causar estranheza. Mas os motéis brasileiros são bem diferentes dos hotéis *de passe* franceses. Nestes, mesmo nos mais requintados, com a tradicional escolha de quartos — medieval, oriental, hollywoodiano etc. —, não se deixa de respirar um ar de pecado, de algo ilegítimo e repreensível. Por exemplo, nada indica exteriormente que um lugar seja um *hôtel de passe*. A discrição é a regra.

Os *eros-centers* alemães não obedecem a essas regras de discrição, mas ao mesmo tempo se pretendem prostíbulos modernos. São consagrados ao exercício da prostituição.

O motel brasileiro se anuncia de longe, com cartazes e néons, com oferta de almoço executivo, teto solar e cadeira erótica. Mais importante ainda, quando aparecem em publicidades na imprensa, em São Paulo ou no Rio, chega a ser proposto como alternativa de lazer ao casal casado. Pois é anunciado como um lugar onde a tranquilidade, as maravilhas da técnica, *water-bed*, vídeo, cama vibrante, luzes estroboscópicas, piscina individual etc. oferecem uma estada no mundo do gozo, uma visita à Disneylândia da transa amorosa. Em poucas palavras: a questão do motel não parece ser a oportunidade que se oferece de uma transa ilegítima ou de uma excursão prostibular; trata-se de vender a ilusão de um lugar onde haveria uma boa razão de estar.

A expressão "tudo bem" supõe mais felicidade na vida do interlocutor do que qualquer outra fórmula de cortesia que eu conheça. A versão mais carioca e paulista, "tudo joia", impressiona ainda mais: a suposição é paradisíaca. Por que será que é necessário enunciá-la mutuamente em um encontro? Mais do que uma pergunta, aliás, o "tudo joia" parece uma confirmação recíproca.

Uma ideia da sua significação me vem de um paciente dramaticamente preocupado pelas escolhas possíveis entre diferentes rumos de sua vida profissional. Ele me cumprimenta, apertando-me vigorosamente a mão e perguntando: "Firme?".

Digo-me, então, que, para quem se encontra aqui, proclamar "tudo joia" é uma pleonástica declaração de "razão de estar": se estou aqui, firme, se ainda não fui embora, só pode ser, só deve ser porque está "tudo joia".

Função paterna

Ao chegar a um país, antes de investigar seriamente sua história e sua cultura, gosto de mergulhar na imagem básica que ele tem de si e sobretudo na versão de sua história que conta para si mesmo. Não me privei, no Brasil, de ler os livros escolares de história, como, por exemplo, os da quinta série. A leitura foi instrutiva e angustiante pelo extremo cinismo dos textos. Trata-se de livros recentes, escritos para abandonar a insuportável retórica de qualquer ditadura militar. Em razão de uma alquimia mental que já foi revelada num texto bem conhecido, "Narcisismo em tempos sombrios",[1] de meu amigo Jurandir Freire Costa, nestes dias o marxismo e geralmente o progressismo acham bom se vestir de cínicos, como se qualquer ideal fosse reacionário.

Procuro, por exemplo, o capítulo que introduz o momento — inaugural para o Brasil — das grandes viagens e descobertas. Lembro-me bem de que, nos meus livros de escola, tal capítulo tecia um laço que ligava o Ulisses homérico à *Divina comédia* e aos navegadores, interrogando o anseio de conhecer, a paixão

---

1. Jurandir Freire Costa, "Narcisismo em tempos sombrios". Em: Joel Birman (Org.), *Percursos na história da psicanálise*. Rio de Janeiro: Taurus, 1989.

pela aventura, o apelo e o fascínio do horizonte marítimo. Isso sem falar dos efeitos incipientes do declínio da visão ptolomaica do Universo e da nova angústia suscitada pela descoberta de um cosmos infinito. Não importa se isso é ou não bobagem, pois o imperialismo, fornecendo os investimentos necessários, constitui um momento-chave na transformação da visão básica de mundo do homem ocidental. Mas, no livro brasileiro, procuro pelo capítulo em questão e encontro apenas o título: "Os europeus procuram novas riquezas". E basta.

Outro exemplo instrutivo: em 1806, a Europa está quase inteiramente napoleonizada, e Napoleão decreta o bloqueio continental da Inglaterra. Como se sabe, dom João VI decide ajudar a Inglaterra, o que vai lhe custar nada menos que sua terra (e vai levar consequentemente à fuga da monarquia portuguesa para o Brasil). Ajudar a Inglaterra naquela época era sem dúvida um ato de grande coragem e de fidelidade a uma tradição já antiga de intercâmbio comercial e cultural. De tudo isso nem uma menção: "Dom João não poderia agir de outro modo, uma vez que tinha dívidas com a Inglaterra e grandes interesses comerciais" — e basta.

Nem adianta continuar: tudo acontece como se o único motor da ação humana pudesse ser o apetite de um gozo direto das coisas.

Pensando bem, não é nada estranho: já constatamos que a decepção do colono para com a autoridade que deveria protegê-lo diante do colonizador faz do cinismo o modo dominante da relação do brasileiro com toda instância simbólica e com toda autoridade.

Nada há de estranho também em que de repente o colono, na sua busca contínua de uma função paterna que lhe outorgue a filiação procurada, acabe medindo qualquer função paterna possível pelo gozo ao qual ela poderia dar acesso. É evidentemente paradoxal, pois o valor de uma função paterna normalmente se mede pelo gozo que interdita, não pelo gozo que permite. Mas, se o significante ao qual peço filiação me designa o corpo exangue e gozado da mãe pátria, se a autoridade pretensamente simbólica à qual recorro se revela tal qual a expressão obscena do gozo do dono, como acreditar que um Nome do Pai possa ser medido por outra coisa que não pela potência que ele exibe e, eventualmente, pelo acesso que ele mesmo poderia me dar à festa?

O aparente cinismo dos livros de história talvez possa ser explicado assim: o motor da ação é certamente, ainda, uma referência paterna, mas aqui a referência não é ideal, um pai só se sustenta na medida em que detém o bolo e promete a maior fatia.

A coisa aparece na vida cotidiana, na escolha de uma profissão e no discurso das crianças. O que você quer ser quando crescer? A resposta em geral manifesta que um "ideal" é escolhido pela parte que promete do bolo.

Impressiona-me, por exemplo, como uma família inteira desconsidera um pai que não conseguiu enriquecer como se esperava, pois não "aproveitou" as chances que teve na vida. O capital incrível de amizades e estima, o valor de um nome respeitado que ele deixa, tudo isso parece valer pouco.

Em consequência, é inevitável que o exercício do poder seja, digamos, "exibido" em uma espécie de *potlatch* necessariamente infinito (no sistema de *potlatch*, como se lembram os leitores de Marcel Mauss, o dom, a dádiva é o que sustenta a autoridade do doador, impondo a quem recebe a obrigação de oferecer dádiva semelhante ou maior). Um cargo pretensamente simbólico pode se sustentar de uma maneira ainda melhor quando quem o exerce exibe e gasta a riqueza de que dispõe.

Isso escancara necessariamente as portas do clientelismo e da corrupção: se o cargo que ocupo é válido na medida em que, com ele, posso dar uma prova patente de meu poder e de meus recursos, só posso sustentá-lo com uma exibição infinita; o exercício do cargo se confunde com o gasto que comprova o seu valor. Um exemplo clássico continua sendo a viagem a Mombaça do presidente interino: durante uma breve e contingente ausência de José Sarney, o presidente interino Antônio Paes de Andrade faz uma volta grandiosa a sua cidade natal, que sustenta o valor "simbólico" de seu cargo, comprometido pela interinidade.[2] Nasceu assim, aliás, um neologismo — "fazer uma mombaçada" — para indicar a exibição de um gasto vultoso como forma de sustentar uma função simbolicamente problemática.

A vida política do país é uma mombaçada atrás da outra, por necessidade. Por exemplo, o clientelismo local e familiar, ou seja, o fato previsível de que um político ou um funcionário no poder devolva riqueza para a sua cidade natal e para o seu círculo familiar, não é tanto uma retribuição aos votos que lhe foram eventualmente concedidos, nem um sinal de seu amor pela terra natal e pela família. O problema é que nesses lugares, onde, mais do que em outros, o nosso político ou funcionário gostaria de encontrar o justo reconhecimento da dignidade do seu percurso e do seu cargo, ele descobre que essa dignidade só será reconhecida se ele a ilustrar com uma prodigalidade que exiba a pujança de seus recursos.

É instrutivo desse ponto de vista o episódio da candidatura

---

2. Em 25/2/1989, o presidente da Câmara, deputado Antônio Paes de Andrade (PMDB-CE), na condição de presidente interino do governo José Sarney, levou vasta comitiva de autoridades em viagem oficial de Brasília a Mombaça (a 305 km de Fortaleza), um de seus currais eleitorais, e de lá realizou os trabalhos de gestão, em episódio que ficou conhecido como a "República de Mombaça". (N.E.)

de Silvio Santos na campanha presidencial de 1989.[3] Por um lado parecia que distribuir presentes do Baú da Felicidade seria algo de uma prodigalidade suficiente para tornar plausível um candidato à Presidência. Por outro lado, mais assustador era, aparentemente, o fato de que não comprometia a candidatura a hipótese de que ela se tornara possível a partir, não de uma filiação política ou de um ideal político, mas da compra manifesta de uma legenda. Eu me perguntava: mas como pode ser? Como pode essa compra, simplesmente por ela ser pública e conhecida, não inviabilizar a candidatura? Quem poderia querer votar em alguém que sustenta sua posição de candidato em seu poder de compra? A minha interrogação era ridícula, pois a força da candidatura residia justamente na amostra produzida pelo poder de compra.

Em paralelo, quando, nos primeiros tempos da minha estada no Brasil, as pessoas tentavam me explicar o funcionamento do sistema clientelístico, os ditos grandes eleitores, as obrigações que constituem os privilégios concedidos, ainda que irrisórios, tudo isso evidentemente eu não entendia. Parecia-me óbvio que, se o segredo do voto fosse respeitado — e em alguma medida devia ser —, nenhum favor poderia garantir uma fidelidade praticamente inverificável. De fato, a fidelidade não é garantida por razões retributivas (como "devo o meu voto a fulano porque ele pagou extração de dentes para todos"); ela é garantida porque a

---

3. Em 1989, nas primeiras eleições diretas para presidente da República desde 1960, o apresentador de TV Silvio Santos, que liderava as pesquisas, teve sua candidatura cassada em 9 de novembro pelo Tribunal Superior Eleitoral (TSE), poucos dias antes do pleito. O tribunal acatou impugnação feita pela Coligação Brasil Novo, do candidato Fernando Collor de Mello, segundo a qual o PMB (Partido Municipalista Brasileiro), ao qual se filiara Santos, estava extinto desde 15 de outubro. O pequeno partido perdera o registro provisório por não ter cumprido algumas exigências da legislação eleitoral. Collor de Mello ganhou a eleição presidencial de 1989. (N.E.)

tentativa de me corromper não só me beneficia, mas sobretudo me permite reconhecer no corruptor uma autoridade.

Uma referência paterna que valesse simbolicamente seria de imediato desacreditada pela sua própria (e suspeita) prodigalidade. Aqui, no Brasil, acontece o contrário: a exibição da potência real e, em última instância, da corrupção valida a autoridade e impõe uma fidelidade que é signo de respeito.

Sem isso seria impossível entender alguns slogans oficiosos de uma recente campanha política para a eleição de governadores. A proposta de um candidato conhecido como prolífero sugere: "Vote em x, ele poderia ser o seu pai". Outro candidato deixa circular o mote: "Rouba, mas faz". Encontro uma frase pichada em um muro que, associando de modo perfeito cinismo e amor na figura de uma autoridade simbolicamente indigna — e fazendo prevalecer a rima —, diz: "Bosta por bosta, voto no...". O incrível é que esses slogans oficiosos possam ser levados em conta e funcionem a favor do candidato.

Falo com um visitante português a respeito de alguns problemas na gestão de um hospital psiquiátrico, suspensos diante da mudança iminente de direção nas próximas eleições. Só no meio da conversa nós nos damos conta do equívoco: estou falando das eleições para o governo estadual, e ele está imaginando que se trate das eleições internas do hospital. Descubro assim que, em pouco tempo de permanência, já me parece normal um tipo de atribuição de cargos por decisão política — atribuição que deveria ser naturalmente por competência e por concurso. Cada governo distribui cargos no segundo escalão administrativo, quando, em outros países, essa atribuição é determinada pela competência específica.

O drama é que essa forma de sustentação do poder se transmite, pois quem foi assim escolhido terá ele mesmo um cuidado prévio no exercício da sua competência: o cuidado de sustentar a própria posição de poder com uma demonstração de poder, ou seja, nomeando. Engendra-se assim uma cadeia que destina boa parte dos cargos públicos a pessoas de inevitável incompetência, ocupadas com a necessidade de demonstrar que o seu exercício do poder é bem fundamentado. Como? Exercendo o poder de distribuir cargos. Por esse caminho, a atividade pública se sustenta crescendo exponencialmente e se distingue pela sua ineficiência em tudo, exceto em sustentar-se na função e expandir essa sustentação.

O princípio dominante segundo o qual uma função paterna vale pelo gozo que exibe e que promete acaba tornando difícil uma análise honesta do cotidiano.

Chega-se a um ponto em que se torna problemático, se não impossível, para a opinião pública, distinguir entre as exigências normais colocadas pela dignidade de um cargo e a sua paradoxal sustentação em uma exibição de prodigalidade. Assim, se eu, sentado diante da televisão, mal consigo acreditar no relato tragicômico da viagem do interino Paes de Andrade a Mombaça, também não consigo entender que a gente faça as contas dos gastos de Fernando Collor na Brasserie Lipp ou no Hotel Ritz, em Paris. Será que o presidente eleito do Brasil deveria hospedar-se no hotelzinho da Rue de Turenne, que aconselho frequentemente aos amigos, ou almoçar no chinês da esquina?

Ao querer-se moralizar a vida pública, instaura-se uma verdadeira caça ao parente favorecido. A cura não é muito diferente da doença e manifesta de qualquer forma o sumiço do critério normal da competência. A discussão que ouvi entre dois clientes de um boteco paulistano, motivada pela coincidência de sobrenomes entre o presidente Fernando Collor de Mello e a sua ministra da Economia, Zélia Cardoso de Mello, acaba assim: "Bom, talvez não sejam mesmo parentes, mas têm o mesmo sobrenome".

Ainda mais equivocada — embora o fenômeno não seja só brasileiro — foi a polêmica a respeito da construção do Memorial da América Latina, em São Paulo, durante o governo Orestes Quércia. O argumento crítico tradicional concernia aos custos da obra pública, que sempre parecem astronômicos. De fato, esse tipo de obra pode também ser considerado um *potlatch* — e de certa forma é. No final das contas, trata-se de um gasto que parece sustentar uma função simbólica; mas merece ser feita a distinção entre um gasto que sustenta uma função simbólica e uma função que pretende ser simbólica à força de custos.

Gastos para sustentar uma função simbólica são os culturais, e eu sempre os acho insuficientes, sendo insensível aos argumentos que colocam como prioritárias as necessidades ditas básicas. As razões históricas que eu poderia apresentar são conhecidas: se as necessidades básicas fossem prioritárias, a história dos seres falantes simplesmente não teria produzido a incrível proliferação cultural que para os humanistas gera assintoticamente uma definição do humano. No Brasil, aliás, o argumento das necessidades básicas, por justificado que seja, acaba produzindo um efeito especialmente pernicioso, pois é só do investimento cultural que se pode esperar, creio, a milagrosa invenção de uma instância simbólica verdadeira que não tenha mais que se sustentar na prodigalidade. Uma instância simbólica verdadeira seria aquela, entenda-se, que permitiria a cada um finalmente *ser* brasileiro, e não *estar* brasileiro; e daria a "brasileiro" uma significação definitivamente diferente da proposta pelo colonizador.

A crítica feita comumente ao investimento cultural, considerando-o "desnecessário", pode ajudar a melhorar o nosso entendimento sobre o que é o gasto exigido do poder no Brasil. Esse gasto é exigido e parece valer como sustentação da função do poder apenas na medida em que distribui um ganho efetivo e material. Em outras palavras: o gasto do homem político só o sustenta em sua função se esse gasto também me reservar uma parte de gozo.

Mas não de qualquer gozo: não vale o gozo de "ser daqui", o mesmo que nos ofereceriam, por exemplo, as obras de arte dos museus nacionais, bem como as decisões políticas corajosas, embora às vezes pouco rentáveis. O gozo exigido é o do consumo direto, que justifique o "estar aqui".

A diferença novamente aparece, entre dois pedidos que podem ser endereçados a uma função paterna: que (o pai) me dê um nome ou que me dê pão. Que o pai, para dar nome, também precise dar pão, isso testemunha uma fraqueza específica da função que nomeia. Um ditado famoso diz que "nem só de pão vive o homem"; se a distribuição milagrosa dos pães for necessária para o homem acreditar no seu Deus, ele terá como Deus os pães (de Andrade) que merece.

Desde as primeiras viagens ao Brasil, quando a minha atividade era principalmente dar cursos e palestras, algo me seduziu no trabalho que exercia aqui. Embora eu chegasse com todo o "charme" de uma formação estrangeira e prestigiosa, parecia que os auditórios conseguiam ultrapassar a inibição que qualquer idealização produz e, assim, interrogar-me mais sobre o que eu estava propondo do que sobre a minha pessoa.

Para o meu próprio trabalho de pesquisa e invenção, isso era de uma importância notável. E parecia marcadamente mais interessante dar aulas no Brasil do que na França, pelo menos de psicanálise. Também achava que as questões dos meus interlocutores eram ou tímidas ou arriscadas, muito mais do que fundadas em argumentos de autoridade. Para quem vinha de uma cultura (sobretudo psicanalítica) em que a citação reina soberana, era como respirar um pouco de ar fresco.

Isso é também um efeito — positivo, desta vez — da exigência de medir uma função paterna em relação ao que ela traz e permite. A questão é complicada, pois, se por um lado era estimulante constatar que o que eu trazia, sobretudo no campo da clínica, podia ser considerado e discutido independentemente dos efeitos de autoridade do meu nome, por outro dois problemas surgiam.

O primeiro problema relacionava-se ao tipo de urgência com que se solicitava o saber que eu produzia. Pois, facilmente, pediam-me que as considerações clínicas viessem acompanhadas das justas regras de suas aplicações práticas, com resultados garantidos. Essa postura pragmática, e em geral mais americana do que especificamente brasileira, deve ser certamente inserida no capítulo das dificuldades da psicanálise no Brasil (e, claro, não só no Brasil). Para ser breve, a psicanálise é uma prática que pressupõe, fundamentalmente, que haja um psicanalista. Ou seja, só há uso clínico possível da psicanálise para quem é analista. E um psicanalista se forma fundamentalmente graças não à transmissão de um saber, mas a uma experiência efetiva que transforma o "ser" (embora em sentido paradoxal, pois, na psicanálise, trata-se de certa forma de reduzir o "ser" do sujeito ao mínimo). Pode-se entrever a dificuldade: como produzir e fazer valer um saber que se funda em uma experiência de despojamento — quando qualquer saber costuma ser medido pelos efeitos de gozo que promete — e como engajar alguém em uma experiência que certamente não se sustenta em uma promessa dessa natureza?

O segundo problema era uma forma atípica de plágio. Só no Brasil me aconteceu de presenciar — a convite — a conferência de um aluno para escutá-lo apresentar publicamente fragmentos de um ensino por mim formulado e que eu mesmo considerava feito de hipóteses corajosas, mas ainda precárias. Digo uma forma atípica de plágio, pois tanto o convite do palestrante quanto a sua tranquilidade, e mais ainda o estilo da apresentação, me levaram a pensar que não se tratava de um simples exercício de cara de pau. É mais provável que o aluno em questão não tivesse percebido, no meu ensino, o laço que havia entre o que eu podia propor e a minha enunciação de sujeito. O que eu podia ensinar não era considerado o fruto suposto da minha singularidade. Uma vez enunciado, o que eu ensinava podia ser apropriado, pois não era mais de ninguém, não carregava assinatura alguma.

Tive a mesma experiência repetidas vezes em conversas mais restritas, em que conceitos que me são próprios voltavam à boca de um interlocutor como se fossem dele. Não acredito na propriedade intelectual; a linguagem, por sinal, não é de ninguém. Mas aqui não se trata tanto de propriedade: o extraordinário era constatar que um sujeito pudesse fazer uso de um conceito ou de uma teoria com uma perfeita e assídua indiferença à sua origem subjetiva, quero dizer, à simples marca que os assina.

Nenhum descaramento, então: mas certa impossibilidade de reconhecer a marca singular em um saber. Pois reconhecer essa marca seria, na eventual adoção desse saber, reconhecer uma forma de filiação ao "autor", a qual contraria pelo menos a posição do colonizador. O colonizador seguiu viagem desconhecendo o pai e ao mesmo tempo usurpando a própria língua dele, a fim de impô-la a um corpo-terra que o pai não interditasse. Esse esquema parece, então, concomitantemente, privilegiar a interrogação da eficácia de qualquer saber e resistir ao reconhecimento da filiação que a adoção desse saber implica. Pouco importaria se essa resistência não produzisse obstáculos específicos na relação com o saber: em particular, ela produz a preferência — perceptível na relação com o ensino psicanalítico — pela comida pré-digerida.

Os alunos — eventualmente famintos — não se jogam na leitura, por exemplo, de Freud ou de Lacan, ou de Melanie Klein, mas parecem preferir com naturalidade a solução do mediador. Assim, o projeto de ler um texto desemboca com frequência na procura de um grupo de leitura no qual o texto seja pré-digerido pela pessoa que ensina. Não consigo acreditar em explicações que apontariam haver uma pretensa dificuldade na leitura do texto ou então uma atávica e escassa tradição nacional de leitura — e essas duas justificativas me parecem, por sua vez, merecer uma explicação. Ou seja: um saber pré-digerido por uma mediação, um saber de segunda ou terceira mão, presta-se melhor ao esquecimento da marca singular que o assina. O ideal seria, então, poder dispor de um saber sem ter de pagar o preço de ser, por exemplo, freudiano, pegar o que convém — um pouco de cada lado —, negligenciando o vínculo de filiação implicado. No campo da psicanálise, especificamente, trata-se de algo dramático, pois tal atitude produz psicólogos entulhados por uma maionese psicanalítica, mas completamente alheios a uma prática aceitável da disciplina.[4]

Uma história que me foi contada por uma analista paulista sintetiza perfeitamente a questão. Ela supervisionava semanalmente o trabalho de uma terapeuta — importa aqui saber que uma supervisão psicanalítica é uma prática que questiona as resistências singulares do terapeuta e como tal é, para ele, muito

---

4. Não sei se foi por causa do tempo que passou, ou do Brasil ou dos Estados Unidos, mas, nos últimos vinte anos, mudei minha maneira de pensar, de sentir e de praticar a clínica. Não quero alterar esse registro do que eu pensava no fim dos anos 1980, mas o ponto 7 da Introdução deste livro é consagrado a tal mudança.

mais uma experiência subjetiva do que uma aula particular. Um dia, essa colega recebeu um telefonema da supervisionanda, que se desculpava por não poder comparecer no horário marcado, por causa de algum problema familiar. Sabendo que tradicionalmente os horários marcados são sempre pagos, a supervisionanda propôs: "A senhora se importaria se, para ocupar o meu horário, eu mandasse uma amiga que está precisando de uma supervisão?".

Com efeito, por que um paciente "muito ocupado" não aproveitaria os horários em que ele falta para mandar a mulher, o filho ou mesmo o seu motorista? A história revela um deliberado "desconhecimento" do que envolve singularmente um sujeito em uma experiência analítica, a fim de que ele goze plenamente do horário e dos honorários que paga.

Outro exemplo. Uma analista, respeitável e respeitada por mim, me liga dizendo que foi convidada a dar uma conferência e que, embora desconheça o tema e dele não tenha experiência prática, aceitou a tarefa — o que é uma coisa qualquer e supõe outra vez uma curiosa desvinculação de saber e sujeito. Ela sabia que poucos meses antes eu havia dado um curso inteiro sobre o tema da sua palestra e tinha desenvolvido algumas ideias interessantes. No telefone, lamentou não ter assistido ao meu curso e me pediu uma "supervisão teórica" — "paga, naturalmente" —, durante a qual eu pudesse resumir as minhas ideias para que ela organizasse a sua conferência. Resolvi a coisa de um jeito que me pareceu ser a única solução analiticamente possível: recusei, mas a atendi só para emprestar alguns livros. A história é indicativa da mesma problemática: a resistência a pagar o preço de uma filiação no acesso a um saber e a pressuposição de que o saber (a língua paterna) não tenha pai (entenda-se: não tenha pai que não seja o próprio usurpador do saber paterno — ou seja, os descendentes do colonizador são todos usurpadores potenciais).

Para quem conhece a tragicomédia que é a situação da psicanálise, particularmente a lacaniana, em São Paulo, essas indicações podem ser preciosas. Trata-se de uma vasta comunidade analítica que, à primeira vista, pode parecer preocupada apenas com as condições de gozo que lhe reserva o exercício de uma disciplina da qual se trata naturalmente de desconhecer a filiação. Não seria diferente da posição do colonizador: o pai da língua está longe — na França, por exemplo —, ele pode ser esquecido, e a sua língua pode nos servir aqui.

As lutas intestinas da comunidade não seriam, desse ponto de vista, propriamente fratricidas, apesar de violentas: sem a referência implícita a um pai comum, só seriam guerras para a posse e a exploração da nova terra entre colonizadores sem lei. De fato é mais complicado, pois inevitavelmente, na competição, cada um, ou cada grupo, acaba tentando fazer prevalecer sua referência a um pai. E é no uso dessa referência que se desdobra uma valsa engraçada que, se valesse a pena ser contada em detalhes, talvez fosse exemplar do drama inteiro das dificuldades nacionais com a função paterna. Só vale a pena articular a complicação que parece constituir o esforço repetido para, ao mesmo tempo, ter acesso a um ensino, valer-se eventualmente do privilégio imaginário que ele outorgaria e desmentir qualquer forma de filiação.

Um conjunto de grupos de analistas convida um analista estrangeiro — conhecido por uma série de valiosas e importantes contribuições —, assinando cada um nominalmente uma convocatória pública. O líder local de um desses grupos se vale da situação para transformar a apresentação que faz do convidado em uma incrível exibição retórica do seu próprio lugar de poder (que, evidentemente, a presença do convidado sustenta de forma implícita). E eis que o conjunto inteiro se nega a pagar honorários ao analista convidado, interrogando-se comicamente sobre o lugar de onde a demanda emanou. Ou seja, será que nós o convidamos ou será que ele quis nos ensinar? O exemplo é excelente: convida-se um pai para valer-se do seu apoio, mas precisa-se denegar ao mesmo tempo qualquer dívida que se tenha com ele, repetir o modo como o colonizador desmentiu a sua filiação, como se reconhecer um fiozinho que fosse dessa filiação pudesse privar de algum gozo. Mais especificamente do gozo que o saber do pai nos promete, se soubermos usurpá-lo.

Outra história: por ocasião da viagem prevista de um amigo ao Brasil, proponho a uma instituição paulistana promover algumas conferências que ele se disporia a dar. Por ter sido feita na última hora, a proposta não se revela possível, embora a dita instituição se mostre muito interessada pelo trabalho teórico e clínico do meu amigo. Pouco tempo depois de ter sido feita a proposta, antes da viagem, ele assume, na França, algumas posições públicas cortantes no campo da vida institucional. E aprendo logo que a referida instituição paulistana — retroativamente apavorada com a ideia de que poderia ter convidado o meu amigo, sem saber de seus últimos engajamentos político--institucionais — havia resolvido ficar estupefata comigo por causa do risco ao qual eu a teria exposto com tal convite.

Para entender o caso, é necessário lembrar que a dita instituição se envaidece da sua falta de filiação definida; ela adota a solução já mencionada: tomar um pouco de tudo e de todos é o que permitirá o acesso a um saber, desconhecendo a singularidade que o assina e, portanto, evitando o risco dos limites (a quê?) que uma filiação imporia. Daí o pânico retroativo com o comprometimento político do palestrante, que poderia ter lançado a sombra de um comprometimento análogo sobre a instituição. Alguém perguntará por quê. Se a instituição se coloca suspensa no limbo que antecede as filiações, ela deveria poder de repente frequentá-las todas sem que nenhuma a contaminasse e de todas absorver só o saber que elas transmitem. Mas esse limbo é frágil. Só se consegue manter a denegação da filiação se os pais estão distantes, são fracos e um pouco insípidos. O preço pago é a pobreza do limbo, uma tal pobreza que, se a ocasião se apresentasse, a instituição não poderia convidar nem mesmo Freud, Lacan ou Klein. A solução melhor sendo que o comparsa chamado a ocupar a função paterna conforte a plateia com a ideia de que o pai está morto de verdade, impotente diante de um imponderável "real" da clínica — isso nos imporia a todos uma incerteza de saberes, nenhum dos quais nos comprometeria. A solução do limbo, aliás, não é necessariamente institucional; em São Paulo, ela é a posição individual padrão.[5]

Quem escapa ao limbo cai em outro tipo de solução ao transtorno da função paterna que nos interessa. Existem, por exemplo, grupos que se constituem em torno de uma filiação explicitamente reconhecida. O engraçado é que, nesse caso, a preferência é pelos laços afiliativos mais pesados, coercitivos e mais "exteriores". Deixo a explicação desse fenômeno para o momento em que tentarei me interrogar sobre a inversão histórica que parece transformar o colonizador — uma vez que sua empresa fracassa (e só poderia ser assim) — em devedor externo. É como se o suposto usurpador, quem sabe para se fazer perdoar, se transformasse em lacaio do poderoso cujo poder ele queria e não conseguiu usurpar.

Essas observações, se valem para a psicanálise lacaniana em São Paulo, não deixam também de constituir uma parábola de grande parte da vida cultural no país. O limbo e a maionese são só um efeito da já mencionada antropofagia: comer todos os pais na ilusão de que, neutralizados no bolo digestivo, eles se transformem coletivamente em sangue e forças.

---

5. Aqui, de novo, mudei minha maneira de pensar, de sentir e de praticar a clínica. Ver o ponto 5 da Introdução.

A escolha é evidentemente preventiva, pois, se o colonizador precisa comer todos os pais, é porque só imagina um pai à sua imagem e semelhança, e o colono só imagina o pai à imagem e semelhança do colonizador. Apelar para um pai sempre comporta o risco de produzir sua própria escravatura: ele vai querer nos comer e precisa, portanto, ser comido. Não à toa, os órfãos podem devorar seus pais sem precisar chorar lágrimas de crocodilo.

A primeira vez que uma paciente brasileira me falou da decisão, tomada de comum acordo pelo casal, de seu marido sofrer uma vasectomia, pensei que estava lidando com alguma patologia do laço conjugal. Aos poucos, como se sucedessem as vasectomias projetadas e feitas de fato, eu me daria conta de que tal cirurgia era uma prática culturalmente comum. Não sem que eu estranhasse.

Um amigo, em São Paulo, por exemplo, me confessa estar satisfeito em ter uma única filha — levando também em conta sua precária situação financeira — e projeta então uma vasectomia. Observo-lhe que, tendo 26 anos, curiosamente ele me parece jovem para tomar uma decisão como essa, que é sem retorno; e ele me responde brincando que, ao contrário, a cirurgia só facilitará suas aventuras extraconjugais.

Fico pensando que, num contexto em que um homem pode decidir por uma vasectomia, é difícil imaginar que ela seja um remédio a alguma carência cultural que dificultaria práticas de contracepção feminina. Por que essa curiosa importância da contracepção masculina irreversível, quando a feminina pode ser temporária e reversível?

A história se complica e se agrava quando um paciente casado e sem filhos me comunica ter o mesmo projeto do meu amigo paulista, pelas mesmas razões — financeiras, por um lado, e aventureiras, por outro.

Acabo me interrogando sobre o que, diante da possibilidade da paternidade, pode justificar tal desistência. Poderia me satisfazer com considerações malthusianas que, aliás, os dois exemplos comportam: o custo dos filhos. E se trataria então de uma simples desistência da paternidade real, da função de genitor.

A brincadeira do meu amigo paulista me volta à memória quando leio um curioso classificado na revista *Ele & Ela*: um "garanhão" se oferece a jovens e velhas, brancas e pretas, gordas e magras, promete o paraíso e acrescenta: "vasectomizado". Será que as leitoras de *Ele & Ela* interessadas no anúncio são suficientemente ignaras dos métodos contraceptivos para ter de dar preferência a um amante vasectomizado? Ou será que "vasectomizado" vale no anúncio como um qualificativo a mais que melhora a prestação erótica do garanhão? De repente, confrontado com esse oxímoro, em que o garanhão, para garantir melhor o gozo, não pode ser um reprodutor, me digo que a desistência não concerne aqui à paternidade real, mas à paternidade simbólica. Pois a brincadeira do meu amigo paulista, as razões aventureiras do meu paciente e o anúncio do garanhão parecem concordar nisso: é para gozar — e não para não ter filhos — que é preciso evitar a paternidade. Evitar ser pai equivale aqui a evitar a tarefa de sustentar e transmitir uma filiação, cujo preço só pode ser um limite ao gozo.

E surge uma complicação a mais: se para gozar é preciso evitar a paternidade, parece também que, para ser um pai crível, é necessário aqui gozar sem limites, gozar como se não houvesse pai. Em outras palavras: ser pai depende do meu gozo, e o meu gozo, por ter de ser sem limites, implica que eu desista de ser filho. E como poderia querer ser pai, se não me reconheço filho?

No entanto, nada impede que as mulheres sigam sendo mães.

✳

Em época de eleição, a mobilidade de muitos políticos brasileiros é impressionante. Não estou falando da mobilidade geográfica imposta pela extensão do território, mas das extraordinárias migrações de deputados, senadores, governadores, vereadores etc. de um partido para outro.

A leitura do noticiário é surrealista: mantém-se, por exemplo, durante semanas, o suspense sobre a troca de legenda do governador de um estado, que, aliás, dispõe de uma popularidade certa e, portanto, de um potencial relevante de votos. E a imprensa especula sobre a hesitação do mutante: ele estaria esperando uma última pesquisa de opinião para avaliar as chances do candidato à Presidência que apoiaria ou negociando alguns privilégios estaduais com o mesmo candidato. O discurso aqui nem parece brutal, ao passo que na Europa talvez chegasse a ser matéria para um processo por difamação. O curioso não é tanto a motivação do governador, que, por ser confessada descaradamente, teria pelo menos o mérito da sinceridade. O curioso é que esse discurso descarado não compromete nem a popularidade do governador, nem a do presidenciável. O político europeu, mesmo o mais cínico, frente à opinião pública, seria levado a justificar ideologicamente a sua hesitação e a sua escolha.

Aparentemente, o mistério só se explica se considerarmos que o que parece sustentar, ou melhor, legitimar o poder é o seu exercício mesmo, e da forma mais explícita possível; desse ponto de vista, a desfaçatez é uma necessidade. E mal se entrevê como até o político mais bem-intencionado poderia resistir a essa necessidade.

A referência ideal, assim marginalizada, uma vez que a função paterna é medida pela parte do bolo que promete, impossibilita uma vida política. Pois nessas condições um partido acaba sendo ou uma associação de mútua troca de favores (em que o favor sustenta quem o concede e permite ao favorecido se sustentar, concedendo outros favores), ou então a adesão a um homem — e nunca a uma ideia. Essa figura de um homem providencial como recurso possível merece explicação.

Uma função paterna — já foi dito — é algo que me limita, me coíbe e que em troca, por assim dizer, me outorga uma cidadania, um lugar simbólico e alguns ideais básicos como referência. Fui desenvolvendo a ideia de que, no Brasil, a uma função paterna é pedido que me legitime não me limitando, mas ao contrário me presenteando com a sua prodigalidade. O pai ao qual se aspira seria aquele que não interdita a mãe, mas que, ao contrário, organiza festivamente uma pródiga repartição do corpo dela. De repente, essa função paterna se parece singularmente com uma função mais materna, pois o homem de poder no final das contas vira vaca leiteira. É à mãe, como se sabe, que cada um não para de pedir até mesmo o que ela visivelmente não tem para dar.

O inconveniente dessa situação — além do desperdício e da falta eventual de leite — é ser ela simbolicamente improdutiva. Ninguém consegue ser alguém a não ser com uma troca de favores, e valor e lugar simbólicos se evaporam, deixando cada um em estado certo de sofrimento.

Quem quer encontrar um pai que o alivie desse angustiante circuito materno — e é certamente o caso do colono — terá de escolher como recurso um pai mesmo, que valha, como dizem os nossos vizinhos, pelos seus *cojones* e, finalmente, lhe interdite algo. Desse ponto de vista não causou estranheza a ninguém que a popularidade do presidente Fernando Collor se mantivesse inalterada depois das medidas do seu plano econômico; ao contrário, o pai que estamos esperando será reconhecido pelas privações que saberá finalmente nos impor.

Assim, a oscilação parece ser constante entre mercado do poder e homem providencial. E não se vê como um sistema parlamentarista poderia, nesse contexto, celebrar outra coisa do que uma generalização definitiva do exercício pródigo do poder. No fundo, a democracia parlamentarista só parece realmente viável onde e quando o poder delegado se legitima nas ideias supostamente compartilhadas entre eleitor e eleito.

A indignação é um corolário onipresente da corrupção que resulta de uma função paterna medida pela sua prodigalidade. Todo mundo lamenta a falta de "vergonha na cara" do vizinho, o que não impede a imediata disposição de cada um em participar da festa desse mesmo vizinho, inclusive venerando e respeitando o anfitrião.

Não há, aqui, nenhuma contradição, pois todo mundo pode sonhar, tal como o colonizador, com um pai de brincadeira, que abra o decote materno, e pode querer, tal como o colono, que um pai de verdade nos restitua a nossa dignidade de filhos, fechando o mesmo decote. Por isso, se o colonizador pode ser, em uma versão moderna, um tecnocrata, o colono — mesmo se democrata — dificilmente deixará de ser um caudilhista.

Fundações

Em Barbania, uma cidadezinha do Canavese, no norte do Piemonte, a presença de minha família está documentada desde o século 16, com um certo Bernardino Calligaris, prenome, aliás, que foi transmitido até o meu tio — primogênito entre os irmãos de meu pai — e era o mesmo do meu irmão mais velho. Barbania ainda tem algumas fazendolas que se chamam *calligarie* e também a casa denominada Calligaris, que a família já deixou há muito tempo. As origens da linhagem se perdem no século 14 pouco antes que ela enobrecesse.

Esse umbigo da cadeia simbólica que chega até mim é mais uma bruma na distância do que uma origem propriamente dita. Evoco-o porque, sem fazê-lo, não se entenderia meu estranhamento ao ver uma fotografia exposta no Museu do Imigrante, em Bento Gonçalves. Na foto, observa-se uma dezena de homens e mulheres literalmente plantados no meio do mato, com algumas poucas ferramentas rudimentares. É o momento da fundação. A quilômetros da cidade de Porto Alegre, quilômetros sem estrada, em um lugar que imagino ter sido escolhido segundo uma sabedoria a respeito da terra — perto da água, mas sem risco de inundação, perto da madeira para construir, mas não longe do que poderia ser um campo para cultivar —, eis que se toma de repente a decisão que, apesar de todos esses critérios, nada pode justificar plenamente: é aqui! E o museu é hoje, cem anos depois ou pouco mais, uma casa entre outras em uma cidadezinha que, justamente por causa da graça de seus habitantes, de seus rostos e gestos, se parece com Barbania ou com outra localidade italiana.

Tenho emoção análoga, embora em contexto diferente, ao visitar o Memorial JK, com o mausoléu e o museu de Juscelino Kubitschek, em Brasília. Não é tanto a rapidez com que a cidade foi construída que me impressiona, e mais a proximidade cronológica do ato da sua fundação. Que JK se valesse de alguma inspiração mística é algo que não me incomoda. Os fundadores retratados na fotografia de Bento Gonçalves — embora nenhuma história que eu saiba registre o fato — talvez também tenham recorrido a algum critério dessa ordem. Ao cabo, isso seria algo normal, no momento de realizar um ato de tal consequência e que nada justifica em sua contingência: nós aqui pararemos e aqui construiremos.

A fundação de uma cidade é para mim, como europeu, o exemplo mesmo daquilo que se perde na noite dos tempos. No Brasil, pode ser memória de duas gerações ou menos. Se houvesse mesmo memória histórica — e talvez haja — da fundação de Barbania, certamente ela teria se apagado numa nebulosa temporal, e o eventual envolvimento de um Calligaris (de fato, a família chegou ali no século 16, vinda de outro vilarejo próximo) não resolveria nenhum problema de origem: nem da cidade, nem da minha linhagem. Ambas se alimentam de uma complicada trama de ramificações que nem um instituto de heráldica, nem um historiador especializado na geopolítica dos acampamentos romanos teriam a pretensão de esgotar. Aqui, no Brasil, o momento inicial da cadeia — quando surge uma cidade — parece surpreendentemente próximo e de repente a própria cadeia parece simples, amarrada em um momento originário que pode ser evocado na memória do sujeito.

A história familiar dos pacientes, por exemplo, parece efetivamente começar com o movimento migratório. No melhor dos casos, o romance familiar acarreta a lembrança — facilmente incerta — do nome de uma cidade ou de uma vila europeias, mas é aqui mesmo, no Brasil, que se inicia a memória, como se, após a travessia do oceano, tivesse sido necessário fazer uma verdadeira refundação da linhagem familiar, concomitante à fundação de uma nova estadia.

Que as cidades frequentemente levem um nome que evoca a origem esquecida (precedida de "novo" isso, "novo" aquilo) só confirma, aliás, a repressão imposta. O nome funcionaria como um oxímoro, em que o adjetivo "novo" recalca a Brescia, a Hamburgo, a Friburgo perdidas.

Mas por que a memória recente da fundação de uma moradia acarretaria o sentimento de uma origem definida e próxima também da cadeia simbólica da linhagem? A considerar a memória do colono, a viagem migratória para o Brasil parece ter pedido um esquecimento específico da origem. Esse esquecimento talvez encontre sua justificativa no fato de o imigrante ser, ele mesmo, um esquecido em sua pátria de origem. Talvez esse esquecimento corresponda a uma necessidade imperativa, para o imigrante, de produzir um ato autônomo de fundação não só da moradia, mas de si mesmo como sujeito.

Há uma exceção ao esquecimento da filiação que qualquer migração comporta: os judeus. E a exceção permite distinguir duas figuras: o migrante e o judeu errante. O racismo, por sinal, nunca parou de acusar o judeu de ser errante e não migrante, ou seja, de continuar sendo judeu apesar de mudar de país. Com efeito, como os membros desse povo que é um verdadeiro monumento erigido à função paterna e que sustentou a ideia monoteísta poderiam, ao mudar de cultura, abandonar a referência paterna que os subjetiva?

O migrante, o colono da nossa história, parece ser a antinomia do judeu errante.

A fala de seus descendentes testemunha uma viagem na qual o Atlântico foi se fechando atrás do colono, não para impedir a passagem dos perseguidores, mas para fazer um corte radical e forçar uma verdadeira refundação simbólica.

O cúmulo é que o Brasil conseguiu — em uma época decisiva da sua história — transformar até mesmo os judeus em migrantes.

Tempo de descanso em Veneza. Passeamos por um pequeno mercado das pulgas perto de Campo Santo Stefano. Vemos à venda, em uma banca, um candelabro de sete braços. Eliana se entusiasma, achando que seria perfeito para as velas — ela me diz — que são acesas, uma em cada dia, na semana anterior ao Natal. Acho estranho, e ela ainda mais, quando descobrimos que esse costume transmitido em sua família nada tem de universal: para ser bem específico, trata-se de um costume judaico. Compramos o candelabro para celebrar a descoberta de que há algo na família dela que é certamente judeu. O sobrenome Carvalho, por parte de mãe — eu aprenderia mais tarde —, testemunha uma origem cristã-nova, como quase sempre ocorre com as famílias com sobrenomes que remetem a plantas e animais.

Começamos a interrogar juntos sobre os destinos dos cristãos-novos e, aos poucos, vamos encontrando ao redor de nós uma série de exemplos deslumbrantes de um judaísmo esquecido, do qual curiosamente (ainda que coerente com a ideia de uma aliança que o rito, mesmo sem a crença e sem o saber, pode manter) sobreviveram alguns restos rituais. O avô que nem sabia o que era sinagoga, mas aos sábados insistia para sair só com os homens da família. Uma amiga cuja velha doméstica exclamava de vez em quando, no lugar de "Deus me livre", e sem saber por quê: "Nunca aos sábados!". E a outra história, que me foi contada no clube A Hebraica, em São Paulo, sobre um suposto gói engajado como caseiro de uma comunidade judaica, que foi convidado para a festa da Chanuká com a sua família e, ao entrar, gritou, também sem saber por quê: "Vocês estão loucos, escondam tudo isso, não dá para fazer assim, em público".

Aos poucos, Eliana e eu fomos descobrindo que, se os cristãos-novos e os seus descendentes voltassem a se pretender judeus, o Brasil poderia bem contar com uma das maiores comunidades judaicas do mundo.[1]

Pode parecer abusivo fazer um nexo entre a conversão forçada e a colonização do Brasil e da América. Mas a história produz suas ironias, e não deixa de impressionar que o decreto de expulsão dos mouros e judeus da Espanha tenha sido promulgado no ano mesmo da descoberta da América. Como se a prepotência que é exigir a conversão forçada de um povo, obrigando-o a renunciar à sua filiação, fosse o primeiro ato de uma colonização que pediria também ao colono que renunciasse à sua filiação e queimasse, não tanto os navios, mas os laços simbólicos do seu nome. Ou, ainda, como se essa demonstração de potência fálica que priva do nome e renomeia fosse o primeiro ato do drama em que se afirma a língua do pai, sendo o esperado segundo ato a colonização do outro mundo, onde a mesma língua se afirmaria explorando livremente um corpo outro que o corpo materno.

---

1. Há uma boa bibliografia sobre os cristãos-novos. Sugiro, particularmente: Anita Novinsky et alii, *Os judeus que construíram o Brasil*. São Paulo: Planeta, 2015.

E o primeiro ato parece preparar o segundo em dois sentidos: primeiro, porque a exibição da potência paterna encoraja os futuros colonizadores a procurar um corpo no qual fazê-la valer só para eles; segundo, porque a conversão forçada joga uma massa inteira de colonos na aventura da busca de um novo nome.

Os meus amigos historiadores vão se horripilar com essas observações. E me farão notar que a colonização do Brasil não foi só de cristãos-novos, longe disso. Aliás — como demonstra a história da comunidade de Recife, que voltou ao judaísmo graças à chegada dos holandeses e mudou-se para Nova York com a reconquista da cidade pelos portugueses —, a renúncia à filiação judaica não foi nem simples nem rápida; ao contrário, precisou da ameaça da Inquisição. E eles me diriam, sobretudo, que não existe, e de fato não há, laço comprovável entre o decreto dos reis espanhóis e a descoberta do Novo Mundo. Eles têm razão.

Mas resta que a conversão forçada é uma originalidade portuguesa e espanhola (outros preferiram a expulsão, por exemplo) e que talvez essa originalidade tenha alguma relação tanto com a prepotente sede de gozo do colonizador lusitano e espanhol quanto com a radicalidade do corte que a viagem do colono brasileiro parece ter produzido na cadeia simbólica do seu nome.

Desse ponto de vista, a filiação esquecida dos cristãos-novos seja talvez exemplar.

O equivalente ao decreto de conversão forçada poderia ser para os colonos do século passado um nível de miséria que desmentia a cidadania originária e o valor simbólico da filiação do sujeito, inclusive do seu sobrenome.

Por isso, o colono viria para "fazer um nome para si mesmo" aqui, submeter-se a outra língua, para que esta reconhecesse no seu nome o valor de uma linhagem transmissível.

Impressionou-me no Brasil, desde o começo de minha estadia, a prevalência do nome em relação ao sobrenome. "Você conhece Euvaldo em Salvador?" Mas qual Euvaldo? O sobrenome pode até ser esquecido, e o incrível é que funciona. Lembro-me também, por exemplo, de listas de membros de uma associação, em ordem alfabética de nome, e não de sobrenome. No banco, ao pedir talões de cheques, nas reservas de teatro, e mais banalmente na troca social, sempre me chamam de "Contardo": nunca escutei tanto o meu nome, em detrimento de meu sobrenome.

Em compensação, a variedade de nomes é extraordinária e excede de longe qualquer calendário litúrgico: nomes estrangeiros, inventados, nomes que são de fato sobrenomes famosos... O nome, individual e não herdado, parece contar mais que o sobrenome, que é familiar e sempre transmitido. E de repente a sua singularidade deve ser exaltada.

A escolha do nome pelos pais, como cada psicanalista sabe, tem seu peso. Por ser decidido pelos pais, o nome designará para o filho ou a filha o "x", para sempre desconhecido, do desejo da linhagem inteira com respeito a ele ou ela. Em outras palavras, de certa forma, o sobrenome assinala-me a filiação à qual pertenço; o nome designa, sem nunca poder revelá-la, a significação misteriosa do meu lugar próprio nessa filiação.

A escolha dos pais não pode evidentemente levar em conta um desejo que os pais mesmos desconhecem. Os europeus parecem, portanto, confiar em alguma determinação simbólica. A mais simples delas é o calendário: o nome poderia ser o do santo do dia do nascimento. Curioso, aliás, como o colonialismo francês exportou essa referência litúrgica, a ponto de ainda se encontrar nas Antilhas uma série de "Fetnat", nome que nada tem de exótico, mas é a simples abreviação da expressão *fête nationale* [festa nacional] que aparece nos calendários, como um "santo", no dia 14 de julho (dia nacional da França) e em outras datas "sagradas" da nação.

Mais elaborada é a escolha de um nome decidida por uma lei simbólica interna à linhagem, como, por exemplo, o Bernardino de todos os primogênitos da minha família. Ou ainda os nomes votivos, homenagem à linhagem mesma na pessoa de um ancestral que tornou ilustre de alguma forma o sobrenome.

O essencial, de qualquer forma, é que, no costume europeu, além da prevalência do sobrenome, o próprio nome — embora individual — parece se justificar na sua referência a uma articulação simbólica: litúrgica, familiar, histórica etc. Aqui, no Brasil, surge a ideia de que tanto a prevalência do nome individual quanto a sua singularidade são testemunhas da espécie de corte forçado da cadeia simbólica da filiação que parece ter sido produzida pela viagem do colono. A prevalência do nome e sua singularidade talvez sejam também um efeito da necessidade, na chegada, de operar uma fundação que se sustente pelo ato do sujeito, dele sozinho, separado da sua e de qualquer filiação.

É claro que se trata de uma interpretação que pode parecer tendenciosa e à qual seria possível opor uma série de aparentes objeções. Por exemplo, a escolha de sobrenomes de homens famosos, de Washington a Nelson, passando por Edison, poderia ser entendida como propriamente votiva. Aliás, no caso do uso de sobrenomes famosos como nomes, seria possível pensar que se espera que o nome escolhido estabeleça uma espécie de filiação ideal com o grande homem, filiação que o sobrenome familiar transmitido, mas amputado da sua história, talvez não pudesse garantir. Também se poderia constatar que é frequente o uso do nome paterno ou do ancestral, acompanhado de um agnome, como Filho ou Neto, o que constituiria um exemplo de filiação pelo nome.

Mas chama a atenção que, na maioria dos casos, a interrogação dos meus pacientes brasileiros sobre a escolha parental do nome deles acaba na constatação de que a escolha se deu porque os pais gostavam de tal nome. Além dessa justificativa — eventualmente a simpatia dos pais por um personagem de novela, de romance ou de um fato do noticiário etc. —, é interessante notar que a interrogação é de imediato confrontada com algo que certamente a escolha do nome designa: a incógnita do desejo parental para a criança.

Embora essa confrontação seja inevitável para todos, resta que raramente ela é imediata para um paciente europeu, pois quase sempre o nome — embora designando em última instância a dita incógnita do desejo parental — parece decidido pela mediação de um sistema de necessidades simbólicas, como o calendário litúrgico, os deveres para com a tradição ou, mais geralmente, um sistema simbólico de dívidas. Essa mediação liga, por meio do sobrenome e do próprio nome individual, o sujeito à sua filiação, introduzindo assim uma distância entre o seu destino singular e o desejo parental que se expressa sem dúvida na escolha do nome.

Não tenho melhor exemplo do que o meu próprio. Contardo foi uma escolha pesada, por ser nome raríssimo na Itália. Esse nome foi atribuído a mim em razão do seguinte caminho: o meu avô paterno se chamava Giuseppe e tinha um amigo querido, Contardo Ferrini, que morreu muito jovem e foi rapidamente beatificado. A promessa do meu avô de chamar o seu próprio filho de Contardo não foi respeitada, pois o meu pai nasceu pouco depois da morte de meu avô e por isso recebeu seu nome. A promessa do meu avô foi, então, transmitida ao meu pai, mas ele não pôde cumpri-la com o seu primogênito, pois o primogênito deveria necessariamente chamar-se Bernardino. Coube a mim, o segundo filho, cumprir a promessa do meu avô, herdada por meu pai. Aliás, embora o clima familiar fosse bem mais maçônico do que católico e litúrgico, desde cedo fui instruído sobre todos os santos Contardos do firmamento (que são, na verdade, apenas dois: o beato Contardo Ferrini e certo cadete da família D'Este, São Contardo d'Este). Essa constelação não responde à questão que o nome de qualquer forma coloca, enquanto continua designando misteriosamente o destino que me foi desejado, mas certamente introduz, entre o "x" do desejo parental que o nome designa e o meu destino, uma mediação. Ou seja: se o nome é uma escolha parental e por isso designa o "x" da fantasia parental que eu deveria realizar, simultaneamente ele recorda que essa mesma fantasia esteve submissa a imperativos de ordem simbólica.

Quando assim não é, ou não parece ser, quando a escolha do nome não parece obedecer a um constrangimento simbólico, mas só ao "gosto" dos pais ("é um nome de que eles gostavam" ou "era o nome de fulano, de quem eles gostavam"), então a fantasia parental se impõe com toda a força e de uma maneira particularmente violenta. Por quê? Todos os pais — ou quase todos — esperam que suas crianças realizem a fantasmática felicidade que eles acreditam — com razão, aliás — não ter alcançado, ou melhor, "encarregam" suas crianças de realizá-la. Mas os pais (quase todos), ao mesmo tempo que ordenam que as crianças sejam felizes, transmitem-lhes, geralmente, as condições necessárias para que elas se salvaguardem de um tão enigmático e ameaçador imperativo de felicidade. Essas condições estão resumidas na ordem simbólica de filiação, na qual eles também se reconhecem e em cuja dívida introduzem suas crianças. Em outras palavras, um "seja feliz" sempre (quase sempre) vai acompanhado de um "dê lustre ao nome que lhe é transmitido". Assim, se o anseio de um gozo enigmático, ao qual seria destinado o nosso corpo, funda a nossa eterna insatisfação e a nossa angústia, não por isso ele norteia sozinho as nossas vidas, que também são dirigidas tendo como referência os ideais transmitidos por meio do nome e do sobrenome. Teríamos então um destino para o nosso corpo e outro para o nosso nome. Condição humana essa, notoriamente chata, que talvez tenha contribuído e ainda contribua para nos convencer da separação do corpo e da alma.

O que acontece quando a transmissão da ordem que nos liga, pelo sobrenome e às vezes também pelo nome, às dívidas simbólicas da nossa vida pesa menos do que o mandamento de ser feliz? Clinicamente, acontece que o sujeito se lança à procura de um sacrifício do seu corpo que equivalha ao gozo que parece lhe ter sido destinado (o vício em opiáceos é um bom exemplo); procura, aliás, ambivalente, pois nela sempre ressoa o apelo a algum pai que permita ou, mais propriamente, que imponha que o serviço do nome volte a prevalecer. O que acontece é uma sociabilidade em que os laços simbólicos negligenciados deixam o campo livre para uma luta fratricida direta para ter acesso a um gozo impossível. Esse gozo é apenas a implicação fantasmática da insatisfação parental (ou seja, é o gozo que os pais insatisfeitos imaginam e esperam, em vão, para seus rebentos).

O projeto frustrado do colonizador e a decepção do colono contam aqui para que a criança receba como herança uma injunção para gozar antes de receber uma dívida simbólica, que dificilmente pode ser reconhecida em relação a uma nação que enganou o seu imigrante. Que dívida anterior à viagem poderia ser transmitida se, por um lado, o colonizador teve de usurpar a potência do pai originário para exportá-la e, por outro lado, o colono veio para cá por se achar justamente esquecido por seu pai? Ninguém parece dever nada a ninguém...

Escrevo estas linhas entre 16 de abril e 26 de maio: a primeira data é a do meu *onomastico*, ou seja, da festa de São Contardo, e a segunda, do meu aniversário. E constato a posteriori que os meus pais me ligaram da Itália no dia do meu *onomastico* e esqueceram — por estarem viajando — da data do meu aniversário. Aliás, alguns amigos brasileiros nem sequer sabem o que é um *onomastico*. O fato surpreende em uma cultura em que o amor à festa é grande, e acredito não ser suficiente uma explicação pseudofuncionalista apontando que a singularidade e a variedade dos nomes impediriam aqui que se celebrasse o dia do santo patrono. Com efeito, por que o meu amigo Wilson não celebraria a data de nascimento do presidente americano ou a da fundação da Liga das Nações?

A resposta deve ser outra: o esquecimento brasileiro do *onomastico* deve ter a ver com a extraordinária importância do aniversário no país. Descubro que as festas de aniversário merecem lojas específicas e setores relevantes das estantes de supermercados e que é impensável não celebrar o aniversário de uma criança e mesmo de um adulto. A data é fortemente marcada, e pela primeira vez encontro uma utilidade para as páginas que certas agendas propõem com dias de aniversário de amigos e pessoas próximas — pois lembrar-se de dar parabéns é uma praxe. E quem esquece a data não será esquecido: Ramiro [meu enteado na época], depois de uma festa animadíssima de seis anos, sabia enumerar com cuidado quais dos seus amigos responderam ou não ao convite para seu aniversário.

Difícil não pensar que a celebração tão viva da data de nascimento insiste deliberadamente sobre o que, no destino de um sujeito, seria independente da sua filiação. Tanto mais que é negada a festa *onomastica*, que justamente visa ao efeito contrário: ligar o nome mesmo, por individual que este seja, a uma filiação. De fato, *onomastico* e aniversário não deveriam ser necessariamente opostos: a festa de aniversário que celebra a continuidade da vida temporal do indivíduo acharia no *onomastico*, que celebra o patrono, o quadro simbólico no qual essa vida poderia se resolver como outra coisa que uma corrida para o gozo e a morte.

Que recurso se tem quando uma fraqueza da dívida com o patrono, quer dizer, uma fraqueza da proposta de filiação, cancela o *onomastico*?

Em sua segunda viagem comigo ao Brasil, meu filho, Maximilien, iria passar seu aniversário em Porto Alegre. Ligam-me antes da nossa chegada e me perguntam: "Qual poderia ser o tema da festa?".

Sem entender, respondo:

— Mas o aniversário já não seria um tema suficiente?

Surgem, então, como recursos, estranhos patronos, os ditos temas das festas de aniversário: Rambo, Super-Homem, Batman, He-Man. As meninas se salvam um tempo com Branca de Neve, mas a Batgirl e She-Ra as espreitam. Total surpresa para mim, inéditos na minha cultura nativa e nas outras adotivas, os "temas" das festas de aniversário parecem suprir o esquecimento do *onomastico*. Mas o suplemento é, como a maçã da história, bichado, pois, na falta de transmissão de ideais próprios ao nome e sobrenome, os patronos se impõem a partir de uma cultura massificada, que justamente constrói como ideais e propõe à identificação de todos as mais triviais expressões de uma potência fálica que, quem sabe, possa nos reservar o acesso ao gozo comandado.

A cultura de massa oferece como modelo uma referência que, por não estar inscrita na história de cada um, só pode encontrar valor pretensamente simbólico graças à exibição da sua potência. Difundindo-se, ela agrava e confirma no Brasil os efeitos de uma história para a qual o valor simbólico da instância paterna já é precário. Mais exatamente: a massificação encontra aqui o terreno mais propício, pois, ao propor ideais que só valem pela expressão da sua potência, repete e assina embaixo a caricatura de pai que o colono encontrou (se isso valia alguma coisa, era por ele poder até escravizar, e não por poder transmitir um nome).

E vale a pena notar a inversão temporal que isso produz, com suas implicações. A filiação a um patrono arma no passado uma referência mítica que não demanda uma identificação (não se trata de ser nem Contardo Ferrini, nem Contardo d'Este), mas, a partir de um mito de filiação, permite inventar ideais. A proposta do tema do aniversário, que supriria a falta de filiação, projeta no futuro uma identificação simples e barbaramente explícita e direta (trata-se de vir a ser He-Man, Super-Homem etc.).

Uma expressão de ódio (que, apesar de consultar colegas portugueses, não consegui saber se é lusitana ou propriamente brasileira) me impressiona no mesmo sentido. "Vou acabar com a tua raça" me surpreende em um primeiro momento pela extrema violência que promete: não se trata de matar alguém, mas de matar o seu sobrenome, a sua estirpe. É isso: cortar não um ramo, nem a planta, mas abolir a espécie. Mesmo se estivesse tomado pela maior raiva, o projeto me pareceria difícil de endossar; estou convencido demais da imortalidade simbólica do sobrenome, para além da morte física de todos os seus portadores. Um sobrenome não me parece poder ser morto; ele é eterno na marca que deixa, mesmo que esta se limite a algumas inscrições nos arquivos diocesanos ou municipais.

Para prometer acabar com a raça de alguém é necessário que o sobrenome da estirpe não pareça imortal, ou talvez que a raça coincida mais com o nome individual do que com o sobrenome, ou ainda que cada indivíduo pareça ser uma raça em si, e de repente que a morte física do inimigo seja mesmo a morte de sua estirpe.

Talvez os privilégios do nome em relação ao sobrenome, do indivíduo em relação a sua filiação, e de uma identificação futura em relação ao mito de um passado nos expliquem também a notável aceleração da vida brasileira. O Brasil é um país jovem, a idade média da população é — comparada à europeia — muito baixa. Trata-se de um efeito estatístico classicamente terceiro-mundista que tem, como se sabe, uma série de razões, desde o círculo vicioso camponês da necessidade de braços para cultivar a terra que não alimenta os braços até razões ideológico-religiosas, ou mesmo a falta de informação e de meios anticoncepcionais. Mas não é isso que me impressiona. Por sinal, o Brasil não é um campeão demográfico.[2]

A diferença que noto é no ingresso na vida adulta ou, mais propriamente, na idade em que um sujeito gostaria de poder dizer "cheguei". O europeu é mais paciente, considera com calma uma formação que lhe reservaria um exercício profissional consistente após os trinta anos ou mais. A exigência é aqui mais rápida. A justiça divina, aliás, restabelece a paridade, fazendo com que o brasileiro médio morra mais cedo que o europeu.

Essa pressa de viver parece decorrer de uma visão da vida que a circunscreve no tempo outorgado a cada sujeito, como se a nossa significação se decidisse na nossa efetiva permanência na Terra (de novo o "estar"), não na fileira das gerações. Cansei de encontrar aposentados europeus que, depois de uma vida de sacrifício para constituir um patrimônio, atravessam misera-

---

2. No começo dos anos 1990, o Brasil parecia ter uma taxa média de fecundidade de país dito "subdesenvolvido", ou seja, uma taxa alta. As coisas mudaram a partir de 2000, drasticamente. Em 2009, a taxa de fecundidade era parecida com a de países europeus: menos de duas crianças por mulher, insuficiente para garantir a reposição da população. Claro, as variações são grandes e dependem de etnia, região, situação econômica etc. Em geral, responsabilizam-se pela diminuição da taxa de natalidade a urbanização e a industrialização, as mudanças ideológicas, a difusão dos anticoncepcionais etc.

velmente a velhice a fim de preservar alguma coisa cuja transmissão pouco importa a filhos e filhas, quando os têm, já com as vidas estabelecidas. É algo pouco invejável aparentemente, mas vale a pena notar que a extensão do sentido da vida à cadeia das gerações diminui o alcance de uma frustração amarga, inevitável quando a conta da vida concerne apenas ao tempo consentido ao sujeito.

O colono, desenraizado, responde à decepção que lhe proporciona o encontro com o colonizador dividindo-se entre: 1) uma nostalgia imprecisa da cadeia simbólica originária que o expulsou; 2) o apelo infinito a algum pai que surja nesta nova terra e cuja palavra tenha validade para reconhecê-lo; e, enfim, 3) a tentativa incessante de produzir uma marca no corpo da terra, marca com a qual ele mesmo se outorgaria sozinho uma origem simbólica — uma fundação. Desse ponto de vista, a nomeação de Brasília parece a resposta adequada e possível à irrisão do significante "Brasil" transmitido pelo colonizador.

Não é por ser desenraizado que o colono teria de fracassar no seu ato de fundação. As fundações radicais talvez sejam sempre assim: sustentadas por um sujeito separado da sua filiação, autor do próprio ato. Se Rômulo e Remo tivessem ficado na história com um sobrenome, o primeiro talvez não precisasse ter matado o segundo e talvez também não tivesse fundado Roma. O milagre, de qualquer forma, é que um nome — tanto mais singular por se afirmar num crime fratricida que coloca o ato do sujeito acima das leis da sua filiação — nomeie uma cidade e produza uma nova filiação, a romana, que, como se sabe, em certa época, não era brincadeira.

Desse ponto de vista, por que o colono, mesmo tendo perdido a sua filiação originária ou renunciado a ela, mesmo sendo um indivíduo que consiste mais em um nome do que em um sobrenome, por que ele não conseguiria realizar a fundação exitosa de uma nova linhagem e de uma nova nação?

Imagino assim a diferença entre uma fundação exitosa e uma fracassada: é exitoso o ato de fundação que permite aos que virão em seguida apelar a essa fundação inicial como sendo sua origem. O ato fracassa quando se verifica — a posteriori, naturalmente — que não constituiu uma filiação, mas deixou a cada um a necessidade de repetir a fundação. A exitosa, em suma, vale para todos que eventualmente se reconheçam nela; a fracassada manda cada um continuar se fundando por meio de seus atos. Ou ainda: a exitosa se transmite; a fracassada não.

As consequências devem apenas ser lembradas: uma fundação exitosa institui uma ordem simbólica que, no caso de um país, se sustenta no significante nacional. E uma fundação fracassada deixa o significante nacional apenas como designação do quadro topográfico em que lutam vontades singulares de gozo; isso, naturalmente, à espera de um ato fundador a mais. Não tenho sonho pós-hegeliano algum de uma unidade que milagrosamente conciliasse os interesses particulares, soldando sociedade civil e sociedade política: o que uma fundação exitosa ofereceria eventualmente é apenas um significante que não implica paixão patriótica alguma, só uma referência simbólica para a lei que permitiria a convivência da comunidade.

Parece que nós vivemos no Brasil os efeitos de uma fundação fracassada.

Do lado da necessidade que esse fracasso implica de fazer uma refundação a cada dia, me impressiona a extraordinária proliferação do adjetivo "novo" para definir atos políticos: Estado Novo, Nova República, Cruzado Novo, Plano Brasil Novo etc. É uma escolha triste, por tudo o que "novo" vai acabar acarretando de sentimento de perda e fracasso, com o passar do tempo. "Novo" é uma espécie de performativo, no sentido de Émile Benveniste, ou seja, uma palavra cuja significação depende do momento no qual é enunciada, como os pronomes pessoais e alguns advérbios de tempo: "hoje", "amanhã", "agora" etc. O ato de fundação "novo" parece assim lembrar que ele só vale e produz o seu efeito no tempo mesmo da sua enunciação.

Mas o fracasso se mede também de outro jeito: eu vinha com frequência ao Brasil durante a época dos trabalhos da Assembleia Nacional Constituinte de 1987-88, os quais eu também acompanhava regularmente na imprensa. A leitura das notícias me causava uma decepção um pouco amarga. A duração dos trabalhos já era sintoma de algo que não conseguia ser um ato, e tudo caminhava segundo uma lógica de negociações entre privilégios e vontades particulares. E o resultado final, pelo seu próprio tamanho, parecia revelador do fracasso. Pois o documento produzido foi uma estranha mistura de código civil e código administrativo, no qual um europeu ou mesmo um americano dificilmente reconheceria uma Constituição. O documento em que eu esperava ver surgirem as fórmulas básicas que simbolicamente regeriam a vida do país, uma espécie de breve repertório de ideais inspiradores, parecia um compêndio de disposições e regulamentações que, como tais, por sua própria prevalência na Constituição, independentemente do conteúdo jurídico, testemunhavam que, no ato constituinte, se perdera a ocasião de enunciar princípios fundadores que dessem ao significante nacional valor de referência. A Constituição se apresentar como uma regulamentação das vontades particulares implicava de qualquer forma que estas tenham sido primeiro reconhecidas e depois (laboriosamente) conciliadas, o que invertia a ordem de uma fundação possivelmente exitosa.

Mas o que decidiria o êxito e o fracasso de uma fundação? No caso, de que maneira se conseguiria ou não instituir um significante nacional?

Na história de Davy Crockett — uma das primeiras séries que a TV italiana importou — havia algo que, quando eu era criança, me impressionava. Davy, caçador perdido no pouco hospitaleiro Oeste americano, sustentando-se ali graças à sua força e coragem proverbiais, mais do que ao seu nome ou à sua fala (embora fosse homem de palavra), um dia torna-se deputado, se bem me lembro, pelo Tennessee. E eis que acaba morrendo na resistência impossível do Alamo. Aliás, considerando as sequências que figuravam as corridas de Davy para o Congresso (galope, canoa, caiaque, por que não cavalgando um urso selvagem?), ele parece mais o antideputado federal brasileiro (pois o deputado, apesar das passagens aéreas gratuitas, aparentemente consegue ser omisso). Davy Crockett, em suma, parecia conciliar milagrosamente a autofundação do bandeirante e a obediência a uma referência outra, simbólica.

Na ordem das razões históricas do fracasso da fundação brasileira, as hipóteses, como se sabe, são numerosas. A Europa não é uma boa comparação, pois lá o significante nacional ganha o seu valor simbólico por parecer ter sido, desde sempre, "herdado". O paralelo privilegiado é com o destino dos Estados Unidos. Já foi dito que, nesse país, a ética protestante ajudou não só economicamente — análise notória desde o clássico *A ética protestante e o espírito do capitalismo*, de Max Weber —, mas também (como Octavio Paz entreviu) ao dotar a transcendência de uma dimensão mais distante e por isso mais eficiente, ou seja, de algo que está além e acima dos interesses e das vontades particulares.

Também é notável como a história foi avara de mitos fundadores no que diz respeito ao Brasil. A própria decisão da independência do país foi roubada ao povo e deixada à escolha de um soberano, cujo enunciado heroico, inapropriado à situação ("Independência ou morte!"), não deixa de ter um ar de farsa. Continua me parecendo decisivo, como uma mancha inapagável, o engano perpetrado ao colono, que para aqui veio pedir um nome, mas encontrou o projeto de escravizar os corpos e recebeu como significante ao qual se afiliar a designação de um saque.

O engano se confirma na separação entre propriedade e posse durante a colonização brasileira. Separação específica, ignorada pelo bandeirante americano. No pedido de terra, parece assim não ser escutada a demanda de um nome e de uma cidadania que seria reconhecida pela atribuição de uma propriedade. Propor o usufruto temporário a quem pede a propriedade da terra já é interpretar o pedido como um apelo de acesso a um gozo, não à filiação.

Quando um amigo está de visita a Porto Alegre, comer um churrasco no Centro de Tradições Gaúchas é um programa quase obrigatório.

Um casal "da fronteira" apresenta certa noite uma bonita e impressionante dança das boiadeiras. O antropólogo Luiz Tarlei de Aragão, que está conosco, entra no camarim depois do espetáculo e, talvez desconfiado, pergunta à moça:

— Você é de onde?

Resposta imediata:

— Gaúcha, graças a Deus.

Ficamos depois conversando sobre a extraordinária vivacidade da cultura tradicional no Sul, continuando, aliás, uma discussão iniciada quando, ao peregrinarmos a cavalo no norte de Goiás, encontramos, em Buritis, mais um Centro de Tradições. E a questão surge ao nos perguntarmos se "gaúcho" não teria conseguido ser um significante nacional, lá onde falha a tentativa de "brasileiro" de ser o mesmo. O que me explicaria a razão de eu ter escolhido Porto Alegre para residir. Por razões diferentes, talvez a mesma questão pudesse surgir para "sertanejo".

É certo que gaúcho e sertanejo — para tomar esses dois exemplos (talvez haja outros) — são significantes referenciais de uma filiação que não se confundem nem com a unidade tópica que outorgaria o simples fato de explorar o mesmo pedaço do corpo da terra-mãe ("estamos aqui"), nem com a nostalgia do pai perdido ("viemos de lá").

Alguém me conta de uma colona de origem alemã nascida no Brasil que só aos trinta anos aprendeu forçosamente o português, pois o alemão havia sido proibido, quando o país entrou na Segunda Guerra ao lado dos Aliados. A ideia da comunidade fechada sobre si mesma, defendendo à força de endogamia a própria língua de origem, não me parece modelo nenhum de *um*tegração. Não sei bem se se deve entender esse microcosmo apenas como um quilombo, onde os colonos em fuga da escravatura se reuniriam na nostalgia da e no culto à linhagem originária. Ou então — o que é talvez mais provável — como um espaço onde se afirmaria e resistiria por um tempo o discurso, não de um colono, mas de um segundo colonizador, que evidentemente não pediria nome à língua do colonizador originário, mas tentaria colocar em trabalho sua própria língua sobre o corpo da nova terra. O microcosmo cultural assim formado se sustenta e se apresenta como uma caricatura kitsch da pátria perdida, tanto estética quanto socialmente. Os laços aparentemente simbólicos não são produzidos, nem mantidos; parecem ser apenas imitados, segundo a recordação.

Os casos do "gaúcho" e do "sertanejo" são outros, pois nenhuma dessas duas culturas é imitação. "Gaúcho" talvez seja o efeito de uma história e de um mito fundador farroupilha que, por sua vez, seria o possível efeito de uma colonização menos marcada pelo fantasma do corpo escravo. "Sertanejo" talvez seja ainda outra história, aquela que conta João Cabral de Melo Neto: a de uma mãe-terra tão dura que não precisa de pai para interditá-la; como se os filhos não ganhassem o nome "sertanejo" por respeitarem o interdito paterno, mas por conseguirem viver e morrer de uma mãe que se interdita sozinha.

A necessidade de se fundar e refundar a cada dia encurta a memória. Falo com uma amiga sobre histórias da minha família durante a última guerra, e ela me expressa o seu sentimento de uma falta, como se não houvesse para ela, embora gaúcha, um repertório épico mnêmico de mesma importância. Faço-a observar que o espírito farroupilha talvez ainda vivesse na Revolução de 1930, e ela me responde:

— Mas eu não tinha nascido ainda!

Fico perplexo e silencioso, me perguntando se aparento uma idade suficientemente venerável para ela pensar que eu tenha vivido a Segunda Guerra Mundial. Ela entende o meu estupor e ri da sua exclamação precedente. Resta nos darmos conta, assim, de que falo de um passado que não vivi como se fosse meu, e de fato é meu; para que seja meu não preciso tê-lo vivido. E que para ela o que não faz parte da sua vivência parece não ser — embora presente na memória — o seu passado.

A consideração excede a questão da memória. Noto, clinicando, que é raro um paciente trazer em análise, aqui no Brasil, um evento político ou social; pelo menos é raro que tal evento seja trazido sem uma espécie de desculpa — implícita ou explícita — por não responder ao que seria esperado numa sessão de análise. Em outras palavras, parece vigir uma distinção entre esfera privada e pública, na qual a pública supostamente não teria por que ter relevância naquela subjetividade íntima da qual se deveria tratar na análise.

Pode ser que isso seja só o efeito de uma tradição analítica específica, mas talvez haja algo mais. Talvez essa separação participe do mesmo movimento que parece limitar a memória à vivência. Para quem depende menos de uma filiação do que do dever de se fundar sozinho, o mundo para à porta da sua casa.

Encontro, aliás, uma dificuldade específica no exercício da psicanálise no Brasil. Uma dificuldade que me leva às vezes a abandonar a reserva de escuta para interrogar ou mesmo encorajar meus pacientes a reconstruírem o que podem da história familiar pré-migratória, antes da chegada ao Brasil de quem emigrou.

Já disse que o pedido de filiação do colono encontra a irrisão violenta do colonizador; só sobra ao colono a necessidade de se fundar sozinho; essa necessidade parece construir forçosamente um sujeito psicológico maciço, cuidadoso da sua convicção de liberdade e autonomia: um sujeito às vezes impermeável à indicação de uma determinação simbólica que o ultrapasse. Como se, para ser colono e se subtrair à escravatura, ele precisasse não abdicar em nenhum momento da própria orgulhosa consistência egoica.

Um analisante europeu, ao se confrontar com uma palavra perdida e equivocada que, atravessando gerações, vem ressoar e decidir sua vida sem que ele saiba disso, poderia se abandonar um instante a uma experiência que reduz a sua subjetividade ao que ela é: um efeito imponderável das falas dispersas ao redor de seu berço. É dessa experiência, aliás, que ele sairia aliviado.

No Brasil me parece que essa experiência, que poderia aliviar o sujeito, é facilmente vivida como a ameaça de uma entrega arriscada. Confrontado com uma intervenção do analista, mesmo a menor delas, o "colono" parece decidir logo atribuir a ela um sentido qualquer, por consternador que seja para ele, a fim de tentar evitar a perda da sua pretensa e controlada autonomia. Talvez parar de (se) fundar seja expor-se a uma captura, ser "confundido" com um escravo.

A análise se debate assim frequentemente entre a resistência do colono a qualquer destituição subjetiva e a reivindicação do colonizador de que a cura tenha um ganho imediato de gozo. Os dois, colono e colonizador, aliás, ameaçam às vezes desistir da análise, como se, caso se submetessem a ela — ou seja, a uma transferência inevitavelmente paterna —, receassem expor o próprio corpo à exploração de um colonizador a mais.

Marginalidade e criminalidade

Em um texto de *Escritos*, "A criminalidade em psicanálise", Jacques Lacan recorre a uma citação de Marcel Mauss. Em suas "Observações sobre a delinquência",[1] Charles Melman, psicanalista francês, faz referência à citação de Lacan. Ao longo desse percurso, a citação inicial sofreu algumas modificações. A versão que me interessa é esta: "Quando os laços são reais, os atos devem ser simbólicos; quando os laços são simbólicos, os atos podem ser reais". Desrespeitando um pouco Mauss e seguindo os rastros de Melman, a frase se revela extremamente interessante.

Entendo-a assim: quando os laços sociais — quer dizer, os laços que deveriam outorgar a um sujeito o seu lugar, por exemplo, de filho ou de cidadão — são reais, ou seja, simbolicamente pouco consistentes, então os atos do sujeito devem ser simbólicos. Ou seja: o sujeito vai ter de esperar que seus atos ganhem para ele algum lugar simbólico que os laços não lhe garantem. Tomemos um exemplo no quadro familiar, que é o espaço dos laços sociais básicos. Um pai pode se sustentar como pai pela

---

1. Charles Melman, "Observações sobre a delinquência". Em: *Alcoolismo, delinquência, toxicomania*. São Paulo: Escuta, 1992, pp. 41-56.

via da violência real (você me obedece porque eu sou mais forte e você apanha) ou então pela via simbólica (você me obedece porque sou o seu pai). No segundo caso, reconhecer a autoridade paterna é ao mesmo tempo ganhar o lugar de filho. No primeiro, submeter-se à violência exercida não implica ganhar lugar algum, apenas significa esperar prevalecer um dia — ao crescer — por meio da mesma violência.

Há ainda destituições da via simbólica que não passam necessariamente pela violência. Por exemplo, o pai soft-moderno: você me obedece porque a ciência demonstra razoavelmente que a minha interdição é bem-fundada. Há uma diferença relevante entre proibir um menino de se pendurar na janela porque essa ação está proibida e explicar-lhe que Arquimedes demonstrou que, sendo o peso da cabeça comparativamente maior do que o peso do corpo, não é aconselhável se dependurar na janela. A versão soft compromete o valor simbólico dos laços, pois é próprio do simbólico ser arbitrário: a justificação o enfraquece. Há outros casos: por exemplo, o de uma família em extrema miséria, na qual o pai não é reconhecido socialmente como cidadão. Será então impossível que ele tenha simbolicamente valor para o filho, e só poderá valer, de fato, como simples genitor ou como déspota.

Em tal quadro, em que os laços são reais, eles não poderiam garantir ao sujeito um valor simbólico — nem que fossem os valores básicos de filiação e cidadania, as quais deveriam ser conquistadas pelo sujeito graças aos seus próprios atos. Esses atos seriam necessariamente marginais, fora da lei, pois estariam respondendo a uma ausência de lei simbólica, estariam procurando encontrá-la, suscitá-la, de certa forma fundá-la.

A marginalidade assim produzida pode se confundir com a delinquência, seja porque os atos marginais se situam necessariamente fora de uma lei que não reconheceu o sujeito, seja porque o crime aparece como caminho certo para encontrar uma lei que ofereça ao sujeito um pouco de descanso. O ato criminoso pretende ser simbólico: é com ele que o sujeito espera criar para si mesmo um nome que não lhe foi dado. Por isso, os bandidos "bons" sempre têm um apelido, um nome que "conquistaram" por meio do crime. Também é graças ao ato criminoso que, paradoxalmente, o sujeito espera encontrar a lei, mesmo que sob a forma de uma sanção.

Ao contrário, quando os laços são simbólicos, não é necessário esperar dos atos que eles também o sejam. Os atos podem se contentar em ser reais, pois os laços já garantem ao sujeito o reconhecimento da sua filiação e da sua cidadania.

Agora imaginemos colonizador e colono em um mítico encontro à beira-mar, em que o colonizador tem de propor ao colono uma nova filiação brasileira. Como o nosso colonizador sustenta essa função paterna que o encontro mítico lhe atribui?

Geralmente o pai vale por ter sido, e de certa forma por ser ainda, filho; em outras palavras, por estar inserido em uma cadeia de filiação. O colonizador, porém, se sustenta em uma demonstração real do poder da língua do pai que exportou justamente para se subtrair a ela. Em face da alternativa de converter os índios ao cristianismo ou capturá-los como escravos, os jesuítas sonhavam com um colonizador que tivesse valor simbólico e afiliasse os habitantes da nova terra. Os colonizadores não quiseram fazer nada disso, pois pretendiam, com o uso do corpo índio, marcar realmente a potência paterna. Aliás, só podiam fazer isso, pois como eles seriam pais se viajaram para não ser mais filhos?

O laço que o colonizador oferece ao colono, como se fosse uma filiação, é um laço real, o que fica patente na proposta de escravatura, em que a filiação é captura física.

Para o colono, recusar a violência proposta como modo de filiação significa optar pela invenção de atos que fundem uma dimensão simbólica — que, por um lado, foi perdida no começo da viagem e, por outro, foi frustrada na chegada ao novo país. O colono precisa de atos simbólicos, portanto. Marginais, por não aderirem a lei alguma, procuram fundar uma dimensão simbólica ou encontrá-la milagrosamente.

A malandragem, assim, não é apenas o lote do colonizador explorador, mas também do colono, pois quem — envolvido em laços reais — procura a lei ou tenta fundá-la por si só situa-se também fora da lei.

Luiz Tarlei me lembra um ditado: "Aos amigos tudo, aos inimigos a lei". É perfeito para resumir uma situação de marginalidade generalizada, na qual a lei só pode aparecer como a expressão de uma violência. Mais ainda: a lei vigente, a que eu não fundei, necessariamente aparece como a lei que me destitui no plano simbólico, pois, quando exige algo de mim, não me designa como cidadão, mas me escraviza, me explora. Eu só espero ser sujeito quando lido com os amigos fora dessa lei, inventando outra.

A tradição do jeitinho é um epifenômeno da marginalidade. Mas a sua nobreza tem de ser considerada em uma estrutura em que a origem da lei aparece como uma prepotência escravizante, e apenas do ato realizado nas margens se espera uma dignidade de sujeito.

Desse ponto de vista, o jeitinho não parece ser o símbolo de um crônico subdesenvolvimento simbólico: ele é também uma esperança. Recorrer ao amigo do parente para evitar a fila do INSS não pode ser considerado simples realização de uma injustiça. Parece às vezes valer como afirmação subjetiva, diante de uma lei que — vivida como escravizante — me reduz ao meu corpo. Graças ao jeitinho, saio do anonimato do corpo escravo, sou "alguém".

Nesse contexto é evidente o impasse tributário. A sonegação é a única solução aceitável se a exigência tributária legal é vivida como exploração sem retorno simbólico. Nem acredito que a questão seja a de uma devolução efetiva, deste tipo: "Pagarei impostos no dia em que o governo garantir de fato escola, saúde, transporte, habitação etc.". A questão não é apenas quantitativa. A metáfora usual com a qual se designa, aqui, a instância tributária do governo resume perfeitamente a situação: não se trata de dívida alguma com a comunidade; o Leão nos come — em todos os sentidos — e basta.

Se a lei se funda na exploração da terra e de todos pelo colonizador, a solução do colono para a sua fundamentação de sujeito só pode ser a evasão — por exemplo, a evasão fiscal. A questão não tem a ver com egoísmo, nem com descuido com o social. A mesma pessoa que sonega será perfeitamente generosa e gastará o dobro com educação, saúde e transporte do filho de um funcionário seu. Ela alegará como motivo a sua desconfiança com o destino do dinheiro público.

É essa desconfiança que precisa ser entendida: ela não é conjuntural, mas estrutural. É verdade que a corrupção reina soberana nas engrenagens administrativas, mas não se trata só disso. Para ser mais exato: essa corrupção é um efeito da necessidade de fundar e sustentar no *potlatch* de riqueza a própria função pretensamente simbólica; e a sonegação é o resultado da constatação de que uma função assim fundada não é simbólica, é real e só me interpela como explorado. Prefiro então me fundar eu mesmo como lei.

O drama é que a generosidade do sonegador também não produz no beneficiado um efeito de filiação, pois a generosidade não é menos real do que a exploração — o que deixa cada sujeito preso entre uma lei que, originando-se na violência da exploração e comportando a ameaça da escravatura, só vale como expressão de força e de procura de um ato singular (fora dessa lei e, portanto, da lei) que devolva ao sujeito um verdadeiro estatuto simbólico.

Aparece aqui um impasse próprio a qualquer marginalidade, pois o marginal, procurando encontrar quem possa reconhecer em seu ato valor simbólico, só pode acabar encontrando a mesma lei que — por parecer sustentada em uma violência real — já fracassou em fazer dele um sujeito.

No fim de 1988 houve uma série de violentos motins nos presídios. O estado do sistema penitenciário é detestável já pela sua insuficiência quantitativa. É um problema crônico no Brasil. Lembro-me particularmente de uma revolta no Rio Grande do Sul, na qual um número relevante de presos, mais de cem, apoderou-se do presídio e de numerosos reféns. A história terminou com um ataque violento da Brigada Militar, que deixou dezenas de mortos entre os presos. A imprensa levantou algumas dúvidas sobre a legitimidade da atuação repressiva e acabou mostrando que a maioria dos mortos no "ataque" foi executada com um tiro na nuca. Imaginei que haveria um escândalo violento, mas a mesma imprensa — naquela ocasião — publicou também a lista dos presos mortos acompanhada da lista de crimes de cada um. E, assim, não houve escândalo algum. Tudo isso me indignou menos do que deveria, pois eu mesmo me surpreendi ao pensar que não haveria por que se preocupar com os direitos civis de um bando de assassinos reincidentes. Surpreendi-me com esse raciocínio, pois, quando vivia na Europa, eu não teria de forma espontânea subordinado o respeito à lei à natureza do crime do culpado, por mais atroz que este fosse, convencido que estava de que o meu dever cívico está do lado do direito, independentemente do fato.

A estrutura, aqui, se respira, se transmite pela presença (não é isso algo próprio da imigração, aliás?), pois reagi como um brasileiro. Ou seja, como se a lei — embora ela, nesse caso, me protegesse — fosse de qualquer forma naturalmente uma violência, o que deixa pouco espaço à necessidade de respeitar a sua letra para garantir a cidadania simbólica de todos. Se a lei é uma violência, como se indignar com o fato de que ela se expresse de modo violento?

Há uma história que me foi contada em uma das minhas primeiras viagens, que, *se non è vera, è ben trovata*: um profissional liberal de classe média paulistana é assaltado na sua casa e, inesperadamente, consegue dominar, desarmar o assaltante e enfim amarrá-lo. O assaltante ameaça então o dono da casa e sua família de represálias caso seja entregue à polícia, certo de que permanecerá preso por um tempo limitado. O profissional liberal, perplexo, chama um amigo que ocupa um cargo importante na administração da Justiça na cidade. O amigo confirma que o tempo de prisão do assaltante não será longo, que as ameaças poderiam ser realizadas e o aconselha a matar o assaltante.

A marginalidade generalizada, ou seja, tanto a criminalidade como a corrupção, virou uma glória nacional. Elas estão no discurso da população como as favelas do Rio estão na paisagem urbana: impossível evitá-las, tanto mais que não há sequer visita turística que não as mostre ao estrangeiro. São sempre evocadas, cantadas e lembradas ao visitante apavorado e também nas conversas entre brasileiros — que as discutem para se prevenirem delas, sem dúvida. Mas deve haver algo a mais na recorrência dessa apaixonada exibição.

A exibição faz parte, com certeza, da retórica do "país que não presta"; chega a ser mesmo uma demonstração conclusiva: o país nos outorgou o gozo que ele — evidentemente — não pode garantir, e, portanto, esse gozo e tudo que conquistamos estão sempre expostos à violência dos que tiveram menos ou nada — ou que querem mais. A marginalidade generalizada e ainda mais a criminalidade são assim apresentadas como o preço que pagamos por nossa esperança. Se esperamos gozar sem lei, como a lei protegeria o nosso direito de gozar?

Se o gozo ao qual temos acesso é herdeiro do gozo sonhado pelo colonizador, é difícil esquecer que ele se sustenta em uma exploração sem limite do outro. A culpabilidade se expressa na necessidade de temer: se gozamos, o nosso medo — por estarmos expostos à vingança direta do explorado — nos desculpa.

E esse medo também é uma glória: o povo brasileiro não faz mais bandeiras em terras desconhecidas, encarando o risco do canibalismo de índios ferozes. Mas gradeia bens e a família num castelo que vigia noite e dia, mantendo os "índios" na mira de um revólver Rossi calibre 38.

Não há nisso nenhuma, ou quase nenhuma, ironia: eu também vigio armado, e os "índios" estão à frente da porta. Mas é certo que nós fazemos desse horror, de alguma forma, uma glória, quase um nome. Pretendemos detectar, na expressão dos amigos europeus que escutam o relato do nosso cotidiano, um fundo de admiração, de reconhecimento: estamos mesmo querendo um nome de colonizador. Ou seja, que eles saibam que, detrás de nossa aparência burguesa e tranquila, ainda somos um Pedro Álvares Cabral.

Antes de me estabelecer no Brasil, decidi, junto com Eliana (então minha esposa), passar um fim de semana de inverno na casa de praia de seus pais. O meu então futuro sogro, Valentim, me entrega junto com a chave da casa um Smith & Wesson calibre 32, como um objeto de primeira necessidade para viajar à noite e, sobretudo, dormir em uma casa de praia fora da temporada. Impressionado, levo o s&w comigo e, ao chegar à casa, o coloco sobre a mesinha de cabeceira.

No meio da noite acordo umas três vezes com a impressão de ter ouvido um barulho suspeito. A cada vez, vasculho armado a casa e volto para a cama. Mais tarde, após o amanhecer, descubro com certo horror que o meu alívio por não ter acontecido nada vinha acompanhado de uma vaga decepção, como se eu tivesse perdido a ocasião de matar alguém.

Em geral, a marginalidade é sempre desesperadamente conformista. O ato que tenta compensar a inconsistência dos laços simbólicos, o ato com o qual se espera algum reconhecimento parece obedecer ao tipo de ideal socialmente dominante, o mesmo que é responsável pelo declínio dos laços simbólicos.

É um círculo vicioso que, aliás, excede as fronteiras do Brasil. Para simplificar:

1. o ideal social dominante parece se situar do lado do acesso a bens de consumo;

2. se o valor do sujeito depende da riqueza ostentada, por exemplo, isso destitui de possível paternidade quem está na pobreza e — o que é mais grave e mais generalizado — deixa prevalecer o real nos laços que organizam a nossa vida social, pois ser "alguém" não parece mais ser um efeito do nome, mas da possessão real de coisas;

3. os atos pretensamente simbólicos com os quais se tentará ser "alguém" perseguirão o mesmo ideal social dominante, ou seja, a captura de bens na bolsa ou nos bolsos;

4. por consequência, esses atos fracassarão em sua tentativa de ser simbólicos, pois produzirão um valor que se sustenta do lado do real, confirmando o que está no item 1. E tudo recomeça.

Desse ponto de vista, a especificidade brasileira consistiria só em uma extraordinária desigualdade na distribuição dos bens e na subsequente hipertrofia da criminalidade.

Desde o começo, entretanto, eu me deparei com uma particularidade da criminalidade brasileira que eu atribuía apressadamente ao subdesenvolvimento cultural dos criminosos. Surpreendia-me, por exemplo, que ladrões pudessem correr o risco penal de cometer um assalto à mão armada para se apoderarem das chaves de um carro, quando poderiam abrir com facilidade a porta do veículo com um canivete e acionar o motor por ligação direta. Também achava estranho que em um país com tanta criminalidade as casas e os apartamentos tivessem portas que fariam sonhar um ladrão europeu: nunca eram blindadas e usavam fechaduras simples — uma brincadeira. E mais uma vez aprendia que a preferência não era pelo arrombamento de apartamentos e casas vazios, mas pelas residências ocupadas, e que o assalto-padrão consistia em tocar a campainha com a arma na mão, mais do que abrir a porta furtivamente com um pé de cabra.

O delinquente europeu parece não esquecer a lei. Em geral, ele aplica uma proporção entre o ganho esperado e as consequências possíveis do ato. Por exemplo, se um assalto à mão armada custa dez anos de prisão, só vale a pena realizá-lo em um banco ou em uma grande loja, que prometem maior arrecadação com o roubo.

Eu me perguntava se, em um quadro de marginalidade generalizada, o delinquente, talvez, não pudesse por antecipação medir a consequência de seus atos por uma lei que para ele significa apenas violência. Ou ainda que, estando desesperadamente à procura de um substituto de reconhecimento simbólico, o qual, como se sabe, é concedido a quem mais ousa, vale mais assaltar e matar com convicção. Com efeito, quem ganha apelido é o assaltante furioso, violento e homicida.

Mas há algo mais nessa escolha que o ladrão faz pelo carro e pela casa. É como se, no roubo e no assalto, a questão não se resumisse à tentativa de se apoderar de um bem: subtraí-lo de um outro que está presente, privar o outro em presença parecem mais importantes do que se apoderar do bem.

Em outras palavras, aqui o gozo do criminoso parece se situar antes na privação do outro do que no ganho obtido. Matar a vítima do roubo é o fim do fim; além de privá-la do gozo do objeto roubado, coloca um fim no tempo que ela tem para aproveitar: "não gozarás mais".

Assim, ladrões assaltam uma casa sem encontrar resistência. No momento de sair, um bandido fala para o outro: "Mata o menino". E o outro atira.

Assim se populariza o assalto a motéis, seguido ou não de estupro. O essencial, uma vez mais, não parece ser o que se arrecada (afinal, quem vai para um motel com uma fortuna no bolso?), nem a facilidade (pois os motéis têm vigias). O essencial é mesmo interromper o outro no seu gozo. Atingir o corpo do outro ou a sua possibilidade de gozo — o que é a mesma coisa — parece mais importante do que se apoderar dos bens.

Para ficar mais claro, talvez seja necessário formular de outro jeito o círculo vicioso que mencionei antes. Se o ideal social dominante, herança do colonizador, fosse não tanto a possessão de bens, mas o gozo, qual seria a melhor maneira de alcançar uma possível dignidade simbólica a não ser gozando sem limite do corpo do outro? Ao assaltar, o que importa não é tanto se apoderar do bem do outro, mas, no instante do assalto, escravizá-lo, segundo o projeto do colonizador. Roubar a pessoa que está ausente não tem efeito, pois é do outro que é preciso se apoderar, como se o delinquente esperasse adquirir sua dignidade de sujeito dando-se o poder de declarar ao assaltado: *"Non habeas corpus"*.

Consumo

Nas minhas primeiras viagens a Porto Alegre, encontrei um auxílio singular para me orientar na cidade ainda desconhecida. Praticamente em cada esquina, pelo menos na região que eu frequentava mais, havia um sinal — sempre o mesmo — que facilitava a minha circulação. Embora eu ignorasse o lugar designado pelo sinal, este, com efeito, permitia que, quando eu estava perdido, me reintegrasse ao fluxo de circulação indicado pelas flechas e me levava de volta a terra conhecida. Supunha, naturalmente, que o sinal indicasse algum centro simbólico da cidade ou do bairro.

Há bastante tempo, penso que a melhor metáfora da rede simbólica que organiza o funcionamento psíquico é uma cidade, com suas regras de circulação, suas mãos únicas e a série de obrigações sociais às quais se sobrepõem os constrangimentos que a história de cada um produz: os caminhos habituais, os lugares ligados às lembranças, agradáveis ou não etc. Em todas as cidades, os lugares idealmente dominantes são a catedral, o prédio do governo, o museu, o melhor teatro — em suma os diferentes "centros" em relação aos quais se calculam as distâncias e se distribuem as significações.

Em Porto Alegre, porém, o centro que parecia organizar distâncias e significações não era nenhuma igreja, nem a Assembleia Legislativa ou a Casa de Cultura, pois o que o sinal dizia era: "O Iguatemi é por aqui".

Em outra região da cidade, aliás, eu teria encontrado não o sinal do Iguatemi, mas o do Carrefour. Parece que os shopping centers orientam o mapa da cidade, surgem e se afirmam como os verdadeiros centros, de onde irradia e responde o ideal social. Neles se confundem o mercado, o fórum romano e a ágora grega.

A constatação só serve para lembrar uma evidência genericamente americana: a declarada confissão de que o ideal dominante coincidiria com a possessão de bens. De onde se conclui que especificamente americana é, sobretudo, a desfaçatez.

Porém, apesar das flechas do Iguatemi, a coisa assim enunciada parece inadequada para o Brasil.

Dia de compras em um supermercado brasileiro. Conheço os preços das mercadorias, a mentira da cesta básica, a miséria do salário médio e verifico a ansiedade do comprador no momento em que a soma aparece no visor do caixa. Mas o carrinho está cheio de refrigerantes para as crianças, que deveriam, aliás, tomar água, de salgadinhos certamente químicos e fedorentos, de biscoitinhos caros que um bom pão com manteiga facilmente substituiria, de balas, de chicletes, de um brinquedo irrecusável, de iogurte com frutas ou com mel — toda a panóplia que na minha infância burguesa só aparecia, no melhor dos casos, em ocasiões de festa.

E não é só às crianças que não se recusa nada.

Em uma churrascaria, vejo — estupefato — os amigos pedirem normalmente outro chope quando o primeiro ainda está pela metade, mas não está mais geladinho como deveria. Imagino a cara do garçom se eu lhe pedisse, ao estilo europeu, que colocasse o meu copo de volta no freezer por um momento.

Em casa, trava-se uma luta tácita e subterrânea entre nós e a nossa empregada doméstica. Sem nos aventurarmos em demasiadas recomendações que poderiam comprometer o bom clima familiar, a cada incursão na cozinha, silenciosa mas ostensivamente, arrumamos o invólucro dos frios, protegemos o restante de salame, fechamos o saco plástico do pão, guardamos o guisado desesperadamente abandonado em uma panela de alumínio escondida no forno, verificamos as datas de vencimento dos iogurtes, descobrimos na geladeira insuspeitados tesouros de legumes murchos esquecidos e, com eles, decretamos que se faça uma sopa para o menu da noite etc. O meu medíocre racionalismo se depara de início com a ideia de que a pobreza deveria ensinar naturalmente uma gestão cuidadosa dos alimentos, e me causa estranheza, portanto, tamanha indiferença pelo desperdício.

Um dia, descendo a rua da Praia, em Porto Alegre, vejo uma mendiga que carrega uma criancinha nos braços. Dou-lhe um trocado e percebo que a criança está tomando uma mamadeira de Coca-Cola. Resisto ao impulso de aconselhar que troquem o refrigerante pelo leite, a fim de não entrar em uma absurda conversa sobre o supérfluo e o necessário. Resisto tanto mais ao constatar que, ao lado do miserável grupinho familiar, há um embrulho de comestíveis e, ao lado do embrulho, no chão, um pequeno amontoado de restos visivelmente destinados ao lixo — um quarto de sanduíche, um biscoito mordido... — que faria a felicidade de qualquer mendigo parisiense.

Lembro uma visita que fiz com meu filho, Maximilien, ao mercado de São Joaquim, em Salvador. No fim da tarde, assistimos ao fechamento do local: sobras no chão, um exército de frutas machucadas, mas ainda apetitosas, sobretudo abacaxis e laranjas, em quantidade suficiente para satisfazer as necessidades vitamínicas de todos os adultos e crianças carentes da cidade. Sei que essa observação é mal-vinda, quando se sabe que há carência, sobretudo, de proteínas. Mas ficamos, Max e eu, perplexos com aquela estranha contradição entre a necessidade e o desperdício. A mesma impressão de estarmos diante de algo que "não fecha direito" surge ao contemplarmos, nos supermercados, o dejeto podre das montanhas pantagruélicas de frutas.

Aos poucos vai se formando a ideia de que o ideal social para o qual apontam as flechas do Iguatemi não é tanto a possessão de bens, mas o consumo mesmo, ou, melhor ainda, o "consumir".

Descubro que no Brasil um bem novo vale mais, bem mais, que um usado. Como se mesmo o bem tradicionalmente considerado acumulativo — como uma casa ou um apartamento — também fosse absorvido pela lógica do "consumir". Daí os investimentos em imóveis, que se desvalorizam com o tempo. Por que não trocar de apartamento como se troca de carro?

Ao viajar comigo para a Europa e visitar amigos e família na Itália e na França, Eliana descobre que uma parte relevante da arte culinária da classe média e média alta europeia é de fato uma arte de como utilizar os restos. O cuidado na conservação dos alimentos, tanto em casa como nos pontos de exibição e venda, a parcimônia, não no consumo, mas no cálculo do necessário, surpreendem-na: a eventual fartura não parece justificar nem admitir o risco de desperdício. Eliana formula a suposição de que a guerra e o racionamento possam ter incutido nos europeus um respeito específico pelos alimentos. E a consideração se estende para além dos alimentos, aplicando-se também ao vestuário e aos bens ditos de consumo.

Se não há dúvida de que a posse contribui para decidir o status, o gasto com os bens e o seu consumo não parecem constituir, na Europa, uma dignidade subjetiva. Ao contrário, a aquisição de um bem é uma glória quando ela é fruto de uma ponderação perfeita entre a necessidade desse bem, a sua duração e a sua chance de valorização.

Em outras palavras, parece que gozar de um bem é algo que, para um europeu, se situa mais no registro de um usufruto que possa preservar o bem do que no de um consumo que o queime.

Como "sinais aparentes de riqueza", o Fisco francês investiga a posse de sítios, barcos, cavalos etc. O Leão brasileiro do imposto de renda talvez devesse investigar os sinais aparentes de gozo, quem sabe as lixeiras em que se acumulam os restos do consumo.

A palavra de ordem é gastar para adquirir, mas é também gastar o adquirido, com certeza para adquirir de novo, como se o gozo consistisse privilegiadamente no exercício do gasto. Parecemos estar além ou aquém do império dos objetos, em uma festa um pouco trágica onde se afirma e vale quem pode e sabe gastar. E o gastar como exercício puro, não finalizado, coincide com o desperdiçar. Com razão, qualquer política econômica de contenção do consumo se preocupa em interrogar a reação popular.

"Pechinchar" é a palavra de ordem da última proposta do governo para conter a inflação desenfreada. A dificuldade dessa proposta aparece ao considerarmos a fala cotidiana sobre os preços.

A queixa é contínua e alimenta a conversa entre amigos: as coisas estão cada dia mais caras, até o inverossímil. Mas surge a suspeita de que o consumidor brasileiro encare os preços e seus aumentos como verdadeiros desafios à sua potência. De repente, comprar não é mais, ou não é apenas, conseguir dispor de um bem necessário ou querido, embora despropositadamente caro: comprar é demonstrar ao mundo a própria capacidade de gastar.

De novo aparece o *potlatch*: a dignidade se afirma na queima dos recursos do sujeito. E, se comprar não é vir a possuir, mas poder gastar, o aumento dos preços, embora dificulte a aquisição, satisfaz o anseio de gastar mais.

Impressiona-me a facilidade com que se estabeleceu no Brasil o famoso "ágio", desde que um produto escasseie mesmo que temporariamente no mercado.[1] Parece que a eventualidade de substituir o produto, de protelar seu consumo ou mesmo de renunciar a ele não seja considerada pelas pessoas. O que é irrenunciável? A aquisição do bem ou a ocasião de gastar mais? Como explicar, com efeito, que o consumidor aceite pagar 30% ou 40% a mais do seu valor normal de tabela em um carro a fim de evitar uma espera, mesmo que seja de alguns meses?

A classe média alta mal esconde, com seu aparente lamento, a satisfação: ela chega — chorando, mas de prazer, acredito — ao paraíso quando verifica que no Brasil os preços são comparáveis aos de Paris ou Nova York. A identificação esperada e alcançada com o consumidor europeu não concerne tanto ao acesso a produtos equivalentes (desse ponto de vista, é constante, ao contrário, a queixa sobre a mediocridade do produto

---

1. Em 28 de fevereiro de 1986, o governo de José Sarney anunciou o congelamento de preços de produtos e serviços, iniciativa que era parte de um plano de controle da inflação, então pela casa de 250% ao ano. Era o Plano Cruzado, que levava o nome da moeda que substituiu o cruzeiro. A medida, capaz de, em um primeiro momento, conter a alta de preços, teve grande apoio dos brasileiros, convocados pelo governo a vigiar o tabelamento como "fiscais do Sarney". A diminuição da produção e o excesso de consumo provocados pelo congelamento resultaram em escassez e vendas a preços acima da tabela oficial, o que era chamado de "ágio". O governo reconheceria o fracasso do plano depois de vencer as eleições de novembro de 1986. (N.E.)

nacional, o que às vezes corresponde à verdade); importa que o gasto seja o mesmo dos países ricos. O bem adquirido é de pior qualidade, menos durável, e o preço é um assalto injustificável (se se considera o absurdo que se cobra por um produto cujo custo de matérias-primas, de produção e de distribuição é um quarto ou um terço do europeu ou norte-americano): tudo isso só aumenta o gozo do gasto, que aparece como a verdadeira aposta em jogo. Pois o nosso gasto, de repente, se revela não só igual, mas de fato superior ao dos nossos homólogos do Primeiro Mundo. O que deve demonstrar que valemos mais...

As classes menos favorecidas, quando se precipitam nas filas ou nas agitações dantescas das ofertas especiais, para liquidar em poucas horas o estoque limitado da promoção, também não são vítimas da sedução dos objetos. Não é destes — desnecessários e frequentemente miseráveis — que elas esperam status, mas do gasto.

Na corrida inflacionária, copulam assim incestuosamente dois irmãos cujo pai comum é o imperativo de gozo, herança do colonizador. Por um lado, da perspectiva do empresário, um apetite de lucro desenfreado, em que talvez o gozo se situe mais na exploração direta da mão de obra e do consumidor do que na acumulação de capital. E, por outro, um ideal social para o qual tem valor quem goza sem os limites que impõe a preservação de si mesmo, dos próprios recursos e do bem do qual se goza.

O produtor e o distribuidor têm razão em considerar que o preço de um bem deve ser estabelecido no limite extremo tolerável por quem quiser gozar desse bem. Com efeito, por que calcular um preço a partir do custo, se o consumidor só vai medir esse preço pelo desafio que ele coloca às suas possibilidades de gasto, e não pelo suposto valor do bem?

O consumo parece aqui imitar a relação do colonizador com a terra, com o corpo escravo e talvez com o seu próprio corpo, escravo do imperativo de gozo que ele é: no consumo assim configurado, como exploração sem o limite da preservação, é necessário que o sujeito se gaste para valer (com toda a ambiguidade da expressão).

1. Contardo em ensaio para o fotógrafo Marcus Steinmeyer.

2 e 3. Criança em Milão, na Itália.

4. Com a avó, Donna Elena, nos anos 1970.

5. Aos dezoito anos, antes de mudar-se para Genebra.

7. Com os amigos, em viagem pelos Alpes.

6. Com vinte e poucos anos, na Itália.

BIBLIOTECA COMUNALE
DI MILANO
PALAZZO SORMANI

TESSERA N.° 20273

Il signor

CALLIGARIS CONTARDO

di professione

INS.

è ammesso al prestito a domicilio.

Il Direttore

PRESTITO A DOMICILIO

8. Carteirinha da biblioteca frequentada por Contardo até a mudança para Genebra.

9. Carteirinha da École Nationale de Hautes Études, onde Contardo fez seu doutorado nos anos 1960 sob a orientação de Roland Barthes.

10. Com Roland Barthes.

12. Uma das fotos da série feita em Nova York por volta de 1993.

Notas de viagem

UMA VIAGEM DE TÁXI

Carnaval de 1987. Greve geral das companhias aéreas, salvo a Transbrasil. Eliana, que milagrosamente estava com uma reserva dessa companhia, chega a São Paulo, de onde deveríamos continuar juntos — no sábado de Carnaval — para Salvador. O aeroporto de Guarulhos é um acampamento, e parece claro que nada acontecerá antes de segunda-feira.

Informo-me sobre o aluguel de um carro e encontro Anselmo, motorista que se propõe a nos levar a Salvador de táxi. O preço é pouco superior ao da passagem aérea e embarcamos rapidamente, às onze da noite, com Anselmo e um amigo dele que iria alternar na direção do Santana de quatro portas marcado "Aeroporto de Guarulhos". A Rio-Santos desmoronou por causa da chuva e escolhemos atravessar Minas Gerais, passando por Belo Horizonte e Governador Valadares. Antes disso, Anselmo dá uma parada de cinco minutos em sua casa para pegar uma penca de roupas e avisar a família. Logo, estamos na estrada.

O gosto da aventura é compartilhado: não acredito nem um pouco que, ao aceitar a viagem, Anselmo tivesse como único interesse a remuneração, consistente mas correta, por seu trabalho. O que atraiu a todos foi mesmo a ideia de uma travessia um pouco louca. A noite, o tamanho do país, os companheiros desconhecidos, tudo contribuía para estimular uma vontade de pegar a estrada, vontade que é propriamente americana.

De fato, o amigo se revelou rapidamente um motorista medíocre, e Anselmo e eu acabamos nos alternando na direção. Eliana preenchia para ambos a essencial função de copiloto: bater papo para afastar o sono.

Anselmo, depois de dirigir na noite de domingo, estava cansado na madrugada e fui eu que passei ao volante por volta das cinco da manhã, quando passávamos por Feira de Santana, faltando pouco mais de cem quilômetros até Salvador.

Ainda me comove a lembrança da estrada deserta, que avançava pela aurora, rumo ao mar, e recordo-me de ter tido um sentimento igual durante outra travessia, em outro país, mas no mesmo continente, quando fui de carro de Dallas a Los Angeles. Era uma emoção diferente da que oferece uma viagem de carro na Europa ou mesmo no Oriente Médio ou na África. Na Europa, percorre-se um espaço altamente simbolizado, como se a estrada fosse uma passagem que os proprietários das terras que ela atravessa abriram como cortesia ao público. Mesmo em lugares relativamente selvagens, o sentimento que temos é que a terra nunca se oferece virgem à nossa passagem, ela sempre tem nome. A viagem na Europa é uma leitura.

No Oriente Médio, como na África, mesmo se civilizações antigas deixaram traços consistentes de um universo simbólico fora do comum, a impressão que temos é a de estarmos indo de um oásis de grande densidade simbólica a outro: um percurso em um *no man's land* que reafirma o nomadismo eventual dos povos. E, mesmo onde o nomadismo não predomina, permanece a impressão de estarmos, durante o percurso, traçando linhas entre os lugares distantes, como nos jogos de juntar os pontos. A impressão se confirma quando, em cada aldeia, a chegada do viajante é motivo de festa para crianças e adultos: a festa, para quem se permite participar, é vivida como a celebração de alguém que demonstrou que há um caminho onde antes havia apenas uma estrada. Viajar é, assim, algo próximo da escrita e do desenho.

A impressão que causa a viagem nas Américas, sentida e lembrada na chegada a Salvador, é diferente. Recordo-me de que o discurso dos brasileiros e o dos americanos (dos texanos em particular) coincidem em sua apologia do espaço ("o país é grande", "o país é imenso") e dos recursos da terra ainda ignorados, inexplorados, mas generosamente guardados pela natureza.

É a Amazônia, aliás, que funciona no Brasil como o fantasma da oferenda inesgotável da terra. E, apesar de a ameaça real de destruição da Amazônia ser dolorosa para os brasileiros, a preocupação do resto do mundo com a preservação da floresta constitui para eles uma ameaça ainda mais dolorosa a algo essencial no discurso nacional. Dolorosa e paradoxal, pois a queixa afinal é produzida no mesmo lugar onde presumivelmente queimou a brasa do pau-brasil.

Esse sentimento de terra oferecida, não só a uma escrita mas também a um gozo prometido aquém ou além das escritas, transforma a travessia americana em um gesto erótico consumado sobre um corpo vivo.

Aprendo com Anselmo um verbo que me parece perfeito, mesmo em seu equívoco: "Tocamos dois dias". Tocamos a terra, como um instrumento musical, com carinho ou algo mais.

Noite. Antes de chegarmos a Belo Horizonte, Eliana e eu, ansiosos depois de um afastamento de vários dias, nos abraçamos no banco traseiro. E, em silêncio, discretamente, aproveitando que o copiloto dorme e que Anselmo dirige compenetrado, ela e eu fazemos amor. A partir de então, Anselmo passou a tratar Eliana de um modo muito respeitoso, chegando a um formalismo de devoto. Durante a viagem toda, ele conversará muito com Eliana, passando a tratá-la sempre de "senhora".

Depois disso, penso que, aqui, o gozo impõe respeito, ou então, sem mediação, o desrespeito total. Como se, diante do semelhante que goza, a alternativa fosse considerar que se celebra com isso o essencial do mistério da razão de ser, ou então decidir privar brutalmente o outro do seu gozo.

Outro exemplo pode parecer singular nesse contexto: fico impressionado com o respeito dos brasileiros pelos carros alheios. Os carros são roubados frequentemente, mas é raro você encontrar seu carro arranhado por causa da manobra apressada de quem estacionou do lado. O respeito pelo objeto de gozo do outro ou é total ou é nulo. O que se explica pelo fato de que o gozo é a aposta essencial.

Domingo. Depois de passar por Belo Horizonte, paramos para almoçar e encher o tanque. E Anselmo aproveita para tomar banho. Na estrada, alguns postos de gasolina — que são justamente escolhidos pelos caminhoneiros — oferecem essa facilidade. A ducha é agradável.

Os brasileiros são extremamente limpos e duvidam — aliás, com razão — da higiene dos europeus e sobretudo da dos franceses. O banho é, como se sabe, uma prática cotidiana e frequentemente pluricotidiana.

O clima não é motivo para esse hábito. Lembro-me do que vi em uma exposição agropecuária em Esteio, no Rio Grande do Sul, em um dia frio e úmido de agosto: os gaúchos mais pobres, trazidos do interior para cuidar dos animais expostos, dormem ao lado do animal, na baia ou em frente à baia, em uma cama dobrável, e todos começam e terminam o dia de trabalho tomando uma ducha gelada.

A tradição não parece ser portuguesa. E é uma portuguesa, Maria Belo, que me fala da tradição índia do banho, pintando-me a visão sugestiva do colonizador português hirsuto e fedorento, sentado à beira de um rio, sendo lavado e penteado por uma mulher índia. Como se o banho tivesse sido o primeiro carinho da nova terra ao corpo do invasor, e o rito do banho continuasse como lembrança da promessa de gozo da nova terra. Se o rio estivesse calmo e se a luz ajudasse, quem sabe Cabral pudesse ver sua imagem nas águas, enquanto se entregava aos cuidados da índia. Seria a perfeita fase do espelho do colonizador: miragem de uma completude erótica e materna que para sempre — e exclusivamente — ocuparia o campo da sua possível idealidade. Em suma, um triunfo — em termos freudianos — do eu ideal sobre qualquer eventual ideal do eu.

Domingo à tarde. Depois de Governador Valadares, avançamos em uma rodovia perigosa. Meninos que brincam à beira da estrada inventam um jogo com a morte: atravessá-la correndo, no último minuto, quando um carro se aproxima. Mais tarde, no meio da noite, na estrada quase deserta, várias vezes o farol do carro encontrará, no fim de uma curva, crianças sentadas no meio da pista.

Dia e noite os ônibus nos apavoram, tanto que jurei a mim mesmo nunca viajar num ônibus-leito no Brasil: eles correm assustadoramente, desrespeitando as noções básicas de prudência, ultrapassam em subidas de serras, em uma curva cega, e assim vai. De noite, de cortinas fechadas, parecem caixões coletivos destinados ao inferno. Por sinal, é nisso que — segundo os jornais — eles frequentemente se transformam.

Mas ainda é de dia e, logo depois de Governador Valadares, ficamos por um momento atrás de um caminhão de mudança carregado de móveis e objetos. No alto de uma incrível pirâmide de coisas, estão três homens agarrados às cordas e a uma garrafa de pinga. De repente, uma roda do caminhão passa por um buraco, o veículo balança, e um dos homens, surpreso, cai de cima da pirâmide na frente do nosso carro.

Anselmo consegue milagrosamente parar nosso carro a tempo, diferentemente do caminhão, que só para trinta metros depois, apesar dos gritos dos homens no alto do veículo. O homem quebrou o braço, não se mexe no chão, mas parece mais bêbado do que morto.

E isso nos leva, a Anselmo e a mim, enquanto conversamos continuamente para lutar contra o sono, a elaborar uma brincadeira macabra que, ao atravessarmos vilas onde evitamos por pouco homicídios culposos, nos alivia. Na nossa brincadeira, os mortos atropelados em lugares estratégicos de cada vila não seriam removidos nunca e seus corpos, com o tempo, iriam acumular-se nos mesmos lugares, formando naturalmente quebra-molas. Contada assim, não parece piada alguma, mas de certo modo imaginar que cada quebra-molas viesse a ser uma concentração de corpos era algo que nos permitia conviver com o medo de matar.

No Brasil, a vida vale pouco. Não só por causa do trânsito; há também o incrível atraso dos serviços de socorro, o valor material ridículo que os seguros obrigatórios atribuem a uma vida, a medíocre qualidade (sobretudo a lentidão) da medicina pública, a mortalidade infantil, a taxa de acidentes de trabalho etc. E não acredito que o valor da vida seja um efeito dos cuidados que se tem com ela. Ou seja, não me parece que uma medicina pública medíocre barateie a vida. Penso o contrário: que a medicina é medíocre porque a vida é barata.

Para a psicanálise a vida não é um valor natural. Ela se transmite como valor de pai para filho, com a missão de perpetuar o nome — mais propriamente o sobrenome —, tanto assinando as próprias obras como transmitindo a mesma missão a um filho. Desse ponto de vista, quanto menos a vida é vivida na continuidade das gerações de uma filiação, menos ela vale — apesar de parecer indispensável aproveitar a vida, pois, se ela não se justifica como uma missão para transmitir a filiação, então deve valer por si só.

É como uma balança: onde a vida vale menos, é necessário aproveitá-la mais. E também: onde a vida vale menos, o suicídio é mais raro.

Não disponho de estatísticas brasileiras de suicídios, mas noto que a erotização do suicídio iminente, de maneira curiosa, está quase ausente no discurso dos pacientes. Entende-se: se a vida não é um valor, como erotizar um suicídio? E, se o pai não me impõe a transmissão da vida, a quem ameaçar com a minha morte?

SERTÕES

Já suspeitava de que o sertão fosse, no Brasil, um mundo à parte, desde que o psicanalista Alduísio Moreira de Souza tinha me introduzido na obra de Guimarães Rosa, vibrando com sua origem mineira sem que nada de "este país não presta" surgisse na sua fala.

Foi mais tarde, quando Luiz Tarlei me convidou para cavalgar durante uma semana, a partir de sua fazenda no norte de Goiás, que conheci o sertão. Luiz já tinha me relatado que, em conversa com Lévi-Strauss, em Paris, havia perguntado ao antropólogo qual era a lembrança inesquecível que ele tinha guardado dos "tristes trópicos". Lévi-Strauss respondeu: as noites do sertão.

E, agora, ali estávamos, Luiz, o capataz da sua fazenda, o carvoeiro, um casal de amigos franceses, eu e alguns outros, sentados no meio do cerrado, à noite, ao redor de uma fogueira, na qual era cozida uma carne de veado recém-caçado. A fala dos homens não parava; os temas eram os rastros de onça, a caça, as mulheres e as pessoas das fazendas vizinhas e longínquas, que tinham nomes inacreditáveis, como em tantas tragédias gregas.

Mas eram tragédias quase sem drama: destinos confrontados pela radicalidade de um impossível humano, mas sem a dimensão queixosa e atrapalhada do cotidiano que se alimenta de esperanças e compromissos.

Foi assim que se falou, naquela noite, de J. B., que, para evitar a sua mulher não mais — ou talvez nunca — amada, viajava a pé, noite e dia, atravessando o sertão. E dois dias depois nós cruzaríamos com ele em um caminho de terra, passageiro das suas próprias pernas, viajante pedestre e obstinado, obedecendo a uma inquestionável necessidade de solidão.

Eu não saberia explicar o que faz do sertão um Brasil diferente. Talvez o tipo de escravatura, pois a prática da servidão liga o homem à terra e não entrega o seu corpo para outro, como se o corpo fosse terra. Mas talvez haja algo mais, algo próprio a todos os lugares onde a natureza é pouco generosa e os homens, na luta pela subsistência, se engajam em uma disputa diária com ela. Os povos do deserto africano, as populações insulares das ilhas italianas e também os habitantes da estepe nórdica me pareceram particularmente sensíveis ao valor da palavra. Como se a própria terra resistisse e forçasse quem pretende gozar dela a reconhecer o que há de impossível em seu projeto e, por consequência, a cultivar as relações simbólicas que podem dar à vida uma significação diferente da que promete o gozo da terra. Como se, no sertão, a exigência do gozo — que desde o projeto do colonizador atravessa e mina os laços simbólicos brasileiros — fosse suspensa por um decreto da própria terra; e os homens voltassem a respeitar a palavra que os constitui.

M. tem um nome curioso, nunca ouvido antes, que afirma uma virilidade excepcional. Pequeno, miúdo, ele não se parece com o seu nome. Sentado ao lado do seu curral onde estou cuidando dos nossos cavalos, ele conta para Luiz como matou o amante de sua mulher. M. tinha deixado, em sua pequena fazenda, algumas terras sem uso para quem quisesse cultivar livremente. Era o que fazia o homem que ele matou. Esse homem primeiro estendeu a superfície de terra emprestada que cultivava. Depois, passou a frequentar a casa de M., até obter os favores de sua mulher. O problema de M. não era com ciúme, mas com o desaforo. Pois, escutando-o, pareceu evidente (embora nenhum jurista possa dar conta dessa evidência) que, se o homem ficasse com os favores da mulher de M., além de parte da terra, passaria a ser o dono.

M., então, afastou o homem da terra e de sua mulher. Quando, porém, o homem voltou, ele o matou.

No momento da escuta, impõe-se a transitividade do corpo da mulher à terra, assim como a transição da posse da mulher e da terra para uma propriedade que não poderia ser discutida. Mais tarde, a coisa me parece um tanto estranha e pergunto a Luiz: "Mas de qualquer forma o homem nunca seria dono mesmo, ele não poderia transmitir a propriedade da terra, mesmo que conseguisse se instalar no campo e na cama?". Luiz tenta me explicar e entendo que estamos em um país diferente, onde o ato do sujeito consegue de certa maneira ser simbólico, onde o usufruto — da mulher e da terra — não se transformaria só numa propriedade "de fato", que não passaria de uma troca de posse, mas em uma espécie de propriedade de direito. Trata-se de um registro do "direito" que transcende a aplicação da lei da pólis e se funda nas relações simbólicas do microcosmo sertanejo. É certamente em razão desse "direito", aliás, que M. não foi culpado pelo homicídio. Não precisou invocar atenuantes relacionadas a crime passional; em nome daquele "direito", ele defendeu, com efeito, a sua propriedade e de certa forma agiu em legítima defesa, não em relação ao seu corpo e à sua vida, que não estavam ameaçados, mas a algo mais radical: o lugar simbólico que o desaforo do outro ameaçava.

Os atos e as palavras engajam, parecem morder, sem mediações de papo furado, na rede transubjetiva que organiza as relações. E saímos apavorados da fazenda de M., que sacrificou para nós uma galinha, depois do que a mulher dele atravessou a cozinha de garfo na mão a fim de depositar no prato de Luiz o coração do animal.

Se a palavra engaja, as histórias contadas podem dispensar a psicologia.

O jovem G. parece carregar em seu silêncio uma verdadeira condenação. Pergunto sobre ele, e a resposta é direta, despojada de comiseração e falsa compreensão, uma narrativa com poucos adjetivos ou então uma tragédia pura, sem drama inútil. G. estava ao lado do irmão quando este, brincando de roleta-russa, se matou. O pai acorreu e, ao ver o filho morto, perguntou a G.: "Por que mataste o teu irmão?".

Nada mais. A economia de palavras vazias parece possível para quem entende como uma frase decide um destino.

*

A palavra exigida do visitante não é diferente da palavra que engaja o hóspede. Na fazenda de dona D. somos acolhidos com um banquete. Antes, as mulheres nos confiam uma toalha e nos mandam direto tomar banho no rio.

Depois do jantar, Luiz e os amigos se retiram e fico na mesa para um último copo com dona D. e sua mãe. A mãe me mostra primeiramente as fotos de infância de dona D. e me convida a apreciar a beleza da filha. Ela sabe, pela conversa precedente, que estou gostando da região e que andei pensando em talvez comprar uma terra no sertão. De repente, ela me pergunta sem desvios qual é o capital de que disponho. Surpreso, respondo com precisão, também sem me desviar. E ela me rebate, dizendo que o dinheiro que possuo permitiria uma série de melhorias na fazenda de dona D., investimento bem mais produtivo do que a compra de terra. E me propõe então um casamento razoável e vantajoso.

O uso da palavra é forte demais, mesmo para mim, e me retiro, gaguejando.

Uma menina adolescente varrendo o pátio chama a nossa atenção na fazenda de dona D., por sua grande beleza. Perguntamos sobre ela e ficamos sabendo que é filha de uma empregada com algum viajante, que a mãe foi internada em um hospital psiquiátrico por ter enlouquecido depois do parto. Pergunto qual é a situação jurídica da menina, se foi adotada, se foi confiada àquela família pela assistência pública etc. E de novo a minha pergunta não faz sentido. Pois, apesar de não ter existência jurídica, a menina não deixa de ter existência simbólica na fazenda. O colono parece aqui ter conseguido, se não fundar uma lei, pelo menos organizar um mundo (que é parecido com o mundo de antes do grande encerramento de que fala Foucault), onde os laços teriam valor simbólico sem precisar de um recurso jurídico, ou mesmo legal, aliás inapropriado. "A menina está conosco" vale uma filiação, se a frase ressoa em uma enunciação que engaja.

Deixando o sertão e de volta a Brasília, sinto ser difícil não sucumbir a uma reflexão vagamente passadista. Talvez o tradicional extravio de verbas destinadas a programas de exploração "racional" das terras sertanejas não seja só efeito da gula de administrações corrompidas pelo anseio de gozo que caracteriza a nação; talvez seja também, paradoxalmente, a autodefesa de um mundo onde a dureza da sobrevivência foi que situou e manteve imprevisivelmente a dignidade subjetiva na palavra que organiza os laços.

CERTEZAS E INCERTEZAS DO SER

Foram traumáticas as primeiras vezes em que atendi ao telefone no Brasil. Custei a me habituar com a violência da interrogação de quem ligava:

— De onde fala?

Para um psicanalista, ainda mais de orientação lacaniana, trata-se de uma questão drástica: parece que uma voz desconhecida, anônima, do fundo do campo da linguagem, vem perguntar sobre o que há de mais íntimo. Perguntar-me sobre o que eu digo, quem eu sou, seria algo aceitável, mas querer saber "de onde eu falo" é como me indagar sobre o meu desejo inconsciente. Cada telefonema produzia um efeito parecido com a aparição do demônio, com sua cabeça na forma de camelo e que pergunta ao protagonista de *O diabo apaixonado*, de Jacques Cazotte, livro bem conhecido dos lacanianos: "*Che vuoi?*", o que queres?

As minhas primeiras respostas deviam parecer impertinentes e gozadoras, pois eu tentava evitar a pergunta fazendo-me de desentendido. Assim, quando me perguntavam "de onde fala?", eu respondia recorrendo à geografia: "De Porto Alegre". Do outro lado, abria-se um silêncio perplexo. Com o tempo, achei uma solução ideal e também banal para o dilema e que consistia em responder enunciando o meu número de telefone.

Na Europa, espera-se que, ao ligar, a pessoa enuncie primeiro quem ela é e com quem quer falar, deixando ao interpelado a possibilidade de assinalar que foi engano, sem que este tenha de declinar a sua identidade. Mas não se trata de uma questão de etiqueta. Lembro-me, aliás, das dificuldades que frequentemente coloca ao "telefonante" europeu a necessidade de declinar a sua identidade e dizer quem está falando: "Oi, aqui é Contardo Calligaris, preciso falar com a senhora x".

A oposição me parece ser entre uma conduta telefônica, a europeia, que pede a quem liga o esforço de se resumir no próprio nome (e sobrenome), e outra, a brasileira, que parece suspender a enunciação da identidade de quem liga para, antes, ater-se à descoberta da identidade do seu interlocutor: "Oi, quem fala? Será que é a senhora x?".

Seria o telefonema do colono: diga-me onde fui parar, que daí eu posso lhe dizer quem eu sou, se é que sou. Imagino o primeiro "de onde fala?" da história. Responde o colonizador: "Do (pau) Brasil (esgotado)". Será que o nosso colono se autorizaria então a se reconhecer um nome e finalmente dizer quem está chamando?

Em minha segunda viagem ao Brasil, parei em Salvador e me hospedei no Hotel Othon. Um moço bem jovem, de uns catorze ou quinze anos, servia o café da manhã. Ouviu-me certamente falar francês e, um dia, com vergonha e visivelmente tentando disfarçar do maître aquela tentativa de conversa, pergunta-me em um inglês incerto, mas eficaz, se podia falar comigo. Respondo que sim. E ele me explica que ali, no hotel, não dava, que a conversa era confidencial. Convido-o a passar mais tarde no meu quarto, e ele agradece, satisfeito.

Um pouco surpreso e, como sempre, aventureiro de espírito, eu acabo de tomar o café, enquanto imagino as mais diversas razões de um tão estranho pedido: oferta de drogas, prostituição ou outros inícios possíveis de uma novela inédita de Joseph Conrad. Na hora marcada, o moço bate timidamente na porta do meu quarto e entra carregando embaixo do braço uma caixa parecida com as de guardar sapatos. Levanta a tampa da caixa e me mostra o seu tesouro: uma coleção de cartões-postais do mundo inteiro, todos endereçados a ele por turistas que passaram por Salvador. Ele pretende que o envio de cartões que me pede seja uma troca e, de fato, trocamos endereços.

Quase dois meses depois, em Paris, ao limpar minha carteira, acho o cartão em que tinha anotado o endereço do rapaz e decido fazer meu dever. Escolho na minha papelaria preferida cinco ou seis cartões, cuidando para que sejam ao mesmo tempo representativos de Paris e não completamente banais, a fim de evitar oferecer imagens duplicadas. Preencho com uma palavra standard, como "Greetings, Contardo", e os envio. A resposta chega umas três semanas depois na forma de uma avalanche de cartões, todos com escritos: *"How are you? I hope you are very well. How was your trip back home? We had sunshine. How is the weather in your town?"* etc. etc. A minha surpresa é maior ainda quando constato que todos os luxuosos cartões coloridos trazem imagens de flores. Não de flores tropicais, que de alguma forma proporiam uma lembrança da Bahia: apenas flores bonitas de diferentes lugares do mundo. Lembro-me, aliás, de haver em um deles a imagem de uma edelvais bem pouco brasileira.

Dou-me conta, de repente, de que minha escolha tinha sido errada ou pelo menos inútil, pois o que o rapaz queria não eram imagens de Paris. O que ele colecionava não era cartão-postal, mas sim correspondência. Uma correspondência que lhe fosse endereçada, cartas que atestassem o reconhecimento do seu nome e certa coalescência do seu nome com o lugar no mundo onde ele morava.

O Hotel da Bahia[1] durante o Carnaval é — como se sabe — particularmente procurado. Os foliões (ricos) de Salvador chegam a alugar um quarto ali durante a folia para poderem morar de fato, noite e dia, no centro do Carnaval. Com efeito, o hotel, durante o Carnaval, dá a impressão de ser um forte sitiado: nenhum de seus lados é poupado pelas correntes do povo no Carnaval. Nenhum lado é também poupado pelos trios elétricos; existem até lugares centrais dentro do hotel, de onde, em total confusão, é possível escutar três trios ou mais, simultaneamente, caso mais de um apareça em Campo Grande. Aliás, é impossível dormir no hotel, salvo umas três horas, pela manhã, antes que o Carnaval retome o fôlego.

A piscina do hotel — onde também há um bar — é uma sacada aberta sobre o Campo Grande. E ali estamos nós, sentados em torno de uma mesa, com amigos. A música na rua soa forte, mas não chega a atrapalhar a conversa. De repente, uma música — o leitor deve lembrar — entoa: "Eu sou brasileiro, ô-ô-ô-ô!", e eis que, seguindo o ritmo da música, todo mundo na mesa em que estou e nas mesas vizinhas se anima, mexe o corpo, levanta os braços e escande pelo menos o "ô-ô-ô-ô!".

A coisa é contagiosa, pois mesmo os raros turistas estrangeiros balançam o corpo ao ouvir a música. A vibração é forte e bonita, o sentimento é denso, como se fosse tocado um hino.

---

1. Hoje Hotel Sheraton, no Campo Grande. (N.E.)

Penso que as músicas italianas ou francesas que, embora não sendo hinos, evocam de perto ou de longe a identidade nacional são muito bregas e que um auditório europeu comparável ao do Hotel da Bahia, em uma situação análoga, normalmente se envergonharia de manifestar qualquer emoção. Penso também que, no Brasil, há muitas músicas bonitas que promovem ou mexem com o significante nacional, muito mais que na Europa. E começo a achar que, para encontrar na Europa tanta emoção ou mesmo uma interpelação direta da nação, seria necessário voltar à época da consolidação mesma do significante nacional, bem antes — no caso da Itália — da própria constituição da nação. Diverte-me pensar que a canção "Muda, Brasil", de Marina, possa participar do mesmo espírito que o antigo "Itália mia", do meu querido Petrarca.

Em outras palavras, o colono pode testemunhar uma paixão nacional nada brega porque ainda está fundando sua nação ou mesmo o significante nacional da nação que ele espera; e já sabe que isso não pode esperar do colonizador.

A separação entre propriedade e posse é — como se sabe — característica da colonização brasileira. Ela é exemplar em relação às duas figuras com as quais venho lidando: o colonizador goza do poder da sua língua e do seu nome (usurpados) sobre a nova terra, e o colono — privado de nome, de título — chega ao país na esperança de conquistar um nome trabalhando uma terra que ainda não é sua, assim como a terra ainda não permite que o colono seja dela. Dessa forma, a propriedade cabe ao colonizador, e a posse, ao colono.

Luiz Tarlei de Aragão me conta sobre uma tentativa de obra social que consistia em oferecer assessoria jurídica gratuita a pequenos posseiros do Planalto, para que eles legalizassem uma propriedade à qual, por lei, já tinham direito. O extraordinário é que os posseiros recusavam a ajuda, embora estivessem informados a respeito dela. Achavam que os documentos de posse eram suficientes para assegurar os seus direitos. Pressionados, acabavam revelando implicitamente uma espécie de inibição subjetiva de passarem da situação de posseiros à de proprietários.

Se eram posseiros e não simples ocupantes, esperavam do seu trabalho não só os frutos, mas também algum reconhecimento que os vinculasse à terra. Por que, então, não queriam ser proprietários? Por que resistiam a uma aparente promoção social? "Obrigado, não é para mim", respondiam, revelando que mesmo uma reforma agrária radical e que lhes fosse imposta não saberia resolver uma separação inscrita na ordem produzida pela história do país. Proprietário é o colonizador, e a recusa do posseiro — paradoxal por parecer recusar justamente o nome que ele quer — manifesta uma suspeita quanto ao que está sendo proposto: o nome que o colono pede não quer se confundir com o nome do proprietário da sesmaria e não pode lhe ser transmitido recorrendo-se à mesma prepotência que lhe propôs o significante de uma terra esgotada.

O anseio do colono parece não poder se satisfazer com um reconhecimento que, uma vez mais, poderia desconhecer o seu ser e equivaler apenas a um convite para constatar as boas razões de estar aqui. A incerteza quanto ao ser procura, em suma, uma palavra paterna, que se revela quase impossível, por se supor sempre que ela, quando se enuncia, seja a enunciação traiçoeira do colonizador.

A oscilação entre incerteza e certeza do ser é um efeito do conúbio que reúne o colonizador e o colono *em cada brasileiro*.

O colonizador prefere desconhecer uma lei diferente daquela que ele mesmo encarnaria, e o colono esqueceu a lei que ele deixou em seu país de origem e aposta em uma fundação que se sustente só pelo seu próprio ato. À força de frequentar o colonizador, o colono lê em cada proposta de filiação a tentativa de gozar dele como corpo, mais do que de reconhecê-lo como nome.

O colonizador em cada um manda o colono enxergar — por trás de qualquer proposta simbólica — o projeto escondido de exploração.

Por isso, por causa de um cinismo estrutural, o vaivém impera: como colono eu me engajo — e me filiar é mesmo o que quero —, mas fico desconfiado, pois eu mesmo, como colonizador, aos outros só pediria que se filiassem a mim para eu poder gozar de seus corpos.

O sintoma nacional

Encontro, em todos os meios sociais, meninas de três a dez anos vestidas e pintadas como inverossímeis sex symbols. Digo inverossímeis pois, dificilmente, mesmo entre profissionais da prostituição, se acharia uma tal caricatura do delicado mecanismo da provocação.

Apenas mais tarde descubro a origem dessa mascarada infantil: o programa da Xuxa.

A ideia é genial e inédita: organizar um programa para crianças, aliás diário e longuíssimo, animado por uma mulher que comprovadamente, no discurso dos adultos, parece animar o desejo masculino.

O essencial não é que o programa agrade as crianças ou as divirta. O essencial é que Xuxa agrade os homens. Pois isso não deixa escapatória às crianças. Para as meninas: como não se identificar com ela, se vestir, dançar e cantar como ela, se ela é objeto do desejo paterno? Xuxa responde à pergunta básica de qualquer menina: como ser mulher? Pois a pergunta sempre se completa assim: como ser a mulher que o pai quer, além da mãe? E o menino descobre assim um acesso fácil à identificação com o desejo paterno. Para ele, gostar de Xuxa é um jeito aparentemente certo de ser como o pai, ou, melhor ainda, de interpretar o desejo do pai.

O mecanismo é simples e funciona ainda melhor quando os sujeitos têm necessidade (histérica) de agradar a um pai. O que pressupõe que se interroguem sobre que rumo poderia tomar o querer dele.

Os amigos europeus que conhecem de perto ou de longe o Brasil, sobretudo os amigos analistas, se encantam com a constatação de que ao país "falta pai". Para os franceses, aliás, a constatação só confirma a presumida frase de De Gaulle conforme a qual *ce pays n'est pas sérieux* [este não é um país sério]. A afirmação de "faltar pai" ao Brasil, por se sustentar frequentemente em acrobáticas confusões e fabulosas ignorâncias, deixa entrever perspectivas diagnósticas sombrias que reservariam aos brasileiros a escolha dolorosa entre a loucura e uma perversão eventualmente alegre por esta ser não necessariamente a mesma para todos, mas singular a cada um.

A resposta instintiva e certa a esse peremptório e irrisório diagnóstico consiste em objetar que, se "falta pai", não é porque falta pedir que algum pai se manifeste.

Em um escrito já clássico sobre a histeria, Charles Melman nota que a imigração, qualquer imigração (a viagem do colono, por exemplo), produz uma espécie de histeria experimental.[1]

Com efeito, o emigrante deixa o seu país de origem e com ele deixa e reprime a filiação em nome da qual é ou poderia ter sido sujeito, por razões homólogas àquelas que levam a histérica a desmentir a sua própria filiação. A miséria prometida pela conjuntura socioeconômica no país de origem, desde que ela comprometa a cidadania, vale tanto quanto um discurso materno

---

1. Charles Melman, *Novos estudos sobre a histeria*. Porto Alegre: Artes Médicas, 1985, pp. 162-3.

que prive o pai da sua capacidade de sustentar simbolicamente a linhagem.

Quando ele vira imigrante, abordando uma nova terra, o colono solicita alguma filiação a um novo pai que — por não ser o pai simbólico que ele deixou — lhe aparece como real. Entende-se por quê: o pai da linhagem é um nome que nos liga a uma dívida simbólica; deixá-lo e sair à procura de outro significa pedir filiação a alguém que — justamente por não ser ainda o nosso pai — encontraremos no real e com o qual talvez precisemos lidar no real para que nos conceda enfim reconhecimento simbólico. Resta então à histérica, como ao imigrante, a tentativa de agradar ao novo pai e resta o risco de que esse novo pai peça, no real, um tributo para aceitar o novo filho.

A posição é incômoda, e sabe-se que a histérica pode acabar escolhendo uma espécie de exílio permanente onde evita pagar ao novo pai um tributo que lhe parece sempre exorbitante. Ela se instala em uma posição de alteridade em relação a qualquer filiação, sem por isso parar de pedir ingresso. Dramático é o custo exigido por tal exílio: a repressão do desejo, ao qual só se tem acesso graças à aceitação de uma filiação.

A homologia entre histérica e imigrante é tanto mais oportuna quando a ameaça de escravatura materializa o medo de um tributo real exorbitante pedido pelo novo pai e justifica a escolha de um exílio permanente. Trata-se, aliás, de uma escolha que se repete ad infinitum: o sujeito não vai parar de conclamar e tentar agradar a um pai, mas sempre fugirá para a alteridade, desde que ele se manifeste. Uma vez reprimido o pai simbólico no começo da viagem, qualquer pai que se apresente, mesmo a pedido, com efeito parecerá querer algo de nosso corpo. Onde a histérica constrói o fantasma de sedução, o nosso emigrante não constrói, mas constata, o fantasma de escravização.

Em suma, todo mundo quer um pai simbólico que forçosamente deixou e reprimiu, e o pedido só pode ser escutado por um novo pai que, justamente por ser novo, é real e do qual necessariamente se supõe que peça um tributo real para valer (e assim nos reconhecermos) simbolicamente.

A oscilação transcende o indivíduo: pois o Brasil também parece viver entre a tentativa de agradar o FMI, obedecendo a ele, e a tentação de ser, para o mesmo FMI, o eterno devedor inadimplente.[2]

Uma das descobertas clínicas fundamentais de Freud nos mostra que aquilo que o sujeito reprime ele acaba pedindo ao outro como se este frustrasse o seu desejo.

Esse mecanismo histérico talvez nos permita voltar à queixa do "país que não presta". Se o imigrante, deixando a sua filiação, também deixa — e portanto reprime — o desejo que essa filiação permitia, ele acabará necessariamente apelando a um novo pai. Como reconhecer um pai possível? Pelo gozo que ele exibe, certo. E, de repente, o pedido de filiação se transforma em um pedido para participar do gozo do novo pai.

A frustração, de maneira inevitável, concernirá ao gozo que o novo pai distribui de maneira não tão generosa como poderia (tanto mais que cobra um tributo para reconhecer os seus filhos). Mas também concernirá sempre ao desejo primeiramente reprimido.

---

2. Em 1982, o governo brasileiro e o Fundo Monetário Internacional (FMI) começaram a discutir um plano de refinanciamento da dívida, pois o país estava à beira da inadimplência. Em linhas gerais, o acordo previa a contenção de gastos públicos, das despesas das estatais e da inflação, além de reformas do setor público e da legislação econômica. As condições do FMI eram tidas por parte relevante da opinião pública como recessivas e restritivas à soberania nacional. Dos anos 1980 até o início do século 21, o recurso frequente ao FMI foi tema regular das disputas políticas e eleitorais. (N.E.)

Desse ponto de vista, o problema não é apenas terem o colonizador e o colono desistido do desejo que era possível (mas será que era?) nos limites da sua filiação originária — isso, para perseguir um sonho de gozo sem limites. O problema é que quem desiste do desejo possível acaba se instalando para sempre na reivindicação, como se fosse frustrado de um gozo ao qual teria direito. E a frustração (o novo país não presta nunca) é a expressão da trágica repressão do desejo no começo da viagem.

O exílio inicial e a suspeita legítima de que qualquer novo pai que se apresente exija um tributo real são condições suficientes para produzir um universo sem referência moral. Como articular a necessidade de um limite, como sustentar uma lei, um sistema mínimo de valores, se por um lado deixamos o pai da nossa filiação e, por outro, acreditamos que qualquer pai que possa substituí-lo só quer de nós um tributo de sangue?

Pior ainda: para que, aos olhos do imigrante, um novo pai tenha valor, é necessário que pareça ser capaz do gozo que nós lhe pedimos que nos outorgue; mas basta que seja capaz de tal gozo para considerarmos que ele só quer gozar de nós e de novo nos exilar.

Somos sempre outros: irremediavelmente exóticos.

Qualquer ex-colônia deveria ser uma terra de eleição para a psicanálise. E é o caso do Brasil. Afinal, a psicanálise foi inventada com as histéricas, e certamente ninguém está tão disposto como a histérica ou o imigrante a supor — com razão, aliás — que a sua verdade esteja do lado de um passado esquecido. Paradoxalmente, essa excelente disposição inicial para a psicanálise não mantém as suas promessas: a histeria imigrante (como toda histeria, talvez) parece irremediável.

Por um lado, é difícil achar o caminho de um desejo perdido, se a procura não para de se expressar como uma insistente exigência (frustrada) de gozo. Por outro, como lidar com quem busca, sedento, um pai, mas que, assim que esse pai enfim se manifesta, sempre entende que ele só quer gozar do corpo dos seus filhos?

Nos termos da clínica psicanalítica, seria possível dizer que, se o colonizador está perto de ser perverso (ele usurpa a lei do pai para propô-la a um corpo sem interdito), o colono é necessariamente histérico.

Dívida externa

Julho de 1989. A Association Freudienne e a Maison de L'Amérique Latine organizam em Paris o Encontro Franco-Brasileiro de Psicanálise. O tema é "os efeitos da psicanálise", e o argumento proposto dá destaque à questão desses efeitos possíveis no sintoma social.

É o último dia, e eis que se dirige à mesa para apresentar seu trabalho uma colega brasileira que fez sua formação no exterior e por quem tenho a maior estima.

O congresso é bilíngue, com tradução simultânea, e a palestrante anuncia que, por ter se acostumado a pensar em francês, ela vai apresentar a sua contribuição nessa língua. A tradutora por ela escolhida, entre os numerosos brasileiros bilíngues presentes, é justamente a única convidada portuguesa.

O estranhamento entre os brasileiros presentes chega ao seu auge quando percebem que o vestido com estampas florais escolhido pela palestrante para a ocasião tem as cores branca, vermelha e azul — as mesmas da bandeira francesa.

A exposição, por sinal brilhante, que ela faz trata — naturalmente — da proverbial insuficiência da função paterna no Brasil e surte efeito entre o público francês, agradando-lhe. Outro efeito, menos esperado, é a irritação causada nos visitantes brasileiros.

Pouco depois da palestra, um colega francês toma a palavra para apresentar a sua contribuição, também sobre o Brasil (o que deveria surpreender, mas no contexto parecia normal). Cautelosamente, ele designa no discurso dos seus pacientes brasileiros na França a fonte que autoriza as suas reflexões.

O círculo se fecha em um equívoco irresolvido, pois o discurso que o "brasileiro do exterior" endereça ao *europai* pode testemunhar o destino da função paterna no Brasil não por seu conteúdo, mas porque o seu endereço mesmo constitui uma solução sintomática ao impasse da emigração e da histeria nacional. O colega francês, mais do que fundar suas reflexões sobre o que lhe dizem seus pacientes brasileiros na França, talvez devesse fundá-las sobre as razões e as modalidades do amor que os pacientes declaram a ele.

Desse ponto de vista, aliás, seria necessário distinguir entre o brasileiro do exterior que vive nos Estados Unidos (ou outro país das Américas) e o brasileiro do exterior que vive na Europa.

O primeiro tipo deixa o Brasil em busca de uma melhor razão de "estar"; ele continua a viagem na espera impossível de um "ser" como efeito do gozo que lhe seria enfim permitido: um ser, então, que nunca passa de um "estar". Ele é só um migrante que carrega a sua mesma questão para outra terra. Se desembarcar em um país onde a imigração — como na América do Norte — conseguiu fundar um significante nacional, ele levará uma ou duas gerações no mínimo para sair de uma marginalidade que é efeito da inadequação entre a procura de uma boa razão de estar e o acesso a uma filiação. Não é por acaso que as nações norte-americanas tentam policiar a imigração Sul-Norte: elas presumem que quem migra para gozar melhor custará a ser um sujeito da nação que o acolhe.

O segundo tipo renuncia ao projeto de gozo, pois volta ao lugar que é a moradia do pai deixado e reprimido, aquele que — por insatisfatório que fosse o destino que prometia — talvez valesse no plano simbólico. A tonalidade do discurso dessa volta é inevitavelmente a queixa arrependida, ou seja, a lisonja ao pai antigo para, agradando-lhe, tentar ter novas graças na sua filiação.

Ao viajar a Paris para o congresso, eu estava (justificadamente, como pareceu depois) irritado. Eu parecia saber de antemão que o único sintoma social a ser ali interrogado, apesar do argumento (que era explicitamente genérico), seria o brasileiro. Com efeito, que melhor ocasião haveria para os queixosos do "país (ou do pai) que não presta" tentarem agradar o antigo pai europeu? Que melhor ocasião haveria, também, para confortar os amigos europeus quanto à sua convicção de deter o monopólio da função paterna? O irritante era prever que a lisonja histérica dos brasileiros — transformados em brasileiros do exterior — serviria à repressão de qualquer questão que os europeus pudessem, naquela ocasião, se colocar sobre o sintoma social que os espreita.

O filho pródigo saiu em busca de um novo pai, não o encontrou e agora retorna. Essa história conforta o *europai*, certo de ser o detentor comprovado de um exclusivo e benéfico falo simbólico.

Quem pagou a conta da minha irritação foi meu filho, Maximilien, que — em uma Paris que comemorava o bicentenário da Revolução Francesa — me recebeu vestido de sans-culotte e cantando a "Carmanhola". Por isso, ele teve direito a meia hora de história sobre o Terror e os massacres da Vendeia.

Era um jeito, pouco hábil sem dúvida, de responder antecipadamente aos efeitos previstos do discurso do brasileiro do exterior. Não se trata tanto do esquecimento brasileiro das falhas do pai antigo para o qual ele sonha voltar. O pretenso órfão, ao pedir a readoção ao genitor que o deixou ir embora para outra terra, produz no próprio genitor originário uma cegueira, talvez necessária para que este possa exercer a mestria que lhe é atribuída.

Como poderiam os amigos franceses, com efeito, se interrogar sobre o sintoma europeu quando se achavam investidos por um amor ilimitado que os colocava na pouca invejável posição do pai ideal?

O slogan de Lula era bonito: "Sem medo de ser feliz".[1] Não sei se Lula nos teria feito felizes naquela época.

Porém, o medo de ser feliz certamente deve circular pelo menos no discurso do colonizador. Talvez a insistência em dizer que "este país não presta" seja também uma medida cautelar, fóbica, um jeito de se assegurar de que isso não vai acontecer: ser feliz.

O queixume brasileiro, que por sinal é sempre alegre e gozador, talvez preencha essa função.

Já pensaram o que aconteceria se o colonizador encontrasse de fato o sucesso: se a terra oferecida a um gozo sem limite gozasse mesmo ao seu toque, como ele queria?

Que país seria o Brasil se, por algum motivo, os colonizados, os índios, tivessem se deixado escravizar docilmente? Que tipo de sonho louco pareceria ter se realizado? Seria o de alguma praia tropical, espécie de holograma propagandístico, onde, deitados no fundo de uma rede, entregaríamos os membros aos cuidados de escravas ajoelhadas ao nosso lado? Ou seria, então, os *120 dias de Sodoma*? Ou ainda, mais provavelmente, uma

---

1. Na campanha para as eleições presidenciais de 1989, o slogan foi adotado pelo Partido dos Trabalhadores (PT) e seu candidato, Luiz Inácio Lula da Silva, que acabou perdendo para Fernando Collor de Mello. (N.E.)

forma inédita de horror, em que, uma vez acabados os índios e liberados os escravos, só sobraria a confrontação direta de vontades singulares de gozo?

Um analista cuidadoso talvez tivesse desaconselhado Lula a usar aquele slogan bonito, assinalando que podia suscitar o maior pavor de ser feliz. O conselho teria um valor geral, pois qualquer sonho de felicidade se alimenta do projeto — universal — de responder adequadamente à demanda materna, ou seja, de um projeto assim mortífero para o desejo. Como Lacan notou bombasticamente, identificar-se com o falo imaginário materno é desaparecer — pela razão, intuitiva, de que isso equivale a se identificar com nada, pois o falo materno não existe.

Geralmente os nossos sonhos de felicidade não levam a tanto, pois tomamos a precaução de colocar entre eles e nós um pai, do qual esperamos alguns ideais talvez menos regozijantes e também menos perigosos. Mas, para quem persegue um sonho de felicidade sem limite, e por isso abandona a proteção paterna, o sonho, por maior que seja o seu atrativo, inspira um terror justificado e encoraja a um salutar fracasso.

Thomas Jefferson teve uma ideia genial quando, ao redigir a Constituição dos Estados Unidos, reconheceu o direito à procura da felicidade. A ênfase na procura *re-instaura* (e aparentemente isso deu certo) no sonho migratório uma dimensão de impossível, suspende o desfecho do drama e dilata as relações, deixando o espaço a uma referência terceira. Há uma diferença notável entre viver segundo os ideais da procura da felicidade e viver na urgência da felicidade.

Ao se aproximar do sonho, resta tentar acordar rápido. De duas maneiras: ou fracassando, ou então restaurando um pai. E qual melhor caminho senão o apelo ao pai antigo? Nem todos podem voltar de onde saíram; e, de qualquer forma, mesmo se alguém voltar, o pai antigo terá de ser reconquistado, pagando-se a ele um tributo real, pois já não é mais o pai simbólico de quem abandonou a sua filiação.

Esse apelo ao pai antigo encontra a sua expressão mais simples nas filas diante dos consulados para pedir nacionalidade e passaporte aos países de origem da linhagem que migrou. A corrida de obstáculos burocráticos desencoraja muitos, que legalmente teriam direito a recuperar a filiação perdida. Aliás, a exigência que é colocada — documentar, provar — ressoa equívoca ao migrante, como o pedido de uma prova de amor, no qual ele carrega o peso da culpa do filho que fugiu de casa. Mas o essencial talvez não seja tanto obter o passaporte, mas manter o sonho de um recurso paterno possível.

Existem escolhas mais coletivas, propriamente nacionais, por exemplo, a dívida externa. Quem sabe, preferíssemos uma dívida simbólica, mas o problema é justamente este: se queremos de volta uma filiação simbólica (ou seja, a nossa dívida simbólica perdida), isso só é possível mediante um tributo real.

E a hesitação prolifera entre a indignação pelo tributo pedido, excessivo e explorador, e a necessidade de pagar mais ainda por ser enfim (filho) reconhecido. É uma posição subjetiva e política desconfortável, como a de Collor, em 1990, quando, ao falar na ONU com a dignidade de presidente de uma grande nação, acabou sendo perguntado sobre quando o Brasil retomaria o pagamento dos juros. E a imprensa nacional fez eco à irrisão com a qual o pai solicitado tratou a pretensão brasileira: ironizou as pretensões do presidente, que parecia não se lembrar das nossas misérias, ou passava do ridículo heroísmo da moratória à ainda mais ridícula vergonha do devedor inadimplente.

A história da formação da dívida poderia revelar curiosa cumplicidade entre uma feroz vontade de exploração por parte dos credores (por que não, se não somos mais filhos de ninguém?) e, no devedor, uma vontade feroz de ser explorado (tanto mais que é pela vontade de explorar que se reconhece um pai possível). A dívida impagável parece assegurar, em suma, um laço indissolúvel com os pais antigos: na falta da dívida simbólica perdida, pelo menos temos uma dívida real impagável e vamos para sempre poder negociar as condições do nosso reconhecimento. Não é uma solução?

Com frequência me deparo com interlocutores brasileiros, mesmo intelectuais, que inserem o país no genérico conjunto das "colônias". Parece propriamente reprimida a diferença radical entre uma colônia de tipo clássico, como as africanas ou asiáticas, onde há uma repartição entre colonizados e colonizadores, e uma colônia americana, sobretudo não andina, onde essa repartição não existe (mais).

Várias vezes tive de lembrar-lhes a evidência de que, aqui, salvo raros índios, não há mais colonizados. Mas parece existir uma paixão — que a história da dívida confirma — de conceber a si mesmo e se apresentar como um colonizado.

Para quem vem do exterior, essa paixão modula o amor e o ódio que o espera no Brasil. Custou para que eu fosse recebido, não como um colonizador, mas como um colono a mais, pois a ocasião era bonita para me amar pelo reconhecimento que podia trazer comigo e para me odiar pelo tributo que supostamente eu iria sem falta cobrar. O ódio, aliás, não implica aqui nenhuma recusa. Ao contrário, era fácil constatar a decepção advinda da descoberta de que eu, eventualmente, não cobrava tributo algum.

Um exemplo entre muitos, escolhido no campo da psicanálise, pode ser interessante. Em uma recente reunião latino-americana de psicanálise (com presença predominante de argentinos e brasileiros), houve intervenções de uma série de psicanalistas franceses de diferentes instituições. Eles estavam interessados na experiência, dificilmente realizável na França, de reunir a comunidade científica lacaniana apesar dos diferentes, e às vezes opostos, quadros instituídos. Eis que se espalha o ruído de que a presença dos colegas franceses ali seria só a expressão da oculta manobra de uma instituição francesa para se apoderar da reunião. O leitor, aliás, perguntará o que pode ser "apoderar-se" de uma reunião. Eu, francamente, não saberia responder. É mais interessante constatar que, em uma situação em que se propõe do exterior uma troca entre pares, surge — camuflado pela projeção — o pedido: "Por favor, apodera-te de mim, me pega". Como se uma linha simbólica de filiação tão desejada só pudesse ser pedida como dominação real.

Não por acaso a América Latina continua sendo o terreno de eleição para quem — continuando no exemplo do campo psicanalítico lacaniano — gosta de impor relações de filiação fundadas na exploração real. No eixo Paris-Brasil, em matéria de psicanálise, verifica-se que propor uma relação de paridade é algo dificilmente praticável, pois o que está sendo pedido é um pai; propor uma relação de filiação é também difícil, pois o pai que está sendo pedido é suspeito por causa do tributo real que ele supostamente deve exigir. Mas, se ele não o exige, será que é um pai? O caminho mais praticável e tranquilo talvez ainda seja realizar as piores suposições e exigir mesmo o tributo mais alto, pois essa exigência sempre encontrará alguma adesão.

A confusão entre filiação simbólica e submissão real — efeito da história e da histeria nacionais — constitui um panorama em que fazer laço, no caso entre analistas, é, por um lado, algo difícil, dada a ausência de um lugar simbólico terceiro, e por outro lado é algo fácil, desde que um "mestre" vindo do exterior imponha um verdadeiro dízimo.

＊

Cada recurso ao pai antigo levanta uma dúvida tanto para o colonizador quanto para o colono: se o nosso sonho de gozo fracassou, será que não ocorreu algum equívoco? Se nós não gozamos, será que o gozo, o único possível, não terá ficado com os que não viajaram?

É assim que surgem, antinômicas às piadas de portugueses, as "piadas de brasileiros". Paulo Nardin, meu amigo alfaiate, me conta um fato real que virou piada, na rua da Praia, em Porto Alegre. Ele estava provando a roupa em um cliente português, quando entrou um amigo — ignaro — e lhe perguntou:

— Paulo, ouviste a última do português?

Paulo, embaraçado, assinalou:

— O senhor x aqui é português.

E o amigo achou uma saída, interrogando o cliente:

— Mas vocês também têm piadas de brasileiro, não é?

O cliente, sem dúvida uma pessoa espirituosa, olhou para ele e perguntou:

— Será que precisa?

A história tem graça por ser, agora, uma piada brasileira.

Mas seria bom acrescentar que, mesmo tendo a piada invertido os lugares, o ideal de gozo parece continuar idêntico. Em outras palavras, suspeitando de que talvez o gozo tenha ficado com o pai antigo, nem por isso se modifica a natureza do gozo do qual se trata. Ou seja, do pai antigo re-procurado se espera, receia-se e se anseia, naturalmente, que goze como o colonizador sonhava gozar, ou seja, explorando. A nostalgia do migrante suscita um novo colonizador que nem precisa viajar; pode e deve, de longe, cobrar o seu tributo.

A questão, dita com outras palavras, é que o colonizador, embora detestado por ter proposto ao colono a escravatura e não uma nação, se constitui como modelo de paternidade. Uma vez que se tenha renunciado ao vínculo simbólico originário, só parece ser possível reconhecer um novo pai pela violência real que, supomos, ele exercerá contra nós.

A mesma violência é uma boa razão para recusá-lo, mas quem recusa a sua cobrança, por escravizante que seja, continua órfão. Pois, de alguma forma, sabe que não levaria a sério um pai que não cobrasse.

Arrivederci

Na sala de jantar da minha casa de Porto Alegre há um porta-retratos com uma fotografia em que Eliana e eu, ambos sorrindo, estamos na frente de um restaurante de Bento Gonçalves cujo nome aparece atrás de nós, em um letreiro: Casa Colonial Felicitá.

A escolha migratória é sempre o efeito de um sonho de felicidade. O sonho de felicidade é banal, a psicanálise não tem cura para isso. O que é menos banal é viajar atrás de um sonho. E, curiosamente, é nas gerações seguintes à viagem que o efeito da escolha migratória se revela.

Nasci na Itália porque meus pais são italianos. O traço identificatório que esse enigmático acidente — ser italiano — me outorga é um imponderável fato do acaso, uma fantasia da cegonha ou um imperscrutável desenho divino. Mas, se eu tivesse um filho no Brasil, tanto ele e seus filhos como os filhos de seus filhos, todos seriam brasileiros por um ato que não constitui um enigma e que se encontra fixado nesse instantâneo na frente da Casa Colonial Felicitá.

Na necessária e contingente italianidade se funda ou não uma razão de ser. Quero dizer, por ter nascido onde nasci, os meus deveres para com a minha filiação são de respeito por (ou desrespeito a) ideais que podem inspirar a minha vida, mas não constituem uma foto em que eu deveria um dia — imobilizando-me — conhecer a satisfação cuja procura daria sentido à minha linhagem inteira. Para meus descendentes eventualmente aqui nascidos, ser brasileiro implicaria a obrigatória esperança de estar um dia no instantâneo impossível, cujo protótipo é o colonizador se espelhando no rio entregue aos cuidados da índia. Não se trata de um princípio inspirador, mas sim do horizonte inicial e final de um sonho perdido.

Se o traço identificatório nacional é um sonho de gozo, como inventar aqui um discurso político que não seja da ordem da promessa, que sempre engana? Como inventar um ideal qualquer que não se sustente necessariamente na disputa pelo acesso ao mortífero e impossível instantâneo?

A pergunta, nada retórica, concerne à vida nacional inteira, desde o apetite infinito por lucro por parte de quem lucra até a escassa solidariedade sindical ou a cômica pretensão de greves remuneradas.

No meu consultório, em cima da minha mesa de trabalho, há uma série de retratos de pessoas de minha família. Sobretudo mortos que eu não conheci. Contemplo neles o enigma do meu nome, o que há de insondável nos caminhos pelos quais foram transportados até chegarem a mim valores que eram deles e eventualmente um destino.

A foto da sala de jantar em Porto Alegre não necessariamente se opõe aos retratos do consultório.

Uma amiga brasileira recebe pelo correio, de um membro desconhecido da sua família, a seguinte carta, que ela me mostra:

Porto Alegre, agosto de 1990.
Caro P. (inicial do sobrenome)
Eu, D. J. P., casado com L. H., funcionário público, residente na rua X, no Y, bairro Z, em Porto Alegre, sou descendente de...

A. P. (pai)
R. D. P. (avô)
G. B. P. (bisavô)
G. B. P. (trisavô)
L. V. P. (tetravô)
T. P. (pentavô)

No momento, estou levando adiante a empreitada de levantar e estabelecer o parentesco de todos os P. no Brasil e no mundo, com vista a escrever um livro da família, de sorte a perpetuar para os nossos descendentes a saga da nossa gente.

Paralelamente, um tio meu, o J. D. P. (rua XX), está empenhado em obter a documentação legal necessária para adoção da dupla nacionalidade (brasileira e italiana). Se tiveres algo nesse sentido, nos ajuda.

Quanto ao livro, o primeiro passo que estou fazendo é levantar todos os P. que conseguir. Na Itália, já estabeleci contato com o R. P., o E. P., a M. P. e a L. P. Moram em Trento.

No Brasil, consta que deram entrada dois imigrantes P., trazendo alguns filhos. Chegaram no ano de 1876. O G. B. P., casado com M. T., com os filhos G. B., L. e. G. (outros filhos nascidos no Brasil: A., Lu., M., Al. e Ar.), tendo ido morar onde hoje é Marcorama (ex-São Marcos), no município de Garibaldi, RS (antigo Conde D'Eu), onde atualmente reside o O. P., filho de L., e que conserva as terras adquiridas na época. O outro P. se chamava C. P. (conhecido também por C. I.), casado com T. F. Trouxe os filhos F., Li, e An. (no Brasil tiveram mais o C., o J., o E., a R., a M., a O. e a L.). Fixou-se no Travessão Hermínia, São Virgílio, na 6ª Légua, município que é um verdadeiro monumento praticamente intacto e que merece ser visto e, principalmente, conservado. O C. I. era filho de B. P. e B. D. L.

Não se tem certeza absoluta, mas tudo indica que o C. e o G. eram primos-irmãos (isso está sendo investigado na Itália).

A empreitada é grande. Sem a colaboração de alguns abnegados, se não for totalmente inviável o projeto, certamente retardará a conclusão.

Por isso, peço a colaboração, no que for possível, para os seguintes detalhes:

a) O formulário anexado dever ser reproduzido e distribuído a cada P. que for encontrado, com orientação de ser preenchido por cada um (não vale fazer uma ficha para vários P. — tem que ser uma para cada um, do mais velho ao mais novo/nenê);

b) Enviar fotos antigas, dos P. mais velhos, as quais, em princípio, servirão para ilustração do livro;

c) Enviar informações ou fatos importantes, a fim de que seja registrado tudo no livro, para isso ficar perpetuado e para conhecimento das futuras gerações P.

Conto com a certeza de que em ti tenho a boa vontade e colaboração. O que está sendo feito não tem nenhum interesse pessoal. É apenas com o sentimento de identificar quem somos e juntar a nossa história, antes que se perca no tempo e para que os que virão depois de nós possam continuar essa obra.

Forte abraço,

D. J. P.

É uma carta de esperança pela qual "brasileiro" poderia ser também uma razão de ser ou pela qual talvez a razão de estar, fundadora, se transforme um dia em uma razão de ser.

A carta me reporta a noites passadas em conversas com Valério Pennacchi em São Paulo, quando eu me hospedava em sua casa — falávamos do "país que não presta", mas sobretudo de uma história, a de sua família, cujas duas pontas, de ambos os lados do oceano, ele mantinha cuidadosamente ligadas — o que me levou a pensar que era possível ser brasileiro.

A alguém que me perguntou um dia: "Então, presta ou não presta?", ocorreu-me responder com uma observação que foi feita pelo psicanalista Octavio Souza. "Este país não presta" talvez seja uma frase relacionada a um equívoco, como quando, ao tentarmos seduzir uma mulher que se mostra indiferente às nossas propostas, nós reagimos à desfeita protestando meio indignados meio afetuosamente: "Você não presta" (subtexto: "mas eu a quero").

Brasil, país do futuro de quem?

Há uma famosa réplica atribuída ao general Charles de Gaulle. Alguém lhe fez notar:

— *Mais, mon général, le Brésil c'est le pays du futur!*

E ele teria respondido:

— *Oui, et il le sera pour longtemps.*[1]

"Futuro" é uma daquelas palavras que os linguistas chamam *shifters*, mutantes, pois elas designam um referente sempre relativo ao sujeito que fala. Desse ponto de vista, ser cada dia o país do futuro é um pouco constrangedor, pois é a mesma coisa que ser — para sempre — um sonho. De quem, então?

A expressão "Brasil, país do futuro" foi consagrada em um livro famoso de Stefan Zweig. Isso não é de bom auspício para o europeu que se aventura a interrogá-la, pois Zweig, como se sabe, pagou caro pela descoberta de que o futuro em questão talvez fosse a mesma sinistra "utopia" europeia da qual ele havia fugido.

---

1. — Mas, meu general, o Brasil é o país do futuro!
— Sim, e assim permanecerá por muito tempo.

*

Amigos europeus, há quase três anos vivo na cabeça de vocês. E, por ser eu mesmo irrevogavelmente europeu, também vivo na minha própria.

É uma maneira de dizer que vivo na América e mais especialmente no Brasil. A viagem ao Brasil é, para um europeu — ele acaba se dando conta disso mais cedo ou mais tarde —, uma viagem *intrapsíquica*.

A observação não é nova. Já Octavio Paz, em um texto maravilhoso que se chama "Literatura de fundação", escrito justamente em Paris e datado de 1961,[2] notava que a realidade americana é uma utopia. Ele escreveu:

> Antes de ter existência histórica própria, começamos por ser uma ideia europeia. Não é possível entender-nos se se esquece que somos um capítulo da história das utopias europeias. [...] A Europa é o fruto, de certo modo involuntário, da história europeia, enquanto nós somos a sua criação premeditada. [...] Na Europa, a realidade precedeu o nome. A América, pelo contrário, começou por ser uma ideia. Vitória do nominalismo: o nome engendrou a realidade. O continente americano ainda não havia sido inteiramente descoberto e já fora batizado. [...] Terra de eleição do futuro: antes de ser, a América já sabia como iria ser. [...] Durante mais de três séculos a palavra "americano" designou um homem que não se definia pelo que fizera e sim pelo que faria.[3]

Por que e como o Brasil seria um capítulo da história das utopias europeias, e qual capítulo? Por que e como o nosso destino aqui seria aquele — necessariamente incerto — das esperanças da Europa?

2. Octavio Paz, "Literatura de fundação". Em: *Signos em rotação*. São Paulo: Perspectiva, 1990, pp. 125-31.

3. Idem, p. 127.

IMPRESSÕES

Tenho a impressão constante de viver em um vasto teatro onde a suspensão atemporal de um eterno futuro permitiria que marquem encontro as utopias de todos os tempos.

Por exemplo, só aqui, no Brasil, no sertão baiano do século 19, em Canudos, puderam se encontrar em campo aberto, e por cima dos séculos que deveriam separá-las, a utopia sebastianista e a utopia positivista comtiana. Mario Vargas Llosa (retomando Euclides da Cunha) tem razão de chamar esse encontro *A guerra do fim do mundo*. É o fim temporal do mundo, a parada do tempo — que é normal no teatro caleidoscópico dos sonhos futuros, que vivem justamente numa suspensão do tempo. É o lugar perdido, *Finis terrae* dos latinos. E também o "fim do mundo" é algo insuperável, extremo no registro do bom, do agradável, do gozo.

A impressão se confirma considerando os avatares políticos e econômicos do país. Tudo acontece como se a história fosse uma sucessão descontínua de adoções de fórmulas importadas — keynesiana, monetarista, neofisiologista... A ideia de uma possível inércia da vida econômica, que possa ser suavemente administrada, é impraticável. Mesmo a escolha mais ortodoxa em economia é, nesse contexto, uma intervenção heterodoxa.

Como as crianças, cujos ideais nunca são os pais, mas os ideais dos pais, da mesma forma precisamos de utopias europeias para viver e talvez também para confortar a Europa, assegurá-la de que a realização de suas utopias só seria pesadelo. Mas, agora que os europeus não parecem conseguir sonhar com um futuro diferente do presente que estão vivendo, estamos aqui um pouco atrapalhados. Desde que a utopia na Europa desmoronou em uma razoável aceitação da insatisfação neoliberal, não podemos mais viver a nossa realidade como uma corrida atrás de pipas coloridas. Estamos reduzidos a tentar realizar mesmo um capitalismo moderno, que é ao mesmo tempo o presente e a utopia europeus. Pois essa utopia — por cinza que pareça e talvez por ser um pouco cinza — se realizou na Europa. Realizá-la é, claro, muito mais complicado do que continuar perseguindo aspirações impossíveis; pois, forçosamente, abandonando a cena teatral, encontramos as maiores dificuldades. Em termos pobres, falta a vontade de uma política de repartição das rendas, abunda a corrupção etc.; em termos mais simples e corretos, resiste à realização "o apetite do ganho do lucro", que Max Weber notava ser algo incompatível com o espírito do capitalismo.

Essa eterna, endêmica resistência talvez tenha uma explicação ligada ao próprio nascimento utópico do Brasil. Por isso volto a colocar a pergunta: de qual utopia europeia somos primeiramente filhos?

Para o homem ocidental, de tradição tanto cristã como celta, assim como para o antigo pagão, o paraíso terrestre, o Éden, é um lugar concreto, físico, e a sua posição no mapa (incompleto) do mundo é uma questão propriamente geográfica. As indicações bíblicas (posição pela banda do Oriente, os quatro rios que aí se originam etc.) animam uma verdadeira exegese topográfica. E uma das indicações mais conhecidas (levantada por São Tomás) sugere que deve se situar abaixo da linha equatorial...

Vale a pena reler um livro capital para a história cultural do Brasil, *Visão do paraíso*, de Sérgio Buarque de Holanda,[4] para constatar a extraordinária certeza que se firma desde os primeiríssimos escritos da Descoberta, desde o diário de Cristóvão Colombo, até o século 18 avançado, de que a América, dita hoje do Sul, e mais particularmente o Brasil, são os melhores candidatos à terra do Éden.

---

4. Sérgio Buarque de Holanda, *Visão do paraíso*. 4. ed. São Paulo: Companhia Editora Nacional, 1985.

Os *topoi* descritivos repetem incansavelmente os argumentos que fazem do Brasil, se não o Éden, pelo menos a terra que o conteria no seu seio. O clima tropical (nem frio nem calor, segundo a descrição bíblica), a nudez dos índios (que não conhecem vergonha), os papagaios (que por poderem falar certamente atravessaram em fuga a cerca edênica), a generosidade da terra etc.; *topoi* que continuaram e continuam, aliás, agindo no imaginário brasileiro.

A ideia, por exemplo, de uma terra onde tudo cresce espontaneamente — e, portanto, que não precisa do duro trabalho do arado — é provavelmente um resquício de mito edênico que contou bastante na resistência ao uso efetivo do arado na exploração do campo brasileiro[5] e na confirmação da escolha de uma agricultura extrativista. Ainda cantamos: "Não existe pecado do lado de baixo do equador...", ideia fundada em uma razão propriamente teológica, pois o Éden é um lugar desprovido de pecado. Da mesma forma, a esperança depositada no Planalto Central e em Brasília como espaço da eterna sobrevivência depois de toda catástrofe futura — visão que ocorreu a místicos como dom Bosco — talvez seja filha da ideia de que esta seria a única terra que sobreviveu ao Dilúvio (como o Éden).

A nova certeza de que o Éden tinha sido encontrado (ou pelo menos tinha sido encontrada a terra no meio da qual o Éden estaria situado) produziu uma proliferação de ilustrações e demonstrações. E pouco importa que cada mito tenha sua justificativa. Pode-se deduzir que o mito da longevidade dos nativos fosse efeito de um erro na tradução da contabilidade dos anos. Pode-se também deduzir que o efeito milagrosamente curativo dos ares brasileiros nada fosse senão o efeito mágico, para os escorbúticos navegantes, da ingestão das frutas frescas aqui encontradas após

5. Idem, *Raízes do Brasil.* 12. ed. Rio de Janeiro: José Olympio Editora, 1991, p. 20.

uma longa viagem. Resta, sobretudo, o esforço narrativo para fazer da nova terra o Éden desde sempre procurado. Basta lembrar que o maracujá encontrou naquela época o seu nome francês (*fruit de la passion*), pois a sua flor parecia reproduzir instrumentos da paixão de Cristo — "prova" evidente de que este, e não a vil maçã, seria o próprio fruto da árvore do bem e do mal. O mesmo destino mereceu durante um tempo o abacaxi, aliás graças à coroa que parece entronizá-lo como rei dos frutos.

Em suma, parece que a América do Sul, e mais propriamente o Brasil, quando descobertos, vieram preencher um espaço desde sempre aberto na cultura ocidental: o espaço reservado à nostalgia de um gozo supostamente perdido (observação, aliás, que poderia ser de alguma utilidade para entender a mistura de fascinação e desconfiança que aguarda o brasileiro que "retorne" hoje a Portugal... Ele volta de onde, exatamente?).

Em *Histoire de Lynx*,[6] Claude Lévi-Strauss mostra como a chegada dos brancos estava já prevista desde sempre, estruturalmente, nas grandes culturas indígenas — previsão que, como se sabe, facilitou muito o sucesso da "conquista". Lévi-Strauss cita observação de Lucien Febvre, que nota o eco relativamente escasso que teve no Ocidente esse fato tão extraordinário, e que transformaria de forma radical o mundo do homem moderno, que foi a descoberta das Américas.

É certo que a publicação e a difusão dos relatos de viagem se fizeram com certa lentidão. Mas, se tomamos uma das primeiras e das melhores reflexões ocidentais sobre a descoberta, a de Montaigne[7] — sobre a qual justamente Lévi-Strauss se debruça —, encontraremos a observação de que os selvagens —

---

6. Ver: Claude Lévi-Strauss, *Histoire de Lynx*. Paris: Plon, 1991.

7. Ver: Michael de Montaigne, *Essais*. Em particular "Des cannibales" e "Apologie de Raimond Sébond".

pelo que se sabe —, embora canibais, não são piores do que nós[8] e talvez sejam mesmo mais razoáveis do que nós — ideia que encontrará um sucesso certo. Montaigne se revela, como sempre, um homem de grande tolerância, mas, sobretudo, ele parece lançar a ideia de que os ocidentais europeus teriam encontrado na América nada mais do que certa imagem deles mesmos, idealizados, nostalgicamente não corrompidos pelos malefícios do sintoma civilizador. Ou seja, certa imagem da Idade de Ouro, o nosso próprio fantasma de um passado perdido em que teríamos sido felizes "por natureza". Nada de extraordinário nisso: cada cultura parece produzir necessariamente uma imagem fantasmástica da "natureza" que ela perdeu por ser cultura. Lévi-Strauss poderia ter observado, então, que os índios da América, quando foram descobertos, já eram nosso sonho mais íntimo desde sempre, o que talvez explique o pouco estranhamento ocorrido no momento da descoberta.

Não só a cultura dos índios continha a espera dos seus futuros colonizadores, mas também a dos colonizadores trazia um sonho edênico pronto para ser ocupado pelos "selvagens". Estes, aparentemente tão outros, para os descobridores talvez correspondam ao mais íntimo de seus sonhos.

Em suma, se o conquistador já estava na cultura indígena antes de sua chegada à América, o índio também já estava na cultura europeia antes da "conquista".

É notável que, desde meados do século 16, nas descrições da nova terra, a elegia paradisíaca encontre um contraponto demoníaco regular. Certamente não havia —- nem há — terra

---

8. Vale lembrar que as tentativas colonizadoras francesas na América no século 16 foram obra de cristãos reformados. Não devia ser difícil para estes considerar que os índios não eram muito mais canibais do que os católicos na Eucaristia. Sobre essas questões, ver: F. Lestringant, *Le Huguenot et le sauvage*. Paris: Klincksieck, 1990.

no mundo que pudesse responder a tamanha espera. A realidade da colonização devia ser pouco edênica, e os índios nem sempre gentis, mas a decepção parece mais estruturalmente inevitável: como ela não espreitaria quem pede nada menos do que o Paraíso? Para este, o desmentido do sonho é necessariamente a revelação do Inferno; inferno das condições reais e inferno de sua ilegitimidade em um paraíso tamanho. Por esse caminho, aliás, a decepção vem se inscrever como um traço eterno de resignação na alma brasileira: ela comporta uma dose de gozo do horror, como se este fosse merecido por quem tentou forçar as portas do Éden: uma espécie de culpa deliciosa relativa à *hybris* da conquista edênica.[9]

BRASIL

O Brasil foi especialmente a terra do Éden reencontrado. Por razões climáticas, por sua fauna (o Brasil se chamou Terra dos Papagaios — de novo a corrida atrás das pipas — durante um tempo), por sua flora e também talvez por uma curiosa conjuntura significante.

Consultando-se a *Géographie du Moyen-Âge*, de Lelewel,[10] descobre-se que o Brasil existia bem antes de ser descoberto. Pois há pelo menos dois mapas bem anteriores à descoberta que apresentam, no meio do Atlântico Norte, uma Ilha do *Bracile*, ou

---

9. Diferente é a posição dos verdadeiros antiamericanistas. Os homens da Ilustração — Buffon e Hegel à frente — só podiam considerar com desconfiança a aventura americana. Para quem aposta na cultura como definitória do humano, a terra americana só podia aparecer, sem saudade, como um resquício subdesenvolvido.

10. J. Lelewel, *Géographie du Moyen-Âge*. Bruxelas: Pilliet, 1852. Existe hoje um fac-símile da edição de 1923 publicado pela Ulan Press.

Bracir. Nada de premonitório. Também, sem dúvida, nenhuma influência filológica dessa precocíssima nominação do futuro nome da nação. Sabemos que este vem de *brasile*, que desde o século 10 significava, em italiano, a cor extraída da planta homônima. A origem das curiosas nominações de uma terra fantasmática no Atlântico é certamente a lenda de *Navigatio Sancti Brendani*, cujas numerosas versões proliferaram na Europa também desde o século 10. A lenda (celta) do santo viajante narra a sua descoberta das ilhas afortunadas e acontece que, em língua celta, *Hy Bressail* ou "O Brasil" significa exatamente "ilhas afortunadas", como pode confirmar ainda qualquer irlandês. A ilha só desapareceria propriamente da cartografia ocidental meio século depois da descoberta de Cabral.[11]

No que concerne ao Brasil, que foi duplamente nomeado antes de ser descoberto, Octavio Paz não poderia estar mais certo. A coincidência de ilha afortunada e de um produto de exploração produz, a meu ver, uma fantástica condensação do destino especificamente brasileiro.

O destino da América espanhola foi diferente e, nele, o peso do mito edênico é menor. Sabe-se que a diferença básica entre as duas colonizações é que a hispânica fez imediatamente um esforço de penetração para dentro do território, ao passo que a portuguesa se deu sobretudo no litoral (por isso, aliás, com poucas exceções — como Buenos Aires e Montevidéu — as grandes capitais hispano-americanas não são cidades marítimas). Ou seja, a colonização espanhola foi um esforço de se estabelecer, de fazer a conquista vingar, enquanto a lusitana foi extrativista

---

11. A autenticidade de pelo menos um desses mapas já citados por Sérgio Buarque de Holanda (*Visão do paraíso*, op. cit., pp. 167-8) é hoje discutida; mas isso não compromete a observação de Buarque de Holanda, que retomamos. Sobre essa questão, ver também: G. Barroso, *O Brasil na lenda e na cartografia antiga*. São Paulo: Editora Nacional, 1941.

e, portanto, temporária. Por isso, os espanhóis foram construtores de cidades, o que não ocorreu com os portugueses nos primeiros séculos (pense-se no atraso na fundação de universidades e na criação de oficinas gráficas). O Tratado de Tordesilhas parece confirmar a diferença das vontades colonizadoras, como se, para os colonizadores do Brasil, fosse necessário que a terra permanecesse edênica, portanto selvagem (*selvaticus* vem de *silva* e se opõe naturalmente a *cives*, cidadão).[12]

Essa opção extrativista, que ao mesmo tempo parece saquear e não querer transformar o Éden, pode ter contado na escolha de maciça importação de mão de obra escrava africana. Em alguma medida, precisou preservar o índio. O que demonstra, aliás, *a posteriori*, a sua constante idealização: sua nobre preguiça e sua intolerância à escravidão fazem dele justamente um espelho ideal do fidalgo português.

Mas enfim — poder-se-ia perguntar — por que o colonizador não teria propriamente conquistado o Éden? Por que decidiria aí se estabelecer e gozar para sempre do Paraíso?

Não entendo: encontro ou percebo uma versão frequente do lema brasileiro "este país não presta",[13] na qual o acordo espontâneo sobre a catástrofe nacional é acompanhado imediatamente de uma reflexão: "E pensar que esta terra tem tudo para

---

12. Naturalmente, ver: Sérgio Buarque de Holanda, *Raízes do Brasil*, op. cit., pp. 62 ss. Ver também: Pierre Chaunu, *Conquête et exploitation des nouveaux mondes* (Paris: PUF, 1969) — no que diz respeito à especificidade da "conquista". Nota-se, tanto no livro de Chaunu como na obra de Lestringant (cit. supra), a importância, no século 16, da contraposição entre colonização hispânica e lusitana e o elogio desta última (sobretudo em *Les Trois Mondes*, de La Popelinière, de 1582, mas existe edição fac-similar de Droz e de Reink) por preservar, aparentemente, a cultura índia. Não é por acaso que o próprio mito do bom selvagem veio se constituindo na cultura francesa (além de Montaigne, ver: Ronsard, *La Complainte contre fortune*) com base nos relatos dos colonizadores reformados, fiéis ao modelo lusitano.

13. Ver, neste livro, o capítulo "Este país não presta", pp. 47-57.

dar certo...", e aí vai a enumeração da incrível generosidade da natureza brasileira. A contradição se coloca entre, de um lado, o país, a nação, a cidadania impossível e, de outro, uma terra que não poderia ser melhor, que é o "fim do mundo". Certo, se o Éden existisse e se o tivéssemos encontrado, voltar a ele contradiria o mandato divino da expulsão do paraíso. Só estaríamos autorizados por uma graça extraordinária que estamos longe de merecer e, pior ainda, que desmerecemos justamente por termos voltado abusivamente para o paraíso do qual fomos expulsos. Em toda a literatura que me foi dado consultar, de primeira ou segunda mão, e que tenta justificar a coincidência do Éden e do Brasil, formula-se uma série de hipóteses para, por exemplo, reconhecer na topografia americana o lugar de origem dos quatro rios do paraíso terrestre. Mas sempre há um ponto do texto bíblico que incomoda: está claramente dito no Gênesis que o paraíso terrestre se situa pela banda do Oriente. Não encontrei nenhuma explicação satisfatória da posição inegavelmente ocidental do Brasil e da América em geral (ocidental em relação à Europa, claro). É curioso, pois, que desde o começo os navegadores estivessem convencidos de ter chegado às Índias, em suma, de ter dado a volta. Mesmo a partir de meados do século 16, quando ficou claro que as terras descobertas não eram as Índias e sim um novo continente, de qualquer forma todos sabiam que — pela banda do Ocidente — de fato se tinha chegado ao Extremo Oriente. Essa simples justificação, que não devia escapar a ninguém, parece ser silenciada de modo sistemático, quando, na verdade, ela teria perfeitamente respondido às exigências topográficas do Gênesis, que situava o paraíso terrestre do lado do Oriente.

Talvez não se pudesse admitir que, se tínhamos reencontrado o paraíso terrestre ou pelo menos a terra que o continha, isso havia acontecido traiçoeiramente, pela porta de trás (ou seja, saindo da Europa pelo lado do Ocidente).

Se penetramos no Éden, foi como ladrões de frutas. Sérgio Buarque de Holanda, em *Raízes do Brasil*, define a posição do colonizador brasileiro com as palavras "colher o fruto sem plantar a árvore", situando assim sua tipologia psicológica. Talvez essa tipologia se origine também no que acabo de lembrar: tal como um ladrão sorrateiro na horta divina, o colonizador não só não planta árvores como guarda um pé perto da grade, à beira do oceano, para fugir rapidamente caso algum anjo guardião se apresente.

Como construir, então, um direito de presença que não seja só predatório?[14] E como, na ilegitimidade de nossa presença, inventar um convívio que não seja só feito de duvidosas tréguas entre predadores avulsos?

Difícil, com efeito, imaginar como, estando todos numa relação predatória com a terra, se pode encontrar uma mediação simbólica que permita reconhecer, nos outros, semelhantes. A luta entre predadores só pode produzir uma classe dirigente que não se reconhece no destino que ela impõe àqueles cujos corpos explora para roubar alguns frutos a mais na horta divina.

AMERICANOS

Um amigo querido que vive — emigrado — em Boston (EUA) me contou pouco tempo atrás uma piada, pelo que sei criada localmente. George Bush, Boris Ieltsin e Itamar Franco conseguem

---

14. É oportuno lembrar que, se a colonização lusitana, por um lado, causava admiração em La Popelinière (cf. nota 12), por outro, não parecia fundar um autêntico direito sobre as terras. As observações de Hugo Grotius, embora interesseiras, por ser ele holandês, contra o direito de Portugal sobre as terras por ele descobertas, mas não propriamente "conquistadas", são notáveis do ponto de vista que nos interessa aqui. Ver: Sérgio Buarque de Holanda, *Visão do paraíso*, op. cit., p. 310.

uma audiência especial com Deus para pedir conselhos sobre a difícil situação de seus respectivos países. Bush entra primeiro, naturalmente, e, após ter exposto a conjuntura dos Estados Unidos, recebe a seguinte resposta: "Os problemas de seu país vão se resolver, talvez não seja durante a sua gestão, mas certamente na seguinte". Ele sai preocupado com o seu futuro político, mas tranquilo no que concerne ao futuro do seu país. Ieltsin também recebe uma resposta problemática: "Os problemas do seu país vão se resolver, mas não será durante a sua gestão nem na seguinte, talvez depois". Chega então a vez de Itamar. Ele expõe longamente a conjuntura brasileira a Deus, que responde ao presidente: "Sem dúvida os problemas de seu país vão se resolver, mas não será durante a minha gestão, talvez na seguinte...".

Acontece também de os brasileiros, bem como todos os originários da América Central e do Sul, se irritarem por terem perdido até o nome que foi dado ao seu continente. Do ponto de vista da pertinência semântica, um sertanejo baiano é tão americano quanto um habitante da esquina da avenida Lexington com a rua 24, em Nova York. Mas é também evidente que só um natural dos Estados Unidos, ao ser indagado sobre de onde ele é, responderia com um inequívoco "sou americano". Os outros são brasileiros, mexicanos, argentinos, cubanos ou mesmo canadenses (o Canadá deve pagar aqui o preço de sua dependência). É um privilégio dos naturais dos Estados Unidos (ia escrever dos americanos, naturalmente) serem os únicos americanos. Por que será que o significante "América" ficou inexoravelmente com os Estados Unidos? Por que não terá sido possível se apropriar em alguma medida desse novo continente? Pois é disto que se trata: o continente é tão pouco nosso que nem conseguimos aqui ser dele (ser "americanos"), muito embora a colonização no sul anteceda bastante a do norte.

Existe uma considerável quantidade de respostas.[15] Talvez uma das razões desse fracasso seja a mesma que nos condena à *commedia dell'arte* das utopias europeias: se só temos futuro e nenhum presente, não será porque não conseguimos fazer desta terra utópica a nossa morada, não futura, mas presente? A América do Norte, a começar por razões banalmente climáticas, não se confundiu nunca com a milagrosa terra edênica. Mas, além disso, a reflexão dos pais peregrinos sempre consistiu em achar que o país selvagem só poderia vir a ser um Éden à força de trabalho, ou seja, que fazer da América um Éden dependia da obra do colonizador, do seu esforço para merecer o paraíso que se construiria. Não é de estranhar que isso prometa um futuro diferente ou melhor, que possa transformar a terra do futuro em um presente.[16]

15. Ou melhor: uma resposta sobredeterminada. Sabemos, por exemplo, que faltou aqui uma história que fundasse a nação brasileira. Como nota o brilhante ensaio de Eduardo Diatahy B. de Menezes "'Que país é este?!' Uma pergunta à cata de resposta" (*Revista USP*, n. 12, 1991/1992), conseguiu-se inventar um adjetivo nacional ("brasileiro") moldado sobre as qualificações operacionais (carpinteiro etc.) e não sobre as qualificações nacionais (teria sido brasiliense, brasiliano, brasilês...). Devo a Octavio Souza uma discussão sobre o "Acalanto do seringueiro": "Fomos nós dois que botamos para fora d. Pedro II, somos nós dois que devemos até os olhos da cara para esses banqueiros de Londres...". Mario de Andrade, procurando uma "razão" nacional, acaba inventando uma, pois justamente não houve um "nós" para botar para fora d. Pedro II. Mas, à falta do que ele chamaria de uma "contingência de defesa", será que é só um acidente da história que desfavoreceu o Brasil? Acontece que a constituição ativa de uma nação talvez fosse uma condição mínima para, além de "pertencer" a ela, também "pertencer" ao continente americano.

16. Que a colonização norte-americana fosse desde o início a aventura de marginais e excluídos certamente contou para que estes construíssem para si uma pátria. E a nossa, inicialmente de pequena nobreza e gente de posse, contribuiu para que a presença aqui não passasse de um empreendimento pirata. O livro de George Williams *Wilderness and Paradise in Christian Thought* (indicado por Sérgio Buarque de Holanda) é muito instrutivo desse ponto de vista. Ele dá uma nova dimensão às reflexões habituais sobre o protestantismo, o clima diferente e os efeitos de uma colonização de excluídos

Por um lado, constituíram-se os "americanos"; por outro, o pseudodireito de gozar de um ilegítimo berço esplêndido. Duas imagens do século decisivo para a constituição das nações, o século 19: a primeira é a de James Monroe inventando e impondo a doutrina "América para os americanos" (extraordinário achado semântico, em que a América é todo o continente e os americanos são só os naturais dos Estados Unidos); a segunda é de José de Alencar, cerca de quarenta anos depois, fazendo do mesmo significante de que Monroe se apropriara o sinistro e conhecido anagrama: Iracema. De um lado, um nome que reunia uma nação na afirmação de suas pretensões sobre o continente inteiro; de outro, ainda o mito de um gozo, a promessa de um corpo feminino que é puro sonho, a improvável índia dos lábios de mel.

CONCLUSÃO

O Éden é uma imagem, largamente transcultural, de uma felicidade de antes de nossa própria divisão subjetiva, de antes de nossa história de sujeitos, de antes da história humana. A sua realidade, inegável, é psíquica. É a mesma daquilo que, na psicanálise, chamamos de "eu ideal" — esse tempo fusional que nunca existiu, mas em relação ao qual vivemos como órfãos e com o qual alimentamos os fantasmas do nosso futuro, sobretudo do futuro que sempre permanecerá futuro. O nosso sonho de felicidade se alimenta dele, mas é também ele que nos condena às delícias da inação: deitados, os olhos vidrados, quem sabe

---

→ (como "causas" do que diferencia a América do Norte), justamente insistindo na especificidade da vivência edênica na colonização norte-americana (um Éden para ser conquistado, nada oferecido).

fumando, entrevemos e fantasiamos felicidades imaginárias que demonstram a nossa miséria presente. Uma das maiores dificuldades dos sujeitos humanos é certamente desistir do consolo e da tristeza dessa falsa e sinistra imagem de um passado feliz. Pois é esta a condição para que os atos se tornem possíveis: a ação busca inspiração, com efeito, do lado dos ideais do eu, que são de uma ordem bem outra. Esses ideais do eu não comportam nenhuma nostalgia nem promessa de gozo — no melhor dos casos, se nos prometem algo, é podermos exercer o nosso desejo.

Habitamos, no Brasil, uma região psíquica, uma região da mente europeia. Nosso pretenso exotismo carnavalesco e festeiro talvez seja também a representação forçada da paradisíaca felicidade que se espera de qualquer habitante do Éden. A malandragem, como se diz, "faz parte", pois, na mascarada de nossa felicidade, não poderíamos deixar de ser predadores assumidos e — se possível — sem culpa: estamos aqui para manter a ficção de que seria possível gozar do proibido.

Preenchemos perfeitamente essa originária função psíquica, pois mesmo os nossos males e as nossas queixas são verdadeira música para os ouvidos europeus. Com efeito, o Paraíso deve também ser Inferno: para o bom equilíbrio da mente europeia, da qual participamos, seria insuportável que o Brasil fosse o êxito de um gozo proibido. É necessário que crianças abandonadas chorem, ladrões armados espreitem, governos bandidos neguem serviços básicos. É necessário esse pano de fundo para que se cultive a imagem de corpos que se exibem em um baile de Carnaval e praias ensolaradas com místicos e eróticos batuques. Sem esse pano de fundo miserável, quem aguentaria a sedução do Éden?

Os ladrões da horta divina devem também ser os coitados que pagam o preço da ousadia de ter sonhado com um gozo proibido.

Somos então o país do futuro da Europa, por sermos os filhos de seu sonho mais antigo, mais íntimo e mais impossível.

O engraçado é que poderíamos vir a ser o país do futuro da Europa também em outro sentido. Seria suficiente, por exemplo, que a sedução dos objetos de consumo na economia de mercado conseguisse (se é que ainda não conseguiu) universalizar o sonho de gozo como nossa única razão de ser. De repente poderíamos, de sonho nostálgico, nos tornar pesadelo premonitório: o lugar onde, para o bem ou para o mal, só importa gozar. Mas isso...

Notas sobre migrações[1]

1.

Há algo de estranho e irritante na maioria das pesquisas gerais sobre migrações:[2] elas parecem incluir praticamente tudo na mesma categoria. Deslocamentos antigos de populações inteiras por terras desertas, invasões, criação de comunidades

1. Este texto é composto de notas selecionadas e editadas de duas fontes: o rascunho do capítulo "Migrações", de um livro eternamente em preparação sobre o individualismo contemporâneo, e o trabalho preparatório para um seminário de graduação sobre os efeitos psicológicos das migrações, ministrado na primavera de 1996 no departamento de antropologia da Universidade da Califórnia em Berkeley. O seminário foi considerado, no programa da universidade, um tópico de antropologia médica, o que ele efetivamente era — como constatará o leitor —, pois tinha como objetivo ser uma espécie de introdução à discussão sobre o uso (e o abuso?) dos benefícios médicos e sociais por parte das populações migrantes nos EUA. Minha intenção aqui não é apresentar conclusões, mas indicar as pistas que sigo em meu trabalho atual. Também muitos dos meus comentários se baseiam em contatos extensos, mas informais, com imigrantes brasileiros e hispânicos nos Estados Unidos. Vale mencionar que grandes porções deste texto (em especial a última seção) foram apresentadas em uma palestra para a Hispano-Network, em Lawrence, Massachusetts, em abril de 1997. Para minha surpresa e alívio, ela não produziu nenhuma indignação no público (em grande parte de imigrantes). Ao contrário.

2. A última delas: Thomas Sowell, *Migrations and Culture: A World View*. Nova York: BasicBooks, 1996.

encapsuladas dentro de outras, deportações em massa e, por fim, todo tipo de assentamentos colonizadores — todos esses fenômenos seriam "migrações", como se Gengis Khan fosse o irmão mais velho de Cortez e os hispânicos *wetbacks*[3] que hoje atravessam o rio Grande a nado tivessem alguma relação com os indianos que se mudam para as Ilhas Fiji.

Para introduzir uma primeira distinção, eu prefiro falar de migrações apenas na modernidade. As migrações hoje são um fenômeno notavelmente diferente de qualquer conquista ou de exílio passados, porque elas sempre, inevitavelmente, pressupõem em algum grau a existência e, em última instância, o sucesso da cultura ocidental, ou seja, de uma cultura que valoriza o indivíduo e afirma a universalidade da espécie humana.

A expansão globalizada desse pano de fundo cultural modifica significativamente o sentido e a orientação psicológica de qualquer movimentação geográfica de pessoas ou populações.

Mudar de país ou de idioma tornou-se uma aventura nova e diferente desde que a cultura ocidental moderna promoveu progressivamente a ideia de que os humanos devem ser definidos como indivíduos em vez de membros de uma comunidade. Para além da relevância das diferenças culturais e sociais, presume-se, portanto, que um país anfitrião moderno irá, se não assimilar, ao menos garantir ideal e legalmente a perspectiva de cidadania total ao recém-chegado. O imigrante ou a imigrante — por mais diversos que possam ser ao desembarcar do navio ou do avião — têm uma razão para acreditar que ele ou ela possam de algum modo se integrar à cultura para a qual estão se mudando, basicamente apenas porque sua humanidade é, ao cabo, o único requisito.

---

3. Termo depreciativo utilizado nos Estados Unidos para imigrantes ilegais, em especial mexicanos.

As migrações, nesse sentido moderno específico, acontecem apenas de uma cultura individualista para outra cultura individualista ou de uma cultura tradicional para uma individualista. Em termos atenuados — porque o individualismo e o holismo tradicionalista são conceitos ou modelos, e não entidades perfeitas —, nós podemos definir as migrações modernas como viagens em direção a (mais) individualismo.

2.

Há, é claro, exceções à nossa definição restrita das migrações modernas. Em outras palavras, nem todos os movimentos contemporâneos de pessoas e populações são migrações no sentido restrito das migrações modernas.

Às vezes as pessoas e as populações são levadas a todo tipo de exílio em culturas nas quais a ideia de humanidade compartilhada para além das diferenças está fora de questão. As pessoas também se mudam de um ambiente tradicional para outro em que é provável que elas sejam párias, ou, ao menos, constituam inevitavelmente uma comunidade separada (os coreanos no Japão, por exemplo). Comunidades segregadas de "imigrantes" (uso impróprio) com frequência preservam ciosamente as tradições do país original e, de alguma forma, adquirem um novo orgulho de pertencer à etnia de um país de origem onde, na época da migração, os migrantes podiam se sentir socialmente marginais e insignificantes. Por exemplo, se, por um lado, a condição de imigrante coreano no Japão anuncia a exclusão do ponto de vista da sociedade japonesa, por outro, na comunidade coreana segregada, ser coreano pode representar um valor que o migrante havia perdido totalmente em casa.

De modo mais específico, as pessoas com frequência se mudam de um ambiente tradicional para outro também tradicional como refugiados da modernidade ocidental em expansão. A ocidentalização progressiva de comunidades tradicionais, em geral, afeta de imediato as classes mais baixas da hierarquia social. As elites continuam a se beneficiar — às vezes ao longo de décadas ou mesmo séculos — de uma sanção dupla de seu status: são elites por causa de sua riqueza e seu reconhecimento (em uma perspectiva moderna e individualista) e continuam a ser elites (em uma perspectiva tradicionalista) ao aproveitar seus privilégios de "casta" superior. O estrato mais baixo, ao contrário, perde rapidamente — no processo de ocidentalização — a pequena importância social que lhe era conferida pelo ambiente tradicional. Assim, as classes mais baixas encaram a dura tarefa de jogar o jogo ocidental da mobilidade social em uma situação de inferioridade, em uma sociedade ainda regulada por fortes hierarquias tradicionais que obstruem sua ascensão. Não é de admirar que as pessoas nessas condições possam escolher a reconstrução e consolidação de seu ambiente tradicional perdido, segregando-o em um contexto tradicional estrangeiro.

Nesses movimentos de uma comunidade tradicional para outra, onde os que se movem serão inevitavelmente segregados ou encapsulados, a necessidade pode, de maneira precipitada, aparecer como um fator primário.

Além disso, a decisão de integrar uma comunidade encapsulada em um país moderno anfitrião responde a uma nostalgia comunitária e é, com frequência, reativa — em poucas palavras, é uma espécie de resistência contra a transformação em "párias", em derrotados do individualismo. Quem recria sua comunidade de origem em uma cápsula da sociedade para a qual migrou (mesmo que se trate de uma espécie de gueto) pode ser um desfavorecido ou até um excluído no quadro da nova sociedade, mas, na cápsula, ele mantém seu valor social, geralmente superior, aliás, ao que ele tinha no quadro social tradicional de onde migrou.

Por outro lado, a viagem especificamente oposta às migrações — do individualismo para uma sociedade tradicional — é, em geral, esporádica. Ela é muitas vezes reservada ao turismo estendido no tempo ou à curiosidade antropológica, quando não constitui uma forma de conversão (como era, na década de 1960, mudar-se para a Índia e o Nepal), ou mesmo, com menor frequência, uma fantasia sexual que erotiza as relações interpessoais em um ambiente estritamente tradicional (sonhar em se mudar para um harém árabe ou em ser vendido em um mercado de escravos).

Outro — e mais significativo — caso de movimento do individualismo para o holismo tradicionalista ocorre quando a classe média frustrada deixa seu ambiente individualista em busca de uma forma de poder menos precária que aquela da qual ela pode desfrutar em casa. Depois da Guerra Civil americana, a mudança de sulistas escravocratas para o Brasil (onde a escravidão ainda era o modo de produção dominante) poderia ser um exemplo inaugural coletivo.

Com mais frequência e mais recentemente, tais movimentos implicam indivíduos sem reconhecimento de seu status ou insatisfeitos com o reconhecimento que obtêm e que buscam uma sanção mais bem estabelecida de sua afiliação a uma "casta" superior. Em muitos desses casos, os países anfitriões são sociedades pós-coloniais: as frustradas classes médias migrantes podem, portanto, e corretamente, contar com o fato de que suas origens ocidentais "estrangeiras" lhes ofereçam um tipo de status vantajoso automático na cultura receptora tradicional. O espírito de muitos contos de Somerset Maugham continua vivo após o fim do colonialismo.

Todos esses casos, como movimentos em direção a um ambiente tradicional, são exceções à nossa definição restrita de migrações modernas. Ainda assim, de certo modo, eles não escapam do pano de fundo individualista global dos nossos tempos. Por um lado, a escolha pela encapsulação parece ser, com frequência, uma reação contra o individualismo em expansão. Por outro, desde suas origens mais tímidas, o individualismo tem se concebido como um período de declínio e, com frequência, tem lamentado míticas idades de ouro, fazendo o luto de um passado comunitário e manifestando um desejo de voltar àquela época. Não é de admirar, portanto, que indivíduos possam vez ou outra — seja qual for a qualidade de sua nostalgia — pegar, por exemplo, a estrada para o Oriente, para uma colônia antiga ou para um ambiente tribal.

3.

Se as migrações, na nossa definição restrita, são fenômenos individualistas, elas estão certamente fadadas a aumentar com a expansão do individualismo ocidental. Isso é óbvio do ponto de vista pragmático, porque, como mencionamos, o individualismo as torna, ou promete torná-las, de algum modo, mais fáceis.

Mas isso não é tudo: o migrante é, de fato, o protótipo da personalidade individualista. A escolha de migrar é uma espécie de repetição da decisão mítica do retirante de Louis Dumont,[4] que inaugura o individualismo ocidental. O migrante deixa

---

4. Ver: Louis Dumont, *Essays on Individualism*. Chicago: University of Chicago Press, 1986. É hora de mencionar o óbvio: os conceitos de individualismo e holismo utilizados neste texto são estritamente dumontianos.

para trás a comunidade original — suas amarras, sua ordem, seus valores (tradicionais) — e muda para um novo mundo com a confiança mínima necessária de que sua humanidade e suas ações singulares decidirão por si seu futuro no mundo que o recebe. O migrante também acredita necessariamente no reconhecimento dos méritos individuais como fonte de status — e muito menos nos privilégios herdados conferidos pelo sangue e pelo nascimento.

Por outro lado, a "expansão do individualismo ocidental" é quase um pleonasmo. É incrível que nós possamos às vezes reclamar ou simplesmente nos espantar diante da progressiva globalização do mundo. Ou, ainda pior, considerá-lo como o desígnio secreto de forças ocultas. Uma cultura que afirma que a humanidade tem a espécie como seu único limite não precisa de uma estratégia especial para se expandir. É difícil se opor a uma sociedade que reconhece qualquer oponente possível como um humano — e, portanto, como um de seus próprios membros plenos em potencial.

O corolário imediato do individualismo, o universalismo ("Entre para o clube! Por mais diferente que você seja, pode ser aceito como um dos nossos"), exerce um poder inigualável de sedução.

3.1.

O inverso da observação anterior pode também ser dito sem que haja contradição. Na verdade, se o individualismo tornou e torna as migrações mais fáceis, também é verdade que uma circulação mais ampla e intensa de pessoas sempre foi um dos principais fatores para o desenvolvimento do individualismo. O mundo helenístico, as religiões cristãs e, ainda mais, os meros momentos canônicos do individualismo ocidental moderno —

os séculos 13, 16 e 18 — foram todos tempos de contato crescente entre as diferenças.

Não é necessário, do nosso ponto de vista, estabelecer aqui uma relação de causa e efeito de mão única entre as migrações e o individualismo. É suficiente, e é o bastante, realçar sua coalescência.

4.

As migrações modernas são definidas por nós como movimentos de ambientes sociais tradicionais em direção ao individualismo.

Em certo grau, isso pode parecer até mesmo uma intenção clara do migrante moderno: o desejo ou sonho de encontrar acesso a oportunidades que sejam limitadas por suas capacidades, e não por seu nascimento ou sangue.

Ainda assim, é óbvio que tal intencionalidade não previne nem exclui uma tipologia impressionante de ambivalências, que, com frequência, se posicionam na raiz da patologia (em especial da patologia familiar) das migrações. O termo *patologia* deve ser entendido aqui de acordo com a etimologia: são patológicos os caminhos sofridos (às vezes, sofridos além do necessário) pelos quais os migrantes e — acima de tudo — seus filhos se transformam em indivíduos.

Obviamente, é difícil analisar aqui os processos subjetivos dessa transição. Mas, em uma perspectiva mais social, devemos mencionar ao menos uma de suas características: a passagem, por assim dizer, do holismo tradicionalista ao individualismo é muitas vezes realizada entre o migrante e seus primeiros descendentes (nascidos ou não no país anfitrião). Essa transição produz constantemente uma dificuldade específica em relação à autoridade parental e à autoridade como tal.

Os pais migrantes devem sua própria autoridade a uma tradição que, no longo prazo, desejam que seja negada por seus próprios filhos. Essa é, acreditam (talvez de forma correta), a melhor maneira de as crianças se submeterem inteiramente às leis da nova sociedade. O problema é que, em geral, eles não são capazes, de modo algum, de representar a autoridade na nova cultura, porque — como imigrantes recentes — recebem com frequência muito pouco reconhecimento social. O hiato difícil de evitar — entre a autoridade parental tradicional negada e as leis da nova sociedade que simplesmente não se encarnam nos pais — deixa as crianças em um vácuo.

Isso é verdade em especial no período da adolescência, quando é natural que os pais imigrantes queiram lançar suas crianças como cidadãos do novo mundo e muitas vezes descobrem em seus filhos, de uma hora para outra, uma combinação explosiva feita de: a) ressentimento com relação à nova sociedade por ela não ter reconhecido seus pais — ou não tê-lo feito plenamente; b) ressentimento com relação aos seus pais por estes não serem ninguém na nova sociedade e por terem, como migrantes, abandonado de alguma forma sua comunidade original e qualquer valor que seu parentesco pudesse ter lá (ou que imaginam, nostálgicos, ter); c) desprezo pela autoridade tradicional, que parece regular um parentesco ao qual eles não mais pertencem de verdade; d) desprezo pelas regras e leis da nova sociedade, na qual eles podem sentir que sua família se sacrificou sem contrapartida, ou seja, sem obter em troca reconhecimento (nem sequer o reconhecimento como cidadãos da nova sociedade).

A única referência disponível para esses adolescentes é o sonho individualista de sucesso que foi delegado a eles por seus pais, que (ainda) não o alcançaram.[5] Esse legado único, combinado com as inconsistências de ambas as formas de autoridade (a tradição negada pelos pais ao migrarem e a nova sociedade que nega o reconhecimento aos pais), pode produzir uma urgência imperativa na aquisição dos símbolos de status da nova sociedade. O caminho é o comportamento criminoso, que pode também ser uma tentativa de encontrar, na Justiça, alguma manifestação da lei da nova sociedade, que os pais não conseguem encarnar.[6]

Famílias migrantes inventam diversas soluções para essa dificuldade específica das migrações.

Encontrei com frequência famílias migrantes nas quais parece ser necessário que ao menos um membro preserve firmemente seus laços com a cultura original. Um antepassado (avó ou avô, por exemplo) pode migrar com a família ou se juntar a ela para preencher essa função específica. O antepassado servirá ao propósito de assegurar um recurso possível às tradições originais (que ele ou ela não negaram) durante o processo laborioso da migração. Ele ou ela manterão, assim, uma autoridade parental enraizada na cultura original, em um momento em que o projeto migratório em si pode ter deixado os pais simbolicamente sem nada — pois, em razão desse projeto, eles deixaram de ser o que eram na comunidade tradicional e ainda não são os "alguéns" que esperam se tornar na sociedade moderna para a qual migraram. Único inconveniente: para que essa função

---

5. Apesar de suas origens e seus valores tradicionais, os pais migrantes se transformam com frequência em indivíduos modernos pelo menos em um ponto: eles amam seus filhos narcisicamente (querendo que sejam as pessoas felizes que os pais desejavam e não puderam ser), e esse é um traço distintivo do individualismo moderno.

6. Essas observações são sintéticas, mas, cuidado: elas devem estar presentes sempre que nós enfatizamos um índice maior de determinado comportamento criminoso nas populações migrantes.

seja preenchida, o antepassado, depositário da cultura original, deve permanecer claramente estranho ao projeto e ao processo migratório — apartado de forma cuidadosa de toda integração possível à nova cultura.

Se não existe um antepassado disponível, a mãe com frequência preenche essa posição. Nesse caso, ela executa um papel suplementar (e, na maioria das vezes, temporário): como uma memória viva dos laços familiares com a cultura original, ela de algum modo defende a dignidade do pai contra os efeitos corrosivos de seu começo inevitavelmente trôpego no país anfitrião. O respeito de que o pai ainda goza junto aos seus filhos se deve à memória de um passado em que era atribuído a ele um lugar humilde, porém consistente, na cultura original e que aqui a mãe é chamada a testemunhar.

Antepassados e mães, nesses exemplos, são destinados muitas vezes a ser, mais cedo ou mais tarde, descartados pelas famílias (sua função se torna inútil) e pelo país anfitrião, onde, com frequência, eles se veem completamente estranhos (do ponto de vista linguístico e cultural) mesmo depois de períodos muito longos. Eles oferecem às autoridades de imigração dos Estados Unidos o enigma insolúvel de imigrantes legais com dez, vinte ou mais anos de residência, totalmente incapazes de se naturalizarem.

5.

Ora, acontece que a América (os Estados Unidos) vem se tornando de modo assintótico o principal, se não o único, destino final das migrações modernas.

Seja qual for a oportunidade mítica que os Estados Unidos supostamente oferecem aos imigrantes, sejam quais forem as múltiplas contingências históricas que eventualmente situam a América como um sonho em muitas culturas diferentes, existe uma espécie de razão fundamental para isso. Os Estados Unidos são a encarnação do individualismo ocidental. A mais antiga democracia moderna, o único exemplo conhecido de contrato social realizado concretamente (o Cape Cod Compact) — confirmando assim, por si só, o mito individualista sobre as origens da sociedade —, o país alimenta seu próprio excepcionalismo em uma enumeração quase exaustiva dos traços mais significativos do individualismo ocidental. Pouco importa se isso é concebido como sendo a história real ou uma consequência da identidade narrativa dos Estados Unidos (o modo como o país contou e conta a própria história).

Seja como for, não é de surpreender que os Estados Unidos tenham se tornado (por vezes, contra toda razão econômica plausível) a meca das migrações modernas, se estas são definidas, como propusemos, como uma viagem em direção ao individualismo.

Devemos ter essa hipótese em mente, por exemplo, toda vez que a cultura americana for acusada de estratégias imperialistas astuciosas e que os problemas dos Estados Unidos com uma demanda de migração impossível sejam considerados uma nêmese bem merecida ("Você seduziu o mundo, agora lide com as hordas que agonizam para penetrar em suas fronteiras").

Na verdade, o assim chamado imperialismo cultural americano provavelmente não é tanto o efeito de uma "manobra de Hollywood" ou das agências de propaganda da avenida Madison, mas a consequência cultural da expansão irresistível do individualismo ocidental, do qual os Estados Unidos se tornaram os representantes.

É natural que esse papel histórico espantoso tenha custos diversos.

O primeiro é, inevitavelmente, uma paranoia dupla. Embora os Estados Unidos, vistos de fora, sejam um dos poucos países ainda abertos à imigração, o país é, de modo paradoxal, acusado o tempo todo e no mundo inteiro de proteger suas fronteiras com rigidez.[7] Vistos de dentro, seja qual for a política de imigração, os Estados Unidos estão necessariamente e para sempre divididos entre o universalismo que encarnam — que, em última instância, os levaria a reconhecer o direito à imigração para o país como uma espécie de direito humano universal — e o medo justificado de se perderem como nação.

Decisões nesse campo podem parecer consequências de orientações políticas gerais. Além disso, na verdade, elas constituem soluções de compromisso de uma contradição maior que é um dos traços que definem os Estados Unidos: a encarnação do universalismo como um valor pode contradizer a própria ideia de nação, mas deixar o universalismo para trás seria abater um dos ideais fundamentais da nação.

O mesmo pode ser dito sobre a política multicultural. Observou-se (ironicamente, segundo Peter Brimelow),[8] por exemplo, que os Estados Unidos protegem e cultivam os antecedentes étnicos diversos de seus imigrantes e cidadãos e que eles não protegem (e até parecem considerar imoral proteger, quanto mais impor) seus próprios valores centrais. Uma contra-

---

7. É notável, por sinal, que, no fim do século 20, praticamente os únicos países abertos à imigração fossem os de língua inglesa (Austrália, Canadá e Estados Unidos). Uma reflexão sobre o Iluminismo (especificamente o universalismo) e a cultura britânica poderia se beneficiar dessa observação.

8. Peter Brimelow, *Alien Nation: Common Sense about America's Immigration Disaster*. Nova York: Random House, 1995, p. 180. O livro de Brimelow, embora algumas vezes seja francamente xenófobo, não deve ser desprezado: ele traduz um estado de espírito reativo cuja justificativa provável é principalmente, aos meus olhos, o estado atual da imigração latina para os EUA (ver tópico 7 deste ensaio).

dição adicional: como pode uma nação ou uma cultura exaltar sua própria especificidade quando ela inclui a ideia de que as diferenças culturais devem ser exaltadas enquanto tais? Mais exatamente: como ela pode conservar sua especificidade quando declara que a cidadania não deve depender de especificidade alguma? A contradição tem o sabor dos paradoxos lógicos.

Seja como for, se as migrações para os Estados Unidos hoje em dia parecem constituir um tópico excitante (não apenas para os americanos), elas não o são por uma urgência particular imediata, mas porque obrigam a uma espécie de confronto entre o individualismo (portanto o universalismo) como um valor básico e as aspirações e necessidades comunitárias inevitáveis de uma nação (mesmo uma nação que anuncia o universalismo como um valor fundamental).

Seguindo uma vez mais seu destino prototípico, os Estados Unidos protagonizam, assim, um debate crucial entre os principais constituintes da modernidade ocidental: o Iluminismo (universalismo) e o Romantismo (particularismo nacional). O riso provocado com facilidade na imprensa estrangeira sobre as dificuldades da política de identidade dos Estados Unidos, sobre o multiculturalismo, sobre o politicamente correto etc. é, na verdade, nervosamente freudiano: ele apenas revela nos satiristas a repressão de uma contradição crucial presente na cultura ocidental.

5.1.

Cheguei aos Estados Unidos como um J-1. Poderia ter escolhido ser um A-1, se quisesse. Mas, por alguma razão, o J-1 parecia mais prático na época.

J-1 e A-1 não são aviões. Um J-1 é o visto concedido aos acadêmicos em intercâmbios internacionais. Esse visto me era acessível porque eu daria aulas na New School, em Nova York. O

A-1 é o visto que eu poderia ter conseguido como colunista da *Folha de S.Paulo*.

De todo modo, depois de alguns meses, eu me inscrevi para uma autorização de residência permanente como um "estrangeiro de competências extraordinárias". Preparei uma extensa história documentada de todas as minhas principais conquistas profissionais, meu cv foi aprovado e, depois de alguns meses de interlúdio administrativo, junto com minha família eu me dirigi ao centro de Manhattan, ao edifício Federal Plaza, onde recebemos nossos documentos de residência permanente sem nenhum patrocínio de um empregador americano.

A despeito do meu passado — nascido na Itália e havia tempos um migrante, residente permanente sequencial na Suíça, na França e no Brasil —, achei a experiência ímpar.

Na Suíça, eu havia sido um estudante e logo fui autorizado a ficar no país, a pedido explícito de um empregador (a Universidade de Genebra). Na França, fui protegido pelas leis da Comunidade Europeia.

No Brasil, a imigração tinha sido muito difícil. Uma tentativa corajosa, patrocinada por diversas universidades nas quais eu ministrava palestras (sem uma posição fixa), mas em vão. Mesmo depois do meu casamento com uma brasileira, a obtenção de residência legal foi um processo trabalhoso e incerto.

Sem surpresas, de certa forma, nos casos da Suíça e da França. Os países europeus podem ter sido fruto de sucessivas invasões passadas por populações inteiras, mas eles são fundamentalmente, por assim dizer, países "naturais". O que significa que você nasce inglês, francês, italiano ou suíço como uma espécie de acidente ou contingência natural: foi onde a cegonha o largou. A memória não engendra uma fantasia sobre as intenções humanas hipotéticas (eventualmente de algum antepassado) que estariam na origem da identidade nacional ou cultural de alguém que "foi para lá". Os países americanos, ao contrário, são países de fantasia: com exceção dos nativos, estamos aqui, nas Américas, por causa de um sonho e de uma decisão de migrar: a nossa, ou, por mais antiga que seja, a de um antepassado. Realmente não sei quantos anos levaria até que o tempo transformasse nossa presença aqui em algo "natural". Na verdade, não tenho certeza de que o tempo transformaria um dia o ser americano em um atributo "natural": os sonhos e desejos que trouxeram e trazem migrantes a este continente são essencialmente diferentes dos que animaram, por exemplo, as invasões bárbaras da Europa. Em nossos próprios termos, como os estabelecemos antes (são propriamente migrações apenas as modernas, que partem da sociedade tradicional na direção de mais modernidade), os Estados Unidos são fruto de migrações, enquanto a Europa não o é.

Isso é exemplificado pelas impérvias fronteiras suíça e francesa. Alguém pode, claro, migrar para a França e a Suíça e, eventualmente, se tornar francês ou suíço, incorporando uma espécie de "essência" cultural. Ninguém vai migrar para a França ou a Suíça para "fazê-las", do modo como migrantes foram e vão aos Estados Unidos para "fazer a América". A mensagem europeia aos migrantes é clara, embora redundante: torne-se um dos nossos e você será aceito.

É mais difícil compreender o fechamento brasileiro às migrações. O Brasil seria uma nação constituída por migrações, que parece progressivamente cultivar e defender uma espécie de essência "nacional", ao modo europeu. Por quê?

Deixando de lado as racionalizações econômicas que simplesmente não se sustentam, devemos procurar compreender por que a construção possível das identidades nacionais induziu algumas nações da América do Sul e Central (amplamente inventadas por meio de migrações) a resistir e se opor à imigração de "estrangeiros".

Um traço comum dessas identidades nacionais latino-americanas pode nos ajudar nisso. A maioria dos sul ou centro-americanos falará de modo espontâneo sobre a colonização hispânica ou portuguesa na voz passiva. "Fomos colonizados por..." Isso é ainda mais espantoso na costa atlântica, onde os resquícios de civilizações indígenas são escassos. Por que os colonos europeus do século 19, misturados com descendentes de colonizadores espanhóis ou portugueses, mas pouco misturados com os indígenas (e, quando o eram, defensores zelosos de sua "branquidão"), deveriam se identificar com o índio nativo ao contarem a história da colonização de sua nação?

Há uma hipótese que, de modo bem interessante, também pode explicar por que o Brasil se fechou às migrações.

A América é um sonho europeu. Mas a verdade é que a Europa tinha dois sonhos diferentes em relação à América, que produziram, de fato, colonizadores diferentes e duas Américas diferentes (se não três, separando colonização hispânica e lusitana).

Um sonho de conquista voraz e de exploração ambiciosa no Sul e um sonho de liberdade no Norte. O sonho de um Éden perfeito encontrado por milagre no Sul e o sonho da árdua construção de um novo Éden no mundo selvagem do Norte.[9] Essa oposição básica ainda é um dos instrumentos mais poderosos das explicações ideológicas dos destinos diferentes das Américas do Sul e do Norte.

Uma de suas consequências é que a colonização norte-americana se tornou a sustentação possível para uma identificação positiva, envaidecida, orgulhosa, enquanto a colonização da América Latina é lembrada como uma história vergonhosa e

---

9. Sobre o tema do Éden na colonização da América do Sul, ver: Sérgio Buarque de Holanda, *Visão do paraíso*, op. cit. Sobre esse mesmo tema na colonização da América do Norte, ver: George Williams, *Wilderness and Paradise in Christian Thought*, op. cit. Produzimos uma oposição concisa dos dois em: Contardo Calligaris, "Brasil, país do futuro de quem?". Ver nas pp. 195-211 deste livro.

difícil. Ao procurar algum polo de identificação no amplo mito inaugural da colonização das Américas, o melhor que sobrou para as nações latino-americanas não é definitivamente a figura do colonizador, mas a da vítima da colonização — os índios conquistados e exterminados. Portanto: "Nós fomos colonizados...".

Não surpreende que alguns países latino-americanos (em particular o Brasil) possam ter se fechado às migrações no processo de definição de sua identidade nacional: para quem está identificado com o índio, o novo migrante sem dúvida parecerá uma caricatura do colonizador, a pura expressão de avidez invasiva. Ainda mais quando a identificação com o índio é de fato uma negação da ascendência verdadeira de quem se diz "colonizado" — ou ao menos a negação de um dos componentes significativos dessa ascendência.

Parece que a identidade norte-americana permitiu uma relação diferente com o imigrante, do qual ainda se espera que seja um "realizador" e um construtor da América.

As coisas estão mudando, é claro, e sabemos que, desde os anos 1960, cada vez mais a identificação com a vítima (os índios, para começar, e mais tarde os escravos) se tornou um componente do "ser americano". Houve inclusive um esforço ideológico para, de alguma forma, negar as colonizações diferentes das Américas do Norte e do Sul (para ser mais exato, das Américas hispano-portuguesa e anglo-saxônica). Por exemplo, na época do quinto centenário da descoberta do continente americano, o protesto contra as celebrações de um Colombo "inescrupuloso, assassino e etnocêntrico" teve o incrível efeito de sugerir que o navegador fosse a figura comum do colonizador original das duas Américas. O que não é bem o caso.

Este não é, obviamente, o espaço para propor qualquer compreensão dessa mudança na sensibilidade norte-americana. Mas veremos (tópico 7) que a nova identificação com a vítima na cultura americana pode muito bem ter efeitos impressionantes, especificamente sobre a emigração latina e a brasileira para os Estados Unidos.

6.

Nossa restrição na definição das migrações não é apenas um critério descritivo. É, acima de tudo, um critério hermenêutico. Ela obriga, por exemplo, a formular ao menos a hipótese de que uma das razões para as migrações modernas não é tanto a necessidade, mas uma viagem em direção ao individualismo.

Essa afirmação pode ser surpreendente. Afinal, estamos acostumados a acreditar que as migrações simplesmente seguem a trilha da riqueza: de um ambiente miserável, pobre ou menos afortunado em direção a melhores oportunidades de riqueza. Na verdade, a riqueza parece ser a razão explícita para a migração reconhecida pela maioria dos imigrantes quando questionados, agrupados em pesquisas qualitativas ou submetidos a testes.

Mas a abundância é um conceito cultural.[10]

Ao menos nesse tema em particular, a "fenomenologia do espírito", de Hegel, pode (e provavelmente deve) ser lida como uma descrição antropológica, digna de atenção, do início da modernidade; por nenhum outro autor, que eu saiba, a ascensão da modernidade individualista é mais bem compreendida do que por Hegel, quando ele descreve a passagem do reino da necessidade para o do desejo. A especificidade do desejo moderno — nisso oposto à necessidade — é que nenhum objeto

---

10. A riqueza (com seus efeitos culturais) é obviamente objeto de atenção dos antropólogos. Surpreende, no entanto, a pouca atenção dada ao fato de que o próprio conceito é cultural. Ver, por exemplo: R. F. Salisbury; E. Tooker (Orgs.), *Affluence and Cultural Survivor*. Nova York: American Ethnological Society, 1984.

pode satisfazê-lo, uma vez que o desejo não é uma busca por um objeto que traga satisfação, mas principalmente uma busca de reconhecimento por parte de nossos pares humanos. É incrível que Hegel, no início da modernidade, pareça ter antecipado algumas das mais recentes (e ainda contestadas) teorias econômicas dos nossos dias,[11] que afirmam que quase todos os objetos se tornaram "posicionais", ou seja, que seu valor é calculado basicamente por meio do status que eles conferem (aos olhos dos outros, é claro).

Podemos ou não acreditar no desaparecimento da boa e velha correspondência biunívoca entre necessidade e objeto de satisfação. Mas temos de aceitar ao menos que a modernidade transformou radicalmente nossa relação com os objetos. Hoje eles são também, inevitavelmente, índices de um status social que depende do reconhecimento conferido pelos outros, e não mais da fatalidade de nosso nascimento.

Isso é suficiente, de qualquer modo, para mostrar que a riqueza na modernidade ocidental individualista é muito mais que a porta de acesso à satisfação das necessidades. Ela também deixou de ser, como a posse de terras, da Idade Média aos fisiocratas, prerrogativa de uma casta. A riqueza, na modernidade, jamais é apenas um sonho de satisfação, mas também, e sempre, um sonho de status ou de melhoria do status.

Freud (que, a propósito, pode e deve ser lido como um antropólogo descritivo da modernidade) é, nesse caso, um bom companheiro para Hegel quando afirma que nenhum objeto satisfaz o desejo humano, porque todos os objetos se tornam símbolos do amor de um outro relevante (ou não). Freud propôs uma distinção entre os sonhos infantis, nos quais alguém sonha com o objeto que pode satisfazer seu desejo, e os sonhos adultos, nos

11. Ver: Fred Hirsch, *Social Limits to Growth*. Londres: Routledge, 1977.

quais a satisfação que o sonhador procura consiste em ter seu desejo reconhecido e ouvido, muito mais do que tê-lo satisfeito por algum objeto aparentemente adequado.

Nesse sentido, o sonho de riqueza do migrante não é um sonho infantil ("Estou com fome e, portanto, sonho com uma comida"). Ele é, principalmente, um sonho de reconhecimento (como podemos ver no exemplo brasileiro, conforme tópico 6.1).

O sonho de riqueza do migrante moderno não pode ser entendido como mera preocupação quantitativa — uma procura por bens, ouro e pedras preciosas. A busca da riqueza no sentido moderno corresponde ao movimento em direção a uma sociedade individualista, em que a riqueza, e não o nascimento, pode às vezes estar relacionada a um status. O que se busca não é apenas — talvez nem mesmo fundamentalmente — a riqueza material, mas um contrato social específico.

O sonho moderno é de ascensão em um mundo em que a mobilidade seja a regra.

6.1

A recente emigração amplamente ilegal de brasileiros para os Estados Unidos é um exemplo perfeito desse sonho.[12] Apesar de a maioria partir do estado de Minas Gerais, a imigração inclui brasileiros provenientes de todo o país e é bastante homogênea do ponto de vista social: é, basicamente, uma imigração de classe média ou de classe média baixa.

---

12. A emigração brasileira recente para os Estados Unidos ainda é *terra quase incognita*. Até agora, embora diversos estudos estejam em curso nos EUA, há pouquíssimos trabalhos publicados. Para um caso específico (mas com algumas pistas da configuração geral), ver: M. L. Margolis, *Little Brazil: An Ethnography of Brazilian Immigrants in New York City*. Princeton: Princeton University Press, 1994.

É óbvio que há certo número de explicações razoáveis para isso, algumas materiais e outras, mais interessantes, ideológicas. Por um lado, o Brasil não é vizinho dos Estados Unidos. A viagem tem de ser feita (ao menos parcialmente) de avião, o que implica a existência de um pequeno capital. Poucos imigrantes ilegais são clandestinos que cruzaram a fronteira; quando o fazem, sua transgressão implica uma viagem para o México e o uso bastante dispendioso de coiotes. A maioria dos imigrantes ilegais, entretanto, é de pessoas que entraram no país com visto de turista e ficaram por mais tempo que o autorizado. Para obter um visto desses em um consulado americano no Brasil é necessário comprovar com documentos (ainda que eventualmente falsificados) a existência de uma condição econômica estável no Brasil. De certo modo, pertencer pelo menos à classe média é uma condição.

Por outro lado, podemos considerar que, em muitos países do chamado Terceiro Mundo, e no Brasil em especial, a idealização dos Estados Unidos é um traço das classes dominantes, transmitido para as classes média e baixa. As elites (econômicas) brasileiras abraçaram, tradicionalmente, o projeto original de colonização portuguesa, que planejava, em essência, espoliar o país. Portanto, elas sempre se viram como pessoas que vinham de outro lugar e pertenciam a outro lugar. Elas certamente pertenceram à Europa (Lisboa, Paris e Londres) por um longo período. E agora elas pertencem aos Estados Unidos. Essa transição, é claro, é efeito do sucesso cultural norte-americano no pós-guerra, mas também uma espécie de democratização das elites brasileiras: a velha elite constituía, inevitavelmente, uma aristocracia do gosto e das tradições estabelecidas de refinamento. Certo ou errado, é provável que ela nunca tenha trocado suas camisas feitas sob medida na Rue de Rennes em Paris, nem mesmo pelas melhores peças da Brooks Brothers. Mas é inegável que o período do pós-guerra e o milagre brasileiro subsequente criaram e ainda criam (embora o milagre pareça ter chegado ao fim) vagas para elites econômicas. As novas elites preferem Orlando e a Disney ao Louvre e gostam mais de comprar na loja Century 21 do que na Bond Street. Nenhuma lágrima deve ser derramada, porque, na essência, nada mudou para o Brasil: suas elites ainda se veem essencialmente como estrangeiras, e é no exterior que elas se divertem, investem, gastam e aproveitam a vida. Acontece que esse exterior é, nas últimas décadas, principalmente os Estados Unidos.

Podemos imaginar com facilidade, portanto, que a norte-americanização das classes mais altas aparece, vista de baixo, como uma indicação óbvia do caminho a seguir. Os Estados Unidos se tornaram um símbolo do poder, portanto o símbolo correto a assumir, um dos muitos índices de status.

A ideia da transmissão do ideal norte-americano do topo da sociedade para baixo é bem diferente da versão muito mais comum que descreveria uma espécie de americanização global do Brasil por meio de uma invasão cultural. Há duas razões para não acreditar nessa descrição: a primeira é que a mídia principal no Brasil — a televisão e, em particular, a Rede Globo — não é exatamente uma contratante de produtos culturais norte-americanos. O instrumento básico de unificação da cultura nacional brasileira, e também do desenvolvimento cultural principal — sobretudo nas amplas áreas rurais do país —, foram e são as novelas da TV Globo. Elas sempre foram escritas, filmadas e realizadas no Brasil. Considerar a mídia brasileira, e, especificamente, a televisão, como agente de norte-americanização seria um argumento difícil de defender.

Essa concepção, que enfatiza a estratificação social do país, dá a chance de entender qual camada específica da população é destinada à norte-americanização e — como consequência recente — à migração para os Estados Unidos. Devemos excluir o topo da pirâmide, é claro. Neste topo, há quem pertença às antigas elites que prefeririam ser francesas ou inglesas a norte-americanas ou, então, simplesmente, há quem não precise migrar, pois já se encontra, de certa forma, fora do país.

Também devemos excluir a camada mais baixa, que dificilmente tem algum contato com os índices modernos de status. E podemos observar que, entre os dois extremos, a norte-americanização segue uma curva interessante: seu pico não está no início, nem no extremo mais baixo, mas em algum lugar no meio. Em outras palavras — considerando-se todas as exceções —, a população mais exposta ao ideal norte-americano e propensa a migrar é de uma classe média baixa que pode ser definida assim: ela não é rica o suficiente para migrar sem sair do país (não tem conta em bancos americanos, nem apartamentos no sul da Flórida, não faz expedições regulares à terra prometida para incorporar a cultura da Broadway e a moda da Quinta Avenida), nem pobre demais para estar fora do alcance da multiplicação dos traços norte-americanos que compõem os ícones da camada social mais alta, à qual ela espera ter acesso. Em outras palavras, trata-se de uma camada específica da classe média que sente toda a urgência de ascensão social e é firmemente contida pelo arcaísmo social e econômico do país.[13]

Portanto, o que é migração para essas populações?

13. O arcaísmo que evocamos aqui é bem conhecido. Tanto a colonização portuguesa quanto a relevância e duração impressionantes da escravidão no Brasil deixaram vestígios ideológicos e sociais muito fortes. Sob uma fina crosta neocapitalista, as relações sociais no Brasil ainda são modeladas conforme o passado colonial do país. A mobilidade social é, portanto, ao mesmo tempo aberta, mas, paradoxalmente, limitada pelas estruturas tradicionais que restaram. A solução (temporária, esperemos) do paradoxo é uma cultura permeável de familiaridade e paternalismo (em particular nas relações de trabalho) que satisfaz superficialmente a mente individualista e, na verdade, perpetua uma distinção bastante dura (holística) entre as elites (como uma casta) e o resto (índios, escravos e sua parentela).

É uma questão de riqueza? Claro que podemos imaginar que elas corram atrás dos índices materiais de status que veem nas mãos das classes mais altas, e, desse ponto de vista, talvez os Estados Unidos lhes deem uma chance melhor. Mas a verdade é que, para a maioria das classes médias que migram, a ida para os Estados Unidos será aparentemente um passo para baixo na pirâmide social, se ela for calculada quantitativamente. Elas serão superqualificadas para a maioria dos trabalhos disponíveis e, portanto, mal pagas; além disso, em especial para aquelas que vêm de áreas urbanas mais avançadas (como São Paulo), o salário não será mais alto do que era ou poderia vir a ser no Brasil. Com a diferença, é claro, de que estarão longe de suas famílias e da ajuda e solidariedade que teriam e muitas vezes sem a possibilidade de obterem crédito de qualquer tipo (por causa da situação ilegal) etc. Em outras palavras, de um ponto de vista quantitativo, levanta-se a questão: por que elas ficam nos Estados Unidos? Por que não põem fim à sua jornada norte-americana — desapontadora do ponto de vista da riqueza?

Uma primeira resposta deriva com facilidade de nossas considerações anteriores: para muitos, o simples fato de ficar nos Estados Unidos, ainda que rebaixados socialmente, implica um upgrade imaginário no Brasil. Trata-se de um fenômeno ideológico notável, em que a dificuldade de ascensão em casa projeta os imigrantes em uma jornada que, como tal, representa uma promoção social. De certo modo, eles se sustentam em um projeto de fato falido pela inveja que supostamente seu destino produz naqueles que ficaram para trás. A porcentagem dos ganhos que alguns deles enviam de volta para os parentes não é, necessariamente, um sinal de generosidade. O mesmo vale para o dinheiro que enviam para casa a fim de construir uma residência ou de acumular capital para o retorno: essa remessa não prova sua intenção de voltar para o Brasil. As transferências são apenas a evidência do "sucesso" norte-americano, ou um lembrete (para o pessoal de casa) de que estão nos Estados Unidos. O esquecimento seria o desastre supremo, porque muitas vezes os imigrantes trocam um padrão de vida de classe média no Brasil por uma posição desvantajosa nos Estados Unidos, e a troca só faz sentido se ela implicar uma espécie de ascensão social imaginada no Brasil como um efeito direto da permanência em solo norte-americano.

As observações, é claro, não se aplicam somente à emigração brasileira para os Estados Unidos. O caso da emigração portuguesa para a França, por exemplo, apresenta alguns traços análogos, em especial no que diz respeito à tradicional construção de um imóvel "lá no vilarejo", que, em muitos casos, ficará abandonado, como uma espécie de monumento à promoção social imaginária (em Portugal) de seus proprietários, que continuam a vida dura na França. Assim, como já mencionamos, os imigrantes brasileiros ganham um bônus extra: não apenas seu status é elevado pela inveja do pessoal de casa, mas também, e ainda mais fundamental, eles se tornam, em razão da migração, estrangeiros no Brasil e, por isso mesmo, de alguma forma, entram para o clube da elite.

A primeira razão para permanecer por um tempo mais longo, ou apenas permanecer, em geral dura pouco. A partir de dado momento — diferente para cada um, embora, é claro, os dois primeiros anos completos sejam muitas vezes críticos —, parecem prevalecer as dificuldades e a queda de status social nos Estados Unidos. Não importa qual seja a promoção social suposta no Brasil, a dificuldade da nova vida norte-americana começa a pesar. Nesse caso, por que eles não voltam? O fator que está com frequência em jogo não parece ser o medo de um fracasso humilhante. Afinal, o tempo passou, e o retorno pode ser facilmente imaginado como uma experiência de algum modo feliz: muito para contar — parte inventada, parte não —, uma glória passada garantida, um capital de sedução exótico.[14]

Esse é o ponto em que muitos imigrantes começam a falar sobre uma dificuldade relacionada à sociedade brasileira como tal. Alguns podem declarar que têm medo de que sua estada nos Estados Unidos possa tê-los transformado a ponto de acharem difícil a readaptação ao Brasil. Outros afirmam vagamente que os Estados Unidos seriam a melhor opção para o futuro de seus filhos. No final das contas, todos podem concordar que, pensando retrospectivamente, essa "dificuldade" possa ter sido uma parte silenciosa, mas relevante, das razões que os levaram a migrar em primeiro lugar. A dificuldade diz respeito a aspectos básicos da sociedade brasileira: altas taxas de criminalidade, falta de segurança, corrupção, falta de uma força policial honrada, escassez de serviços básicos, bem como desigualdade excessiva, paternalismo abusivo etc. A lista compõe, lentamente, peça por peça, o quebra-cabeça da herança política e social opressiva brasileira.

Esses imigrantes brasileiros acabam por descobrir e revelar que o sonho original não era ou, pelo menos, não era exatamente um sonho de riqueza, mas o sonho de uma sociedade na qual a riqueza decidiria, é claro, sobre o status — dando-lhes uma chance de ascender —, mas onde, por exemplo, a diferença de status não seria uma forma diária de opressão e controle violento.

---

14. A essa altura, provavelmente é verdade que muitos imigrantes brasileiros ilegais poderiam decidir voltar, mas desde que tivessem a possibilidade de um dia retornar aos Estados Unidos, porque eles se preocupam com sua dificuldade em se readaptar à sociedade brasileira. Como ficaram nos EUA além do permitido, eles sabem que a obtenção de um novo visto de turista após a imigração ilegal será impossível durante anos. O exemplo de não poucos residentes legais que, nesse estágio, decidiram voltar para o Brasil é interessante: eles se tornam muitas vezes imigrantes pendulares, incapazes para sempre de escolher entre os dois países.

De certo modo, eles revelam que o sonho de riqueza era, na verdade, ao final, um sonho democrático.

Por mais que seja espantoso, independentemente de sua decisão, a essa altura é provável que nossos imigrantes ilegais estejam prontos para uma anistia e mesmo para a naturalização. Desnecessário dizer que é nesse ponto que sua emigração parece constituir uma perda verdadeira para o futuro do Brasil.

7.

Desde o livro de Thomas Sowell sobre cultura e migrações — *Migrations and Culture: A World View* (1996), a expressão "capital cultural" se tornou comum. Ela designa aparentemente as aptidões sociais e profissionais que os imigrantes levam consigo e que constituem sua contribuição para o país para o qual migraram.

A vantagem de um país constituído por meio da imigração pode, portanto, residir na diversidade de capitais culturais que contribuem para seu crescimento e bem-estar.

Com tato (e é provável por tática), Sowell parece negligenciar a possibilidade de capitais culturais negativos, certa e justificadamente pelo receio de levantar exclusões etnofóbicas. Mas o perigo dessa correção política, que de outra forma seria bem-vinda, é produzir uma negação (deliberada ou não) de contradições que, se fossem reconhecidas, talvez pudessem ser mais bem tratadas do ponto de vista social e político.

Obviamente, a própria ideia de capitais culturais negativos é problemática na ideologia contemporânea norte-americana. Podemos nos perguntar que diferença extrema poderia parecer negativa se a diferença como tal é proclamada como sendo uma vantagem para o país anfitrião. Nesse aspecto, o ponto de vista político atual é a última versão do otimismo iluminista e, provavelmente, do otimismo norte-americano: uma forma extrema de confiança na exceção do país e em sua capacidade de converter em patrimônio comum até os capitais culturais opostos de modo explícito à ideia de diversidade.

Esse não é o único caso de capital cultural negativo. Vamos considerar o sonho do migrante — esquecido por Sowell — como um elemento decisivo de seu capital cultural.

Como escrevi no tópico 5.1, as culturas originadas de migrações são sempre, explicitamente ou não, baseadas no sonho original dos primeiros colonizadores e colonos, em uma espécie de mito fundador. A relevância dessa contingência histórica não pode ser subestimada, pois culturas produzidas por meio das migrações não são definidas por um conjunto de tradições herdadas: elas são definidas inevitavelmente pela história dos desejos e anseios humanos que levaram as pessoas para aquela terra. E a história começa com os desejos e anseios dos que chegaram primeiro.

Com a exceção que mencionamos antes (a identificação com a vítima da colonização, e não com o colonizador ou o colono), um norte-americano, por exemplo, mal pode se definir sem uma menção direta à migração de seus ancestrais como um momento fundador de sua identidade. E, se é que existe algo como uma identidade norte-americana, ela deve residir na possibilidade de enumerar o conjunto disparatado de expectativas humanas que levou todos os imigrantes ao país. Tornar-se norte-americano é uma espécie de esforço narrativo: significa principalmente conseguir a integração do nosso sonho de migração (ou do de nossos ancestrais) no grande rio de sonhos que se originaram do sonho inaugural.

Os sonhos dos migrantes são, portanto, componentes inevitáveis da bagagem dos imigrantes. E nós podemos pensar normalmente que eles são, como tais, um traço positivo de seu capital cultural.

Desse ponto de vista, é interessante o exemplo dos emigrantes negros das Antilhas (as Índias Ocidentais) para os Estados Unidos. Sua integração e seu sucesso documentados no país, superiores aos que obtiveram os negros descendentes de escravos e comparáveis aos dos imigrantes europeus, são mencionados correta e frequentemente,[15] em especial como uma oposição a qualquer explicação racial das dificuldades enfrentadas pelos afro-americanos. De fato, os negros que vieram das Antilhas para os Estados Unidos chegaram como migrantes sonhadores, enquanto os afro-americanos estão nos Estados Unidos como vítimas da opressão americana. O sucesso dos que vieram das Antilhas pode ser uma prova da relevância do sonho no capital cultural do migrante, entendendo-se que o capital é o que o migrante leva consigo e oferece ao país que o recebe, mas também sua própria e frutífera posse.

Durante as principais ondas sucessivas de migrações para os Estados Unidos — irlandesa, judia, italiana etc. —, as dúvidas eram levantadas frequentemente e com veemência: os norte-americanos muitas vezes se perguntavam se o capital cultural dos novos imigrantes teria contribuição a dar à nação ou se, ao contrário, comprometeria de uma vez sua unidade possível. Crenças religiosas diferentes (em particular o catolicismo) eram, como todos sabem, o principal argumento, mas outros foram ou poderiam ter sido legitimamente levantados. As aspirações dos novos imigrantes poderiam ser questionadas: quem poderia garantir que a fome e a pobreza levariam os novos imigrantes a sonhar com os Estados Unidos de um modo que algum dia os tornaria cidadãos norte-americanos?

15. Ver, por exemplo: Thomas Sowell, op. cit., p. 216.

O fato é que, no longo prazo, todas as questões foram respondidas, todas as dúvidas, silenciadas, e os sonhos nascidos da fome e da miséria encontraram um caminho na torrente da narrativa norte-americana.

Seria confortável apostar que o mesmo acontecerá para sempre, e, especificamente, com a imigração que parece representar a perplexidade atual: a imigração latino-americana. Mas há uma diferença que não deveria ser negada.

Tanto a imigração europeia quanto a asiática são procedentes de países que não são eles próprios constituídos pela imigração: não são expressão de um sonho de migrante.

A emigração latino-americana para os Estados Unidos é um movimento de países constituídos por migrações para um país do mesmo gênero, de um sonho a outro sonho. Isso faz diferença? Talvez sim.

Talvez o migrante que já é um sonhador desapontado — o migrante que deixa uma terra de migração por outra — não possa evitar certa viscosidade de seu sonho original. Talvez esse migrante não possa deixar de levar à nova terra anfitriã o mesmo sonho que fracassou em sua primeira terra de migração.

Trata-se apenas de uma hipótese, justificada aqui por uma especulação de acordo com a qual o migrante que vem de um país "natural" (no sentido de "europeu", definido antes, conforme o tópico 5.1) endereça seu sonho à nova terra, que certamente o transforma. Por outro lado, o migrante que volta a um lugar para o qual ele já havia migrado em outra época (ou para o qual seus antepassados próximos já haviam migrado) continuaria a repetir a busca que a primeira migração não satisfez. Esse migrante, portanto, estaria menos disposto a permitir que a nova terra transforme ou apenas dê forma ao seu sonho.

Assim, esse que provavelmente é um traço menor das migrações a partir de um país constituído por migrações (portanto o caso da imigração latino-americana) promove, nos Estados Unidos, um encontro perigoso.

Nós dissemos anteriormente que a história fundou as identidades nacionais das Américas Central e do Sul no sonho ávido e ganancioso do colonizador. Acrescentamos que esse mito inaugural vergonhoso produz uma negação e uma identificação maciça com as vítimas da colonização.

Se tivéssemos, portanto, de resumir o capital cultural latino-americano, poderíamos muito bem começar por estes dois elementos: uma avidez material (negada) e uma sólida identificação com as vítimas.

Novamente, exceto por uma contingência histórica peculiar do lado americano, é provável que essa caracterização não seja mais relevante que a fome da batata na Irlanda ou o sentimento de desamparo do italiano entre os séculos 19 e 20.

A maciça imigração latino-americana recente coincide com uma mudança notável na identidade nacional norte-americana, que, subitamente, exalta a vítima e inventa um novo espírito de culpa e reparação. A herança dupla da colonização sul-americana — avidez do colonizador negada e identificação com a vítima, índio ou escravo — se depara, nos Estados Unidos de hoje, com uma nova necessidade nacional de expiação.

A necessidade estadunidense de corrigir e compensar o passado, iniciada nos anos 1960 e ainda em curso, teve uma função muito positiva na história recente do país. Ela esteve certamente no coração do sucesso dos movimentos pelos direitos civis e contribuiu para a construção de uma sociedade de algum modo mais generosa. Por exemplo, no caso da imigração, ela produziu o privilégio dado à reunião de famílias (ou seja, ao direito de trazer seus parentes próximos para os EUA) em contraste com a concessão de cotas.

Ainda assim, trinta anos depois de seu início, os próprios afro-americanos, que foram o objeto principal de tal reparação nacional, começam a notar um problema fundamental: o direito à compensação não é e não produz um ganho automático de "empoderamento".[16]

A Marcha do Milhão[17] foi provavelmente o primeiro momento coletivo de consciência explícita dessa oposição entre o reconhecimento dos direitos à compensação e o empoderamento.

Ora, apesar dessa mudança aparente (ainda em curso), a imigração latino-americana das últimas décadas encontrou, nos Estados Unidos, um terreno perfeito para manter sem alterações a herança dupla da sua colonização. Identificados originalmente com as vítimas da colonização hispânica, os latino-americanos podem pedir reparação aos Estados Unidos — herdeiro direto de Cortez —, que estão capturados em um momento especial da história de sua identidade, quando o direito dos imigrantes latinos a uma espécie de "reparação" satisfaz seu gosto crescente por expiação e culpa. O arranjo é quase perfeito, porque até a voracidade negada encontra uma satisfação interessante no exercício de um direito (*entitlement*) abusivo sem fim.

16. A frase deste texto escrito em inglês para uma revista acadêmica internacional usa dois termos que, nos anos 1990, estavam no centro do debate cultural e político: *entitlement* (reconhecimento de um direito de compensação, de quem, por exemplo, sofreu um abuso) e *empowerment*, empoderamento (descoberta por uma pessoa ou um grupo de um poder que não sabia possuir e do qual é então investido). A questão aqui discutida ainda é crucial na sociedade norte-americana (e não só): será que reconhecer o direito de um grupo de pessoas a compensações (por abusos passados) faz com que essas pessoas se sintam realmente empoderadas como cidadãos? Ou será que elas ficarão para sempre sendo tratadas como cidadãos que precisam de assistência por terem sofrido abusos?

17. A Million Man March (Marcha de 1 Milhão de Homens), ocorrida em 16 de outubro de 1995, em Washington (EUA), foi organizada pelo movimento afro-americano sob a liderança de Louis Farrakhan e tinha por objetivo chamar a atenção dos políticos para a situação dos negros norte-americanos. (N.E.)

A conclusão é que, às vezes legitimamente, se considera que os imigrantes latino-americanos utilizam com voracidade as oportunidades e os benefícios sociais norte-americanos (*entitlement*), mas sem dar o passo para assumir os direitos e deveres da cidadania, que decorreriam de seu empoderamento como cidadãos.

A história de Porto Rico é instrutiva: a recusa dupla de todo empoderamento efetivo (recusa tanto da independência como da transformação em um estado norte-americano) parece eternizar uma paródia de cidadania feita substancialmente de direito a subsídios (*entitlement*).

A coincidência entre capital cultural latino e estado de espírito norte-americano é, portanto, perigosa.

A culpa norte-americana, inclinada a reconhecer e compensar vítimas que nem sequer são vítimas americanas, constitui uma identidade pronta para os imigrantes latinos e os aprisiona em um papel que os deixa à margem da sociedade dos Estados Unidos. Um grande exemplo é a imposição de educação bilíngue, na qual, ao exaltar e respeitar a especificidade das "vítimas" que têm direitos, o sistema escolar pode acabar muito bem segregando as crianças latino-americanas em uma zona linguística e cultural de segunda categoria.

Além disso, a herança latino-americana pode levar até os mais bem-intencionados da comunidade latina a buscar a manutenção do direito a subsídios como única perspectiva social e política. O exemplo aqui pode ser a reforma da assistência social que destituiu os imigrantes legais de certos benefícios, a não ser que eles se naturalizassem. A reforma afetou algumas vítimas reais da patologia das migrações (como os ancestrais totêmicos abandonados que mencionamos antes, no tópico 4), embora as agências governamentais estejam, aparentemente, respondendo a esses casos. Deixando-os de lado, a reforma é muito coerente com o sentimento sobre a imigração vigente nos Estados Unidos: espera-se que os imigrantes se tornem norte-americanos e, portanto, que confiram a si próprios o poder de cidadãos completos (lembre-se: o mito inaugural norte-americano não é a exploração nem a pilhagem, mas a assinatura de um contrato social).

Assim, diversos ativistas e comentaristas (latino-americanos ou não) reagiram à reforma propagando a necessidade da naturalização como uma saída astuciosa. Eles estavam, portanto, propondo uma monstruosidade — tornar-se norte-americano como modo de proteger o direito a subsídios — e aviltavam assim a possibilidade mais séria de empoderamento oferecida a um imigrante: a possibilidade de assumir a cidadania.

O cenário que esboço não é, obviamente, inevitável. O exemplo de parte da imigração brasileira recente que apresentei antes é capaz de mostrar como as coisas podem fugir, ao final, de tal cristalização drástica.

Também devemos considerar que a imigração brasileira tem uma vantagem específica: ela teve início apenas no começo dos anos 1980, portanto em um período em que a paixão pela reparação das culpas na consciência norte-americana era alvo de críticas e a necessidade de empoderamento na comunidade afro-americana começou a se tornar um tema explicitamente ideológico.

É ainda interessante observar que muitos brasileiros de classe média que encontrei nos Estados Unidos manifestam perplexidade idêntica quando, confrontados com um questionário, têm de indicar seu passado étnico. Eles declaram que não são hispânicos (porque o espanhol não é sua língua) e que não se sentem latinos, porque acreditam que o termo esteja relacionado à América do Sul andina (o lado do Pacífico onde a herança indígena é decerto mais presente). Mas suspeito que esse seja um modo de se afastarem do que veem como um desastre ameaçador para a imigração latina.

É verdade, em todo caso, que nenhuma onda anterior de emigração para os Estados Unidos desenvolveu, como a latino-americana, um padrão consistente de identificação com o estilo de vida da comunidade afro-americana. Por meio dessa identificação, a imigração latina elaborou (como qualquer assistente social sabe) uma espécie de cultura de direito a subsídios.

Assim, a comunidade afro-americana, apesar de ter uma razão historicamente bem justificada para reivindicar, descobre pouco a pouco que o direito à compensação — por mais reconhecido que seja — não produz cidadania plena: esta requer uma decisão pelo empoderamento. A imigração latina abriga (desde seu capital cultural) uma reivindicação contra o país anfitrião que seria justificada apenas se Colombo e Cortez tivessem descoberto e colonizado os Estados Unidos e o Canadá.

A tendência norte-americana por reparação continuará a nutrir essa mágoa imaginária, condenando os latinos a uma cidadania de direito a subsídios, de segunda classe? Ou os Estados Unidos conseguirão incluí-los em sua narrativa e, portanto, transformar o sonho latino de direito a subsídios em um sonho de empoderamento, ajudando assim os imigrantes latinos a fazerem a América, como todos os imigrantes no passado?

A agressiva reação governamental recente contra a cultura do direito a subsídios vai, obviamente, resolver apenas um problema econômico menor do orçamento nacional. A solução incerta, no momento, parece estar sobretudo nas mãos das pessoas — latinas ou não — envolvidas diretamente na máquina do direito a subsídios: os agentes da duvidosa culpa norte-americana perante as vítimas da colonização das Américas do Sul e Central e os agentes da duvidosa mágoa e reivindicação latina.

Parece que depende deles evitar (ou não) o que poderia ser a primeira catástrofe imigratória na história dos Estados Unidos: uma onda que produziria muito pouca cidadania verdadeira.

Tradução do inglês de Rachel Botelho

REFERÊNCIAS BIBLIOGRÁFICAS

BRIMELOW, Peter. *Alien Nation: Common Sense about America's Immigration Disaster*. Nova York: Random House, 1995.

BUARQUE DE HOLANDA, Sérgio. *Visão do paraíso*. 4. ed. São Paulo: Companhia Editora Nacional, 1985.

CALLIGARIS, Contardo. "Brasil, país do futuro de quem?". *Vozes Cultura*. n. 6, v. 89, ano 86, São Paulo, dez. 1992.

DUMONT, Louis. *Essays on Individualism: Modern Ideology in Anthropological Perspective*. Chicago: University of Chicago Press, 1986.

HIRSCH, Fred. *Social Limits to Growth*. Cambridge: Harvard University Press, 1976.

MARGOLIS, M. L. *Little Brazil: An Ethnography of Brazilian Immigrants in New York City*. Princeton: Princeton University Press, 1994.

SALISBURY, R. F., TOOKER, E. (Orgs.). *Affluence and Cultural Survivor* (atas da Sociedade Etnológica Americana, Sociedade Etnológica Americana).

SOWELL, Thomas. *Ethnic America*. Nova York: BasicBooks, 1981.

_____. *Migrations and Culture: A World View*. Nova York: BasicBooks, 1996.

WILLIAMS, George. *Wilderness and Paradise in Christian Thought*. Nova York: Harper & Brothers, 1962.

Lei e comunidade: algumas propostas

OBSERVAÇÕES PRÉVIAS

É fácil e comum imaginar e apresentar a lei como uma espécie de patrimônio "natural" da sociedade: uma espécie de montanha de tradições que gostaríamos de poder preservar de ventos e marés, como se fosse um parque nacional.

Mas essa representação não é a nossa única maneira espontânea de conceber a lei. Na verdade, ela é uma representação arcaica, um vestígio de nosso passado — embora ainda vivo.

A outra representação da lei que compartilhamos, ao contrário da primeira, não a apresenta como um bem imóvel que deveria ser preservado: ela diz que a lei é uma regra (ou um conjunto de regras) que nos demos a nós mesmos para permitir e facilitar nossa vida social, um contrato cuja autoridade depende estritamente de nosso consenso e consentimento comunitários. Essa é a representação moderna, inventada concretamente nas colônias norte-americanas no começo do século 17 e imaginada pelos filósofos europeus apenas mais tarde. Desde então, ela ganha terreno e vem se afirmando contra a primeira apresentação, aparentemente sem ainda apagá-la.

Estamos, no mundo ocidental moderno, em uma fase de transição entre essas duas representações comuns[1] da lei. Embora ambas as representações façam geralmente parte de nossa maneira mais imediata de pensar, mal nos damos conta da oposição entre elas e, por consequência — se estivermos, como acredito, em uma transição da primeira para a segunda —, da transformação que está acontecendo em nossa cultura e em nós mesmos. Entende-se por quê: o conteúdo da lei, as regras a que obedecemos e que transgredimos continuam em grande parte iguais; o que muda é o tipo de autoridade que atribuímos e reconhecemos a essas regras. Em outras palavras, muda a razão pela qual as reconhecemos como regras.

Por exemplo, "não matarás" ou "não furtarás" fazem — imaginemos — o consenso de todos e parecem valer hoje, assim como valeram por séculos e séculos. Mas perguntemos agora: qual é para nós o fundamento da autoridade dessas prescrições? Será que é a tradição que herdamos (por exemplo, os Dez Mandamentos religiosos), sustentada por uma autoridade divina que nada tem a ver conosco? Ou será que é um acordo eventualmente tácito que teríamos firmado entre nós porque concordamos que viver juntos seria difícil caso fosse permitido matar ou roubar?

Há, naturalmente, maneiras de tentar conciliar essas duas representações comuns da lei: por exemplo, afirmando que, de comum acordo, decidimos respeitar uma lei cuja autoridade é divina etc. Mas, fundamentalmente, as duas representações, embora convivam em muitos de nós, são opostas: ou a autori-

---

1. Essas representações não devem ser pensadas como expressões conscientes, ou seja, como resumos do que cada um de nós escreveria se recebesse "A Lei" como título de redação no vestibular. Trata-se, ao contrário, das representações geralmente implícitas que fundam para cada um o valor da lei, a capacidade de respeitá-la e reconhecer sua autoridade não só por medo de ser punido. Nesse sentido, aliás, elas estão presentes até na subjetividade de quem não teria os meios culturais de explicitá-las.

dade da lei está fora de nós, em alguma fonte externa, ou então ela está em nosso consentimento comunitário.

Na primeira representação, a lei vale absolutamente para todos. É possível transgredi-la e encontrar a punição prevista (ou fugir dela), mas não é possível considerar que suas regras não valham para nós.

Na segunda representação, o estatuto da lei é mais precário: a lei vale só se formos e nos considerarmos parte da comunidade cujo consenso e consentimento fundam a autoridade da lei. Para quem não faz parte de tal comunidade, as regras são de fato tão exóticas e desprovidas de valor quanto os costumes de uma tribo longínqua.[2]

A cada uma dessas representações comuns da lei corresponde uma representação diferente do sistema penitencial, pois, na representação arcaica, quem transgride só pode ser punido e expiar. Na representação moderna, formula-se no mínimo a hipótese de que quem transgride não está reconhecendo o bem

---

2. Para mais precisão: as comunidades onde domina a primeira representação da lei são sociedades tradicionais, e um sujeito faz parte de uma sociedade desse tipo — digamos assim — desde o seu nascimento; seu pertencimento a ela não é uma escolha. Portanto, a lei vale para todos, independentemente de consenso e consentimento. Os sujeitos que pertencem a essas sociedades são, de maneira inelutável, membros da comunidade, e o reconhecimento das leis se confunde, para eles, com o fato de pertencer à comunidade. Ficam, claro, fora da lei e da comunidade os "estrangeiros". As comunidades onde domina o segundo tipo de representação da lei são sociedades individualistas, e os sujeitos fazem parte de uma sociedade desse tipo justamente por sua adesão a uma história comum, seu respeito por um bem comum, enfim, seu consenso e consentimento em relação às leis comuns. Também esse tipo de sociedade é em princípio universalista, ou seja, considera que nenhum ser humano é estrangeiro o suficiente para ser excluído a priori. Por isso mesmo, quando nessas sociedades alguém se marginaliza ou recusa seu consenso às leis da comunidade, é difícil, se não impossível, considerá-lo "estrangeiro" (a não ser que se entenda: "estrangeiro" à própria humanidade). Nessas sociedades, marginalidade e criminalidade colocam, portanto, à comunidade a questão do por que e como ela fracassou em obter a adesão e o consenso do sujeito.

fundado da lei, simplesmente por não fazer parte da comunidade ou por não (poder) compartilhar da noção de bem comum que é, afinal, um dos cimentos da comunidade. Por isso, a representação moderna da lei é indissociável da ideia de que a pena seja uma espécie de recuperação, uma tentativa de reintegração do criminoso na comunidade. Aliás, é quase sempre possível ter uma ideia da prevalência em uma cultura da representação arcaica ou moderna da lei com base em suas representações (eventualmente conflituosas) da prática penitencial.

Ora, em uma fase de transição, como a nossa, em que duas representações comuns da lei coexistem, acontece com frequência que a mais arcaica seja invocada como panaceia para as crises da representação moderna. Em outras palavras, quando a representação moderna da lei não garante os frutos esperados na ordem pública, produz-se uma espécie de recurso mágico, uma invocação à representação arcaica e à sua autoridade aparentemente menos contestável. Por exemplo: "O pessoal anda matando e furtando demais", ou seja, a eficiência dessas proibições que decidimos em comum parece insuficiente. Tornamo-nos então, reativamente, pequenas Cassandras, chorando e ameaçando em razão da "perda dos valores tradicionais" etc. A reação imediata, em suma, consiste em recorrer à famosa montanha dos princípios tradicionais cuja autoridade deveria se impor para todos sem precisar do consenso e consentimento de comunidade alguma. Dito de outra maneira: se nosso contrato vacila, que volte então um legislador absoluto — melhor ainda se for divino.

Essa reação, além de ser própria às fases de transição e ser também banal no comportamento ocidental contemporâneo, é ainda uma peça que nunca falta no armamento de qualquer elite que tente manter (ou mantenha) seus privilégios graças à exclusão para fora da comunidade de uma parte da população. Pois essa reação — quando se torna uma atitude política — permite negligenciar outras razões pelas quais a representação moderna da lei se revelaria pouco eficiente. Deixa-se essa questão de lado e vai-se diretamente para a representação arcaica. Em vez de se perguntar por que e como a lei fundada no consenso e consentimento dos legislados não funciona corretamente, recorre-se à lei como montanha de tradições.

Evita-se assim constatar que a problemática disfunção da lei pode ser — e frequentemente é — produzida por uma exclusão social habilmente entretida. Com efeito, membros de uma sociedade moderna — se forem excluídos de seus benefícios ou mesmo do sentimento de pertencer a sua comunidade — não têm como reconhecer a autoridade de uma lei que, na representação moderna, é fundada justamente no consentimento da comunidade da qual eles permanecem excluídos.

Essa atitude que ignora o mal-estar comunitário — recorrendo à representação arcaica da lei — leva a uma resposta meramente repressiva às transgressões e inicia assim um ciclo fadado ao fracasso e ao crescimento exponencial da transgressão. Quem transgride por não poder reconhecer a lei de uma comunidade da qual se sente excluído encontra-se ainda mais excluído pela resposta repressiva, que recebe não como manifestação da lei, mas como mera violência ou vingança.

Estas considerações prévias e gerais sobre nossos tempos nos permitem interpretar aqui duas ordens de fenômenos. A primeira diz respeito à faixa etária entre 15 e 24 anos, que, como sabemos, é no mundo ocidental moderno — quase sem exceções — a faixa mais atingida pela violência criminosa (tanto como vítima quanto como perpetrador). A segunda, mais especificamente, refere-se à situação brasileira.

JOVENS

A faixa etária entre 15 e 24 anos (progressivamente, ela parece se estender e incluir a de 13 ou 14 anos) parece resistir asperamente às diferentes tentativas de diminuir a violência criminosa. Mesmo nos lugares onde os números da violência e do crime estão diminuindo, essa faixa etária ou resiste, ou então continua aumentando: os jovens são as vítimas mais prováveis da violência e os violentos mais prováveis.

Como se trata prevalentemente dos machos,[3] explica-se esse comportamento pelo sangue e pelos hormônios que fervem nessa fase da vida.

Há outra explicação, menos fisiológica, ou pelo menos outra hipótese, que vale tanto para meninos como para meninas.

Falei até agora da duplicidade da nossa representação da lei como um fenômeno de transição que, na verdade, já dura certo tempo. Imaginemos que progressivamente venham a se constituir novas gerações para as quais a transição acabou e só vale a representação moderna da lei como regra que surge do consenso e consentimento da comunidade. Imaginemos que esse seja o caso dos jovens de hoje (ressalvada a amplitude do termo "jovem").

Se essa hipótese fosse verdadeira, quais seriam as consequências?

Para as novas gerações, qualquer indicação de sua efetiva ou mesmo eventual exclusão da comunidade implicaria automati-

---

3. Observações preciosas sobre a diferença entre meninas e meninos quanto às consequências da exclusão social (situando a prostituição como "equivalente" feminino da violência criminosa) foram formuladas por Eliana dos Reis Calligaris: "Que prostituição é essa? Indagações sobre as meninas de rua". Em: Mario Fleig (Org.), *Psicanálise e sintoma social*. São Leopoldo: Editora Unisinos, 1993; e "'Se esta rua, se esta rua fosse minha...'". Em: Alfredo Jerusalinsky, *Educa-se uma criança?* Porto Alegre: Artes e Ofícios, 1994.

camente uma crise da autoridade da lei: se elas não fazem parte ou são ameaçadas de não fazer parte da comunidade, a lei não tem autoridade para elas.

Ameaças de exclusão, que gerações passadas podiam encarar sem que isso acarretasse uma perda da autoridade da lei, tornam-se drásticas para as novas (hipotéticas) gerações. A taxa de desemprego ou a falta de perspectiva de inserção econômica e social podiam ser recebidas pelas gerações precedentes (a minha, por exemplo) como procrastinação do ingresso na comunidade sem atingir substancialmente nossa referência à autoridade da lei, pois esta se encontrava ainda protegida pela representação arcaica de um patrimônio de valores. Ora, para as ditas novas gerações — que hipoteticamente só disporiam da representação moderna da lei — as mesmas ameaças de exclusão afetariam diretamente a possibilidade de reconhecer uma autoridade que é fundada na comunidade da qual elas se sentem (ou estão sendo) excluídas.[4]

Para ilustrar esse mecanismo, há um exemplo bem conhecido e significativo na maioria das comunidades que receberam e recebem ondas migratórias recentes (externas ou — como é o caso de São Paulo — internas). Nessas comunidades, encontra-se frequentemente uma porcentagem expressivamente mais alta de violência criminosa na segunda geração de imigrantes. De fato, qualquer migração implica o abandono ou, no mínimo, um afas-

---

4. O que há de bem fundamentado ou não nessa hipótese vai aparecer nas próximas décadas. Alguns sociólogos acreditam que o previsível aumento do número de peossoas da geração entre 15 e 24 anos em um futuro próximo produzirá um aumento da violência criminosa, pois supõem que essa geração seja hormonalmente predatória. Será interessante monitorar os números. Minha aposta é que os números da violência não seguirão essa onda demográfica nos lugares onde situação econômica e espírito comunitário permitirem que esses jovens não encontrem — como declaração de boas-vindas à vida adulta — uma ameaça de exclusão.

tamento da lei da comunidade de origem (cuja autoridade, aliás, era em geral sustentada por uma representação arcaica que se perde no novo cenário) e uma adoção da lei da nova comunidade que é diretamente proporcional às possibilidades de integração que esta oferece.

O imigrante anseia reconhecer a lei da nova comunidade na mesma medida em que anseia fazer parte dessa comunidade. A exclusão que ele encontra (quer pela discriminação da qual pode ser vítima, quer pelo capital cultural negativo que ele carrega consigo e que pode tornar difícil sua integração) o expõe à sedução da violência criminosa. Isso é especialmente verdadeiro na segunda geração. Esta, já alheia à representação arcaica da lei da cultura de origem e nascida na nova comunidade, vive com frequência uma inclusão de direito e uma exclusão de fato. Paradoxo que imita aquele de nossa hipotética nova geração: só há lei da comunidade, mas desta comunidade não fazemos parte.

De forma bem resumida, poderíamos dizer que uma viagem migratória na direção de mais modernidade (que hoje é o caso mais frequente) necessita de uma rápida inclusão comunitária, sem a qual o imigrante se encontra desprovido tanto de sua representação arcaica da lei como dos fundamentos para uma representação moderna da lei. Entre esses fundamentos, o mais importante é, justamente, a inclusão imediata do imigrante na nova comunidade. Pois, se ele não faz parte da comunidade, a nova lei não tem como valer para ele.

Mas os jovens não padecem apenas de ameaças de exclusão econômica. Na verdade, a associação entre juventude/adolescência e violência criminosa deve ser inserida no quadro mais geral da história da infância da modernidade.

Desde o fim do século 18 (ou início do 19), a infância se constitui no Ocidente como uma época protegida e separada da vida adulta, e a criança — junto com o anseio de seu presente e de sua futura felicidade — torna-se progressivamente a peça central da família nuclear.[5]

A modernidade acaba, assim, procrastinando progressivamente o acesso de crianças e adolescentes (e, de fato, dos ditos jovens adultos) a uma efetiva maioridade. Embora o número de rebentos por família diminua com a valorização de sua felicidade (fazer menos filhos para ter melhores condições de torná-los mais felizes), o prolongamento da infância cria um exército de sujeitos jovens presos em uma problemática rede de obrigações (e falta de obrigações).

Eles são considerados sujeitos sob tutela e por isso não fazem plenamente parte da comunidade, embora sejam, em princípio, obrigados a endossar e aceitar suas leis. Desse ponto de vista, eles poderiam concluir que não têm por que reconhecer a lei de uma comunidade da qual ainda não fazem parte e, portanto, receberiam as regras que lhes são impostas simplesmente como uma violência perpetrada contra eles por uma maioria de adultos. A violência dos jovens, desse modo, responderia ao que lhes parece ser a violência dos adultos.

Entretanto, esse simples hiato temporal (por mais longo que seja) não é provavelmente um fator decisivo para explicar os números da violência no grupo de jovens e adolescentes.

Acontece que, como dissemos, a infância moderna — esse prolongado limbo social — foi inventada para satisfazer as novas necessidades da subjetividade adulta: particularmente, a ne-

---

5. Estamos naturalmente fazendo alusão às teses de: Philippe Ariès, *História social da criança e da família*. Rio de Janeiro: Guanabara, 1978 (a edição original francesa é de 1960). Para uma revisão recente dos desenvolvimentos das ideias de Ariès e uma discussão das críticas, ver: Contardo Calligaris, "Susan Smith, a Modern Mother: Reflections on the Destiny of Children at the End of Childhood". *Critical Quarterly*, Oxford: Routledge, out. 1997.

cessidade de conquistar status pelas vias do sucesso e, portanto, de projetar em suas crianças um sonho de felicidade social nem sempre realizável ou realizado na vida do adulto.

Aqueles que têm sua infância e juventude prolongadas também recebem, junto com seu estatuto de tutelados, a obrigação de serem felizes e satisfazer o narcisismo de seus pais. De certa forma, a invenção moderna da infância pode ser entendida como um grande artifício para podermos sonhar: construímos rebentos liberados das obrigações da vida adulta e os encarregamos de encenar para nós uma felicidade que, aliás, queremos cada vez mais parecida com os nossos próprios estereótipos de felicidade. Nosso eventual pavor com a insubordinação dos jovens é um pouco hipócrita, pois nossa cultura deseja que eles sejam sem lei para realizar nossos sonhos melhor do que nós. Em suma, as crianças são progressivamente instigadas a se tornarem caricaturas de adultos "felizes", em férias ou, melhor ainda, sem lei.

No Brasil, por exemplo, a estratificação social radical e a fraca representação comunitária dividem sumariamente os jovens modernos em três grupos:

- Um grupo de filhos/as de excluídos sociais para quem, de qualquer forma, o fundamento comunitário da lei não tem valor. Eles veem na exclusão de seus pais o fracasso da comunidade; mesmo assim, certamente percebem a obrigação social específica de ser feliz que a comunidade endereça a seus jovens. "Não reconheço a lei, mas tenho de ser feliz; então vale tudo";
- Um grupo (que se esperava que fosse mais bem-comportado) de filhos/as das classes médias que frequentemente verifica em seus pais um desprezo cínico pela comunidade. Esses jovens entendem que a obrigação de realizarem os sonhos

parentais de sucesso e ascensão social está acima da lei (que os pais, justamente, desprezam). Então vale quase tudo;

• Um grupo, enfim, de filhos/as das ditas elites para quem a obrigação de ser feliz pode ser acompanhada pela convicção de que os pais — e a sua classe — seriam os únicos e arbitrários donos da lei. Então vale tudo mesmo.

De qualquer forma, não é difícil entender como, por esse caminho, a modernidade veio criando uma "infância" explosiva: ao mesmo tempo extracomunitária e forçosamente desejosa de estereótipos de felicidade.

Em face dessa conjuntura cultural, há um leque restrito de reações infelizes. Por exemplo, a recente tendência a julgar os jovens criminosos como adultos tenta brutalmente decretar o fim da infância moderna. Ou, então, a reivindicação de valores perdidos tenta reinstaurar uma representação arcaica da lei. Ambas as reações "regressivas" só podem ser recebidas pelos jovens como mudanças arbitrárias das regras do jogo: sem se reconhecerem como culpados de suas transgressões, eles só se conceberão então como injustiçados.

Uma resposta mais adequada consistiria, sem dúvida, em encontrar caminhos de reinserção dos jovens na comunidade da qual a infância moderna os mantém afastados. Foram e estão sendo dados passos nessa direção, mas as iniciativas são sobretudo retóricas: desde o cuidado político de produzir uma abertura do mercado de primeiros empregos até a promulgação do estatuto e dos direitos da criança e do adolescente.

Falta uma peça essencial, principalmente no contexto brasileiro: é preciso que o sonho de felicidade que os filhos e filhas herdam de seus pais explícita e autenticamente inclua ideais de participação comunitária. Sem isso, é inevitável que a juventude moderna sempre seja levada a representar a felicidade que ela deve encenar para os adultos como uma farsa acima da lei e contra a autoridade dela.[6]

COMUNIDADE E EXCLUSÃO NO BRASIL

Do ponto de vista da representação moderna da lei, quem é excluído da comunidade não tem por que respeitar a lei, pois não tem como reconhecer a autoridade que funda as normas.

No jogo democrático, por exemplo, é essencial que as minorias derrotadas nas urnas não se considerem por isso excluídas do jogo democrático e, por consequência, da comunidade. Sem isso, elas passariam a se configurar como fora da lei.

Portanto, para abordar qualquer problema moderno de crise do respeito às regras sociais, é necessário perguntar se a comunidade — cujo consenso e consentimento devem fundar a autoridade da lei — produz exclusão ou não. Melhor ainda: se essa comunidade chega a existir como tal.

Entende-se então por que não há relação direta entre a pobreza e a criminalidade, mas sim entre criminalidade e exclusão, em que uma das caras da exclusão pode ser certo tipo de pobreza. Por isso, é suficiente que, em uma sociedade, as diferenças materiais sejam vividas como fundamentalmente quali-

6. Um dos paradoxos mais vivos da sociedade ocidental moderna: ser uma sociedade individualista, ainda que viável apenas sob a condição de manter certa coesão comunitária, difícil de ser calculada, mas que, no mínimo, deve ser suficiente para fornecer fundamento e autoridade à lei e às regras sociais comuns. Nesse paradoxo reside a melhor explicação do fato, do contrário misterioso, de que o desenvolvimento das sociedades individualistas foi e ainda é acompanhado de contínuas procuras de consistências comunitárias, desde o surgimento das nações até as fragmentações separatistas das últimas décadas. A oposição esquemática entre individualismo e holismo (de Ferdinand Tönnies a Louis Dumont) é um instrumento prodigiosamente heurístico, mas que com frequência deixa de lado essa contradição essencial nas sociedades modernas.

tativas, mais do que como quantitativas (as diferenças quantitativas são as únicas que uma comunidade moderna pode tolerar), para que passem a produzir exclusão e, portanto, a inconsistência da autoridade da lei. Essa inconsistência, aliás, concerne à representação tanto dos excluídos quanto dos privilegiados, pois a exclusão que estes eventualmente produzem e mantêm compromete a comunidade que para eles também deveria ser fundamento da autoridade da lei.

Essas observações evidentemente se aplicam ao caso do Brasil, onde uma aparente modernização convive com diferenças radicais, a ponto de configurar uma sociedade de castas, mais do que uma estratificação de status. Na mesma linha de nossas observações anteriores sobre imigração, vale a pena notar que qualquer processo de modernização acelerada sem constituição de uma representação comunitária (e o "acelerado" geralmente significa que não deu tempo para isso) produz marginalidade e criminalidade.

No caso do Brasil, não é suficiente evocar formas de miséria que colocam uma parte relevante da população fora da comunidade que deveria fundar a autoridade da lei. Uma radiografia mais completa da comunidade brasileira — que deveria ser o suporte coletivo da autoridade da lei — indicaria que não se trata apenas de uma comunidade que teria produzido ou produziria margens de exclusão. De fato, a modernização acelerada do país comprometeu o valor da representação arcaica da lei (o que é normal), mas sem constituir uma comunidade moderna. É preciso perguntar se existe hoje, de fato, no Brasil, um sentimento de comunidade de destino ou de bem comum que permita, em princípio, fundar — na representação de todos ou quase todos — a autoridade da lei.

Também é preciso notar que, por outro lado, a modernização do Brasil é sem retorno. O país se modernizou não apenas no que diz respeito ao desenvolvimento dos meios produtivos, mas sobretudo do ponto de vista cultural, resultando que, hoje, entre os brasileiros, a representação dominante da lei é moderna, embora "não tenha dado tempo" ainda de constituir uma comunidade que funde a autoridade da lei, como a modernidade exige.

A herança escravocrata se conjuga com a tradição extrativista da colonização portuguesa e com uma história nacional paupérrima em aventuras coletivas suscetíveis de constituir o sentimento de um destino comum: o resultado é que, no Brasil, não se sabe bem sobre que base construir uma comunidade. Por isso mesmo, talvez, quase como por uma espécie de compensação, floresçam os cartões-postais exóticos da identidade nacional: "somos" alegres, sambistas, jogadores de futebol, torcedores da Fiel e malandros, e ainda podemos agradecer ao olhar dos outros por eles nos outorgarem, nessa tristonha caricatura, algum tipo (duvidoso) de unidade. A comunidade é uma farsa que corre atrás da bola e desfila no Carnaval.

Será uma questão de "educação das massas", necessária para os progressos da "cidadania"?

De fato — com todas as devidas exceções —, as elites dirigentes do país pertencem tão pouco à comunidade nacional quanto os deserdados.

Segundo a tradição colonial, as elites vivem como estrangeiras em seu país, em ambos os sentidos: pertencem a um outro mundo (outros bairros, condomínios, serviços, consumo etc.) e ao outro mundo (o Primeiro Mundo). A lei que as elites evocam contra os deserdados certamente não resulta do contrato de uma comunidade que essas elites não promovem e à qual nem sequer pertencem. Ao contrário, a lei coincide com a representação das próprias elites, com a simples imposição de seu poderio econômico e social. A banalidade da violência criminosa das elites (que um eufemismo nacional chama de corrupção, mas que também se aplica a assassinatos, à queima de florestas, de arquivos, de índios, de mendigos etc.) demonstra que o que há no Brasil é uma representação da lei como regra privada.[7]

Sob o infeliz verniz de um paternalismo feroz (racial e social), a pretensa comunidade nacional é então a oposição entre uma elite que se concebe como estrangeira e um "povo" que mal é reconhecido por essa elite como seu semelhante.

Entre esses dois grupos — que não constituem comunidades nem juntos nem separados — está uma classe média (perdida entre o sonho de vir a ser elite e o medo da pauperização) e, naturalmente, estão a polícia e a Justiça, paradoxais braços de uma lei cuja autoridade — na falta de uma comunidade nacional — não é reconhecida por ninguém.

Com efeito, como é possível encarnar o braço armado da lei de uma sociedade desprovida de uma base comunitária que sustente a autoridade da lei? O que é polícia, nesse caso? Poder-se-ia pensar que ela pareça com a polícia em regimes tradicionais: ou seja, um corpo de guardas para os privilegiados. Com a diferença de que, em uma sociedade tradicional, o privilégio é aceito por todos os membros como uma das regras sociais da comunidade. Ora, em uma sociedade rapidamente modernizada, mas sem base comunitária, como a brasileira, a polícia — seja qual for sua conduta — é vítima de duas representações. Para os excluídos, ela é um órgão de opressão. Para os privilegiados, um corpo de jagunços. Que sejam muito mal pagos, e portanto implicitamente convidados a melhorar seus proventos pelo sa-

---

7. Essa representação não coincide com nenhuma das duas caracterizações anteriores apresentadas neste texto, mas é específica de quase toda situação colonial, quando uma lei de tipo arcaico é importada e imposta por uma minoria, que se torna assim legisladora. Devido à distância da comunidade de origem, essa minoria acaba representando para si mesma seus interesses privados como lei ou representando a lei como expressão de seus interesses privados.

que, é algo coerente com a mesma representação das elites: o mercenário não deve se confundir com o patrão, nem cair na tentação de uma aliança com os oprimidos, entre os quais é escolhido pelas próprias elites.

A pregnância dessas representações sociais deve ser levada em conta quando se precisa analisar e criticar a atuação da polícia brasileira. Acrescente-se a essas representações a que a polícia pode ter de si mesma. Nessas condições, qual a imagem que o policial é capaz de ter de si e da sua função?

Se ele agir como um capanga das elites e for censurado por isso, poderá legitimamente manifestar sua surpresa: mas, como? Não era isso que as elites queriam de mim?

Por outro lado, o policial de base ele próprio é mantido em um estado de pobreza tal que em nenhum caso sua dignidade social pode derivar de seu status profissional. Se a dignidade dele não vier do saque, virá inevitavelmente do abuso e da violência, únicas formas que lhe restam para confirmar aos seus próprios olhos (e aos dos outros) que não é um excluído entre os excluídos, merecendo também o respeito que é indispensável ao exercício de sua profissão.

O policial, em suma — mantido entre os excluídos da comunidade, convidado a se impor pelo abuso, obrigado a se fazer valer pela força, representando uma lei cuja legitimidade parece se confundir com o interesse de elites estrangeiras —, poderia com razão se perguntar: mas de que Brasil sou policial?

PROPOSTAS

Em face dessa situação — pintada, é verdade, com cores escuras, mas são as cores que encontro na realidade —, a tentação é terminar com uma genérica invocação à cidadania, para que ela

desça sobre nós. Viva o povo brasileiro! E até a próxima. Reage-
-se, enfim, como se uma comunidade que fundasse a autoridade
da lei para todos (ou quase todos) só pudesse ser herdada. E,
como o Brasil não teve essa sorte, só restaria a imprecação.

De fato, um plano de ação política para a constituição (mais
do que a consolidação) de uma comunidade certamente pode ser
articulado em propostas concretas. Está claro que sua articulação
orgânica está além de minhas forças e além deste espaço. Mas
a minha ambição era, antes de tudo, estabelecer que um plano
de ação contra a violência no Brasil implicava necessariamente,
como condição básica e que não se pode eliminar, um plano de
ação para constituir a representação coletiva de uma comunidade.

Uma comunidade é ao mesmo tempo uma entidade imaginária — isto é, um conjunto de representações coletivas (entre as
quais deve dominar o sentimento de um bem e de um destino comum) —, uma entidade simbólica — ou seja, um quadro jurídico
(fundamentalmente solidário e igualitário) — e uma entidade
real, ou seja, uma presença concreta da coisa pública (espaço
público, serviços coletivos etc.).[8]

Resta enumerar e esboçar algumas das propostas que deri-
vam mais diretamente de minhas observações.

8. Esses três aspectos estão evidentemente ligados de maneira indissolúvel,
ainda que segundo uma hierarquia em que a eficácia social tanto do quadro
jurídico como da coisa pública é sempre comandada pelas representações
comuns que estes conseguem produzir ou que a eles se associam. Essa primazia
das representações comuns supõe que toda intervenção sobre o quadro
jurídico ou o espaço público seja acompanhada por uma retórica comunitária
política, midiática e cultural. Não tem sentido considerar vergonhoso o
exercício (ou — pior, diríamos — o apelo ao exercício) dessa retórica. Uma
comunidade moderna é, em última instância, governada pela opinião pública,
e não por acaso as sociedades contemporâneas se desenvolveram com os
meios técnicos necessários para a constituição e a modificação rápidas das
representações coletivas. Se isso implica, como é sempre observado, riscos de
"manipulação", também é verdade, no entanto, que o poder da opinião pública
é o motor da vida democrática e o seu melhor gerente.

Proposta 1

Segundo minha leitura, uma das dificuldades principais para a constituição de uma representação comunitária no Brasil é o divórcio produzido por uma estratificação social extrema e qualitativa. Espera-se algum remédio na progressista integração das classes excluídas. Mas o divórcio em questão é efeito tanto da exclusão dos "menos favorecidos" como do caráter extrativista das próprias elites, que sempre vivem como se fossem "de fora" (sua vivência é estrangeira à comunidade nacional). Portanto, não seria inoportuno se preocupar também com a integração das elites.

Nesse sentido, proponho que sejam impostos, como disciplina obrigatória em todo o ensino superior do país (em particular, nas faculdades onde se formam as elites), no mínimo dois semestres de *serviço comunitário*. Obviamente, a utilidade prática desse serviço não é aqui o intento. É mesmo possível que sua organização e realização se revelem mais dispendiosas do que a realização de intervenções assistenciais comunitárias equivalentes realizadas por qualquer serviço público. Mas essa não é a questão. O que importa — e poderia mudar, a médio prazo, a representação comunitária nacional — é que o contato prolongado com as margens excluídas da sociedade brasileira (distribuição de cestas básicas, ajuda escolar a crianças, assistência em postos de saúde etc.) faça parte obrigatória da educação dos rebentos das elites. Ou seja, que não seja possível passar dos Jardins para um arranha-céu da Paulista via universidade americana sem ter passado algum tempo na zona sul profunda de São Paulo, por exemplo.

Proposta 2

Sem dúvida, um plano de ação contra a violência e, portanto, para a constituição de uma representação comunitária que restitua autoridade à lei passa por uma revisão do quadro jurídico, particularmente no que diz respeito ao que ainda continua afirmando uma desigualdade diante da lei. Nesse sentido, por exemplo, a abolição de qualquer tipo de *regime de prisão especial* aparece como verdadeira condição para uma representação comunitária. A existência de uma disparidade na aplicação das penas é incompatível com uma representação comunitária. Qualquer objeção a essa proposta só confirma sua necessidade, pois as elites políticas que a ela poderiam se opor só produziriam, como razão para manter a diferença, o caráter inumano do sistema penitenciário nacional. Se esse sistema é inumano (e nós o toleramos), isso significa que não consideramos semelhantes (ou seja, humanos) os cidadãos a quem se destina o uso eventual da prisão normal. Por outro lado, dificilmente o não privilegiado pode acreditar na existência e consistência de uma comunidade que lhe reserva um destino penitenciário inumano.

Essa disparidade no sistema prisional também alimenta indiretamente duas representações perniciosas para a comunidade: a representação das elites como legisladoras e a representação do dinheiro pretensamente público como patrimônio das elites.

Proposta 3

Sobre o dinheiro público, a representação dominante, no Brasil, é a de que ele é inexistente. As contribuições à riqueza nacional (por exemplo, pelo pagamento de impostos) são vividas, em última instância, como tributos a interesses escusos de elites políticas e financeiras.

É urgente, desse ponto de vista, que a malversação de fundos públicos seja juridicamente considerada crime hediondo, por ser um *crime* não só contra o patrimônio, mas também contra a *representação comunitária*, que é a condição básica da vida de todos. Esse crime em particular não deve ser passível de nenhum tipo de prisão especial, pois se trata exatamente de situar o crime contra a comunidade como mais grave do que o crime contra o patrimônio particular.

Essa medida poderia contribuir para modificar a própria representação comum do dinheiro público. Um esforço importante na direção de modificar essa representação já foi realizado em vários quadros administrativos urbanos, a começar pela cidade de Porto Alegre (RS), com a prática do orçamento participativo. O maior interesse dessa prática, que poderia ser estendida, não é tanto produzir uma repartição dos fundos mais adequada, mas criar uma nova representação comunitária, sobretudo no que diz respeito ao dinheiro público. De fato, toda prática de democracia direta pode se revelar particularmente útil em uma época que deve ser pensada como tempo de constituição de uma representação comunitária.

Proposta 4

A comunidade, além de uma representação coletiva, tem uma existência concreta, não só ideológica: por exemplo, o *espaço público* e os serviços públicos. De fato, quase tudo o que é "público" é uma forma concreta de existência da comunidade.

Toda deterioração — estética ou moral — da coisa pública implica inevitavelmente uma desagregação da comunidade. Quando a presença material da comunidade na vida de todos é atingida, também é comprometida sua representação coletiva. Portanto, a deterioração estética ou moral da coisa pública implica, de maneira apenas indireta, uma crise da autoridade da lei, pois compromete a existência material e a representação coletiva da comunidade que deveria fundar a autoridade da lei. Essa implicação não é nenhuma hipótese, pelo contrário: ela oferece uma explicação para numerosos trabalhos de psicologia experimental e suas exitosas aplicações práticas, como, por exemplo, as realizadas em várias comunidades urbanas dos Estados Unidos, a começar pela cidade de Nova York. Está demonstrado que um aumento local da criminalidade corresponde à deterioração do espaço público. Assim como está demonstrado que uma assídua intervenção policial e estética para melhorar o espaço público produz uma substancial diminuição da violência criminosa. Ora, parece bem provável que a inibição do crime produzida por um espaço público de melhor qualidade não seja apenas um efeito de encantamento estético (por exemplo, não derramar sangue em cima das flores), mas do fato de que o espaço público encarna materialmente a comunidade como fundamento da lei.

Por isso, é extremamente relevante uma ação de policiamento de tolerância zero (ou quase) contra a deterioração do espaço público (pichar os muros, urinar em público, dispor inadequadamente do lixo etc.), assim como uma ação positiva de melhoria estética dos mesmos espaços.

Proposta 5

Estudos experimentais mostram aumento vertiginoso dos índices de marginalidade e de criminalidade quando, em um bairro pobre, a porcentagem de habitantes de classe média é reduzida abaixo de um definido índice (5% é o ponto crítico nos mais conhecidos desses estudos, mas é evidente que o número deve ser determinado em cada caso). Uma comunidade fortemente estratificada deve combater a *segregação habitacional* para oferecer sempre a representação da mobilidade social. Essa representação é um elemento indispensável da existência de uma comunidade moderna. Ora, bairros onde as classes baixas e os excluídos não convivem com membros de uma classe social superior impedem a representação coletiva da possível ascensão social e, ainda mais no caso do Brasil, confirmam a representação de diferenças qualitativas que é fatal para a comunidade. Em vista dessa evidência, a tendência geral, tanto na Europa como nos Estados Unidos é, atualmente, destruir os antigos projetos de habitações subsidiadas para recriar habitats mais polivalentes.

Um programa deveria ser estabelecido contra a segregação do habitat. De novo: o intento não é em geral humanitário, mas trata-se de criar uma condição comprovadamente necessária para diminuir os níveis de violência.

Proposta 6

Uma representação comunitária pede que as profissões que constituem serviços para a comunidade (em particular o policial e o educador) mantenham socialmente um valor de destaque. Ora, em uma sociedade em que o valor social é calculado quantitativamente, pelo status e seus signos, é indispensável para a existência da comunidade que educadores e policiais, em especial, projetem uma imagem de sucesso social.

No caso dos educadores, uma imagem de fracasso produz extraordinária dificuldade para transmitir qualquer valor comunitário (e mesmo para transmitir saber técnico e científico) aos jovens dos quais eles se ocupam. Com efeito, como poderiam esperar ser escutados sujeitos que socialmente projetam uma imagem de fracasso e cuja profissão não produz nos alunos nenhuma idealização ou anseio de identificação?

No caso dos policiais, a imagem que possam transmitir de socialmente fracassados torna a violência e o abuso de poder uma prática paradoxalmente necessária a eles para impor sua autoridade no exercício mesmo da profissão.

Em outras palavras, *policiais e educadores* devem dispor de um status (de uma renda, portanto) que os torne polos possíveis de identificação e idealização, ou seja, que os torne *socialmente invejáveis*.

Por mais que a palavra "invejável" assuma conotação negativa, é necessário entender que uma sociedade moderna ou em via de modernização não é construída com base em valores atribuídos tradicionalmente às diferentes funções sociais. Ela é regrada segundo uma hierarquia móvel cuja razão é a emulação, ou — de maneira menos nobre — a inveja. Portanto um sujeito ou uma categoria profissional, para ser valorizado, deve ser invejável.[9]

Proposta 7

Enfim, na tentativa urgente de ajudar a atuação da polícia em sua luta contra a violência, seria muito útil que a representação pública e a *autoimagem da polícia* fossem *objeto de estudo*.

Resgatar a polícia das representações que afetam sua relação com a comunidade e inevitavelmente deterioram a imagem que os policiais podem ter de si mesmos parece ser o primeiro passo para que ela possa se identificar com sua função social em uma comunidade moderna.

---

9. A inveja é o regulador social ocidental moderno. Evidentemente, para que funcione, é necessário que a inveja seja estímulo à emulação do invejável. Mas a inveja também pode induzir a arrancar diretamente do outro invejado o que ele possui e que eu não tenho ou induzir a suprimir o outro invejado de maneira que nem eu nem ele gozemos de privilégio algum. O limite entre essas três possibilidades é tênue. Para que a inveja possa produzir seu efeito regulador no quadro de uma sociedade moderna e não a transforme em uma selva, é necessário que essa sociedade disponha de uma representação de seu bem comum, de seu destino comum e de si própria como comunidade. O que fecha o círculo.

Seria importante para isso promover ao mesmo tempo uma ampla pesquisa de opinião pública e realizar *focus groups* nas próprias fileiras da polícia, pois há todo motivo para supor que a autoimagem do policial dependa (de maneira direta ou reativa) de sua imagem pública.

Por isso, um eventual plano "terapêutico", por assim dizer, da autoimagem da polícia não pode ser pensado como simples programa de treinamento profissional. Ele compreende — e talvez comece por — uma reinvenção da representação coletiva (midiática, por exemplo) do guardião da lei e dos interesses da comunidade.

A esta altura, seria fácil comentar que essa é uma tarefa impossível, pois justamente o que falta é a comunidade. Mas também seria fácil responder que a comunidade que falta pode ser feita de uma série de pequenas representações, entre as quais a representação do policial de que a comunidade precisa. Por que não começar por aí?

A psicanálise e o sujeito colonial

1.

Quando começa a modernidade? A escolha de uma data ou de um evento não é indiferente. O momento que elegemos como originário depende certamente da ideia de nós mesmos que preferimos, hoje, contemplar e contar aos outros. E inversamente: a visão de nosso presente decide sobre as origens que confessamos (ou até inventamos). Assim ocorre com as histórias de nossa vida que contamos para os amigos e para o espelho: os inícios existem sempre em função da imagem de nós que gostamos e queremos divulgar. As coisas funcionam do mesmo jeito para os tempos que consideramos "nossos", ou seja, para a modernidade.

Bem antes que tentassem me convencer de que a data de nascimento da modernidade era um espirro cartesiano ou então o novo interesse empírico pela natureza que transpira das páginas do *Novum Organum* de Bacon, ou ainda (mais tarde e mais "marxista") a abertura dos primeiros bancos — bem antes de tudo isso, quando eu ainda era rapaz, ensinava-se que a modernidade começara em outubro de 1492. Nos livros escolares, o primeiro capítulo dos tempos modernos era e é dedicado às Grandes Navegações. Entre elas, a viagem de Colombo ocupa um lugar muito especial. As investidas pelo Saara adentro ou as intermináveis caravanas que, da Europa, atravessavam montes e desertos até a China de nada valiam quando comparadas com a aventura do genovês. É preciso ler *O Mediterrâneo e o mundo mediterrâneo na época de Filipe II*, de Fernand Braudel, para conceber o alcance simbólico do pulo dado além de Gibraltar e o percurso feito em seguida, não costeando a África, mas em linha reta para a frente. É preciso, em outras palavras, evocar o mar Mediterrâneo — esse pátio comum navegável e navegado por milênios, espécie de útero vital compartilhado — para entender por que a viagem de Colombo continua sendo uma metáfora do fim do mundo fechado, do abandono da casa paterna e materna.

Nos livros escolares, havia duas ordens de explicações para as grandes descobertas e — sobretudo — para as viagens de Colombo. A materialista não faltava nunca: as viagens tiveram por objetivo a procura de novas riquezas e atendiam à necessidade de conquistas. Outra explicação, mais ideológica, ou mesmo idealizada, também estava sempre presente: ela atribuía o empreendimento ao indomável desejo de saber e conhecer novas coisas. Nesse ponto, Dante era regularmente convocado em sua descrição da última viagem de Ulisses, que, apesar de ter desejado tanto voltar para sua Ítaca natal e para sua Penélope, tomou de novo o caminho do mar aberto. Dante escreveu quase um século e meio antes da viagem de Colombo, no momento em que o espírito da modernidade produzia a dita segunda Renascença (a primeira tendo sido a época de Carlos Magno, e a terceira, a era do Humanismo). E ele é certamente um dos ideólogos da modernidade, antes de tudo por ser um amante cortês (essa revolucionária forma de amor que aparece no século 12 introduziu na sociedade hierárquica medieval um novo laço social, tipicamente moderno, regrado pelos sentimentos do indivíduo e capaz de atravessar as barreiras de castas e classes).

Ora, a visão dantesca de Ulisses aparece quase como uma declaração de intenções do sujeito moderno e, portanto, uma espécie de explicação antecipada da viagem de Colombo. Segundo a lenda homérica, o herói volta enfim para o seu lugar após os longos anos de sítio a Troia e dez anos de Odisseia: nesse lugar, sua legitimidade de rei, esposo e pai é atributo eterno de seu ser, e é ali que, apesar de sua longa ausência e dos usurpadores, ele sempre será, e de fato é, reconhecido. O Ulisses moderno de Dante cansa desse lugar demasiado "seu" e, de repente, deixa reino e família para embarcar com alguns poucos amigos em uma viagem sem destinação e sem volta. Para o poeta, Ulisses retoma a estrada ou, em outras palavras, o oceano para se tornar "conhecedor do mundo e dos vícios humanos e do valor" ("Inferno", canto XXVI, 97-99).

O verso pode ser entendido de duas maneiras, não contraditórias. Por um lado, refere-se à paixão de descobrir vícios e valores de outros homens — uma espécie de curiosidade etnográfica que é, aliás, especificamente moderna. Quando os mais distantes de nós não se resumem no qualificativo de "estrangeiros" e os próximos não são mais definidos por sua posição na hierarquia social, só então surge um interesse específico pelo outro, considerado em sua diferença em relação a nós. Quem é ele?

Por outro lado, os vícios e o valor atrás dos quais correm Ulisses e seus companheiros podem ser os deles próprios. Nesse caso, Ulisses abandona o lugar que a tradição lhe garantia (ser rei e ser pai) para descobrir nele mesmo, em um infinito tempo de provas e correndo risco de vida, algo que estaria além de suas funções sociais asseguradas — algo que estaria menos no passado e no presente e mais em um futuro a ser inventado.

Assim, à primeira vista, as duas razões propostas para a viagem de Colombo (a materialista e a idealizada) pareceriam se opor como a necessidade se opõe ao desejo. Os cínicos diriam que os modernos conquistaram novos mundos para melhor responder às suas necessidades; os idealistas diriam que a modernidade vai atrás de um desejo que nenhum objeto satisfaz, um desejo de se afirmar, de ser reconhecido por seus atos e não pela legitimidade que a tradição conferia de antemão. Na verdade, como veremos, essa contradição é só aparente.

2.

É preciso mencionar também uma razão que explica por que a viagem de Colombo (e as que vieram em seguida, na mesma direção que a dele, rumo às Américas) se tornou, especificamente, uma metáfora privilegiada da modernidade — muito mais do que outras explorações. Trata-se de uma razão a posteriori: houve grande diferença entre a colonização da África e da Ásia e a colonização das Américas. Com poucas exceções, trata-se de dois tipos distintos de colonização.

Em um deles (que, paradoxalmente, parece mais generoso com os nativos, por não exterminá-los), o colonizador se instala em um local, eventualmente deixa os nativos trabalharem para ele e, assim, consegue reproduzir — graças à subclasse ou às subclasses dos autóctones — a ordem deixada em casa, ou uma ordem mais tradicional ainda. A matéria-prima desse tipo de colonização (que pode ser a mesma que produzirá o outro tipo) são os pequenos nobres que não têm mais condições de viver como tais e os burgueses que querem se fazer de nobres. Ambos os grupos constituíram, graças à colônia, um mundo hierárquico que, na pátria-mãe, estava com seus alicerces abalados, ou do qual eles se sentiam excluídos. Na maioria dos casos, a diferença étnica ajudou a naturalizar as hierarquias sociais reconstruídas. A liberação dessas colônias, aliás, foi uma catástrofe particular para os ocidentais lá instalados: a descolonização não significou para eles apenas perda material, mas o fim inapelável de um universo hierárquico que eles conseguiram manter graças à expansão colonial. Mais ainda: esse tipo de colônias (como, por exemplo, Argélia ou Índia) ofereceu a pequeno-burgueses e proletários ocidentais uma breve e inesperada chance histórica: em vez de, laboriosamente, serem em sua pátria os agentes de uma nova sociedade de grande mobilidade social, eles puderam brincar por um tempo de casta superior na sociedade hierárquica colonial.

A colonização das Américas foi outra coisa. Pelo menos na América do Norte, a viagem aconteceu sob o signo de um desejo dessas pessoas de mostrar seu valor: os pequenos nobres e burgueses que queriam tirar uma nova carta no jogo da vida e apostar alto e também os degredados ou miseráveis que pretendiam fazer fortuna e não compor uma caricatura das hierarquias deixadas para trás. Eles foram, nesse sentido, resolutamente modernos. Por isso, aliás, os nativos e suas culturas lhes pareceram dispensáveis e acabaram sendo exterminados. Desse ponto de vista, a escravatura foi a tentação e o pecado capital que ainda está por ser expiado.

3.

Mas voltemos para trás: o que, então, empurrou as caravelas de Portugal na busca de novos mundos para o mundo? As necessidades de subsistência ou o sonho moderno de mostrar seu valor? A oposição assim colocada evoca imediatamente o começo da *Fenomenologia do espírito*, de Hegel — que é de fato a melhor interpretação antropológica da subjetividade moderna no instante de seu triunfo. A humanidade (entenda-se: a modernidade) — na descrição de Hegel — começa quando acaba o reino da necessidade, ou seja, quando o desejo não encontra mais sua satisfação nos objetos procurados e finalmente consumidos, mas se projeta e prolonga indefinidamente em uma procura de reconhecimento. Não há melhor descrição do fim da sociedade tradicional: o lugar social de cada um passa a ser decidido pelo reconhecimento que ele obtém dos outros, e os objetos de desejo passam a valer como meios para conseguir um lugar ao sol. De repente, nenhum desses objetos pode apagar um desejo que transcende qualquer necessidade.

Houve (e ainda há) uma polêmica engraçada, oriunda das esquerdas dos anos 1960 e 1970, entre os apóstolos das necessidades e os apologistas do desejo. Discutia-se, naqueles anos, sobre o que importava mais ao homem, se comer ou desejar. De fato, Hegel sugere que, para o homem moderno, de qualquer forma, não há necessidades, só desejos, pois qualquer objeto que ele queira ou mesmo do qual precise fisicamente, desde um prato de sopa — aparentemente necessário — até um casaco de Giorgio Armani, o que conta, em primeira instância, é um meio de se fazer valer. Freud, em sua descrição do sujeito moderno, um século mais tarde, não dirá outra coisa e afirmará que mesmo a satisfação das ditas "necessidades" físicas está subordinada às complicações eróticas.

Portanto, a especificidade moderna consiste no fato de que, por assim dizer, as razões materiais se confundem com as "espirituais". Podemos padecer de fome e miséria tanto quanto os antigos, mas mesmo nesse caso nossa fome de arroz e feijão inelutavelmente se confunde com nosso desejo de ter acesso a maior dignidade social. A esse desejo, nenhum objeto — do feijão aos talheres de ouro — constituirá uma resposta adequada.

No caso das caravelas portuguesas, mesmo que se escolha a motivação "materialista", há que se concordar logo que elas não foram empurradas para o Novo Mundo por necessidade de espaço (ao contrário, era uma época de concentração urbana: os europeus estavam começando a gostar de se aglutinar) ou por necessidade de bens de subsistência. Se quisermos encontrar uma motivação econômica, resta constatar que as caravelas correram atrás de uma "necessidade de luxo". Curioso oxímoro, pois costumamos definir o luxo como sendo supérfluo: de que forma então poderia sua procura responder a uma necessidade?

Que se procurasse luxo — bens de luxo — e que fundamentalmente tenha sido isso que os navegadores levaram de volta e comerciaram na Europa, eis algo que dificilmente será negado pelos brasileiros. Pois o que era o pau-brasil senão um corante de luxo para os tecidos?

Toda essa viagem, incluindo a morte de índios e o tráfico de escravos, apenas para obter bens de luxo? Mas assim se passou quase sempre na aventura colonial: as caravanas das "Índias" traziam especiarias e sedas; os conquistadores procuravam ouro e pedras preciosas; acharam papagaios, tinta, café e chocolate: não menos supérfluos do que ouro e pedras. Considerando os imensos perigos aos quais cada um estava exposto e a incerteza da viagem, fica difícil não se perguntar: mas qual era a necessidade de tudo isso? É nesse ponto que, normalmente, os que preferem a explicação ideal relacionada ao desejo de novos conhecimentos e horizontes (a explicação de Dante) exultam e confirmam sua interpretação, acrescentando eventualmente que um ideal (menos nobre) de poder por certo ajudou. Mas, como antecipei, não é preciso escolher entre as duas motivações.

O fato é que para nós, sujeitos modernos, o luxo não é supérfluo, mas necessário. O luxo é o pai e a mãe da modernidade. Pois os bens de luxo são a própria matéria simbólica de nossos tempos, ou seja, exatamente o que decide a organização social. A modernidade é isto: substituir o ser pelo ter (e pelo parecer, que acaba sendo permitido graças às posses).

Mas cuidado: essa mudança assim expressa produz um mal--entendido que, aliás, é ele mesmo parte integrante do espírito moderno e em razão do qual nos tornamos pateticamente nostálgicos. A dita substituição do ser pelo ter parece implicar que no passado o ser humano tenha sido alguma coisa e hoje esteja reduzido apenas à posse de objetos e aparências, ambos estrangeiros à nossa intimidade "verdadeira". Provavelmente, o ser humano não é nada por natureza, a não ser um bípede sem penas; fora isso, todo o resto é cultural.

O ser pré-moderno é um efeito da nascença e da tradição (por isso mesmo, ele acarreta uma impressão de permanência e parece corresponder à essência "natural" de cada um — assim, relaciona-se, por exemplo, a nobreza à cor do sangue). O ser moderno é feito de ter e de parecer. Ou seja, não passamos de fato do ser ao ter, mas de um ser feito de regras tradicionais a um ser sustentado pela distribuição de bens.

Qualquer bem, por mais necessário que seja à subsistência, hoje vale, antes de mais nada, por seus efeitos sociais. Nosso bife cotidiano pode satisfazer nossa fome, mas pode nos deixar socialmente famintos: tudo depende de onde ele nos situa no leque que se abre entre os miseráveis e os clientes de um hotel cinco estrelas; e isso vale tanto aos olhos dos outros como aos nossos próprios olhos. Qualquer bem é, portanto, um luxo, pois serve para o funcionamento da diferença social mais do que para a simples satisfação de necessidades. Em uma organização social regrada pela distribuição de bens, o supérfluo torna-se necessário e, na verdade, mesmo o necessário torna-se supérfluo (ou seja, é sinal de diferença social mais do que objeto requerido pela subsistência).

Dir-se-á que também nas sociedades tradicionais o supérfluo foi sempre marca de alguma superioridade de classe. Mas, justamente, nessas sociedades, nunca o luxo decidiu sobre as diferenças de classes. Ele podia ser um privilégio das castas superiores, mas não era constitutivo dessa superioridade: era só seu atributo. As ditas leis suntuárias regulavam o acesso ao luxo segundo uma organização social que não dependia da distribuição dos bens. Quem pertencesse a uma classe social podia ter acesso a determinados luxos que eram proibidos às outras classes. Imagine o leitor, por exemplo, uma sociedade em que, para adquirir um Mercedes, seja preciso demonstrar que se pertence a uma família que possui terras há no mínimo quatro gerações, e para conseguir um Jaguar, há seis gerações. Sem dúvida, nessa sociedade, o Mercedes é atributo de uma classe, mas não constitui a classe. A modernidade inverte a prescrição suntuária: se você tiver um Mercedes, ganha acesso a uma classe.

A novidade moderna é o fim das leis suntuárias: o acesso ao luxo é que decide a classe e o lugar social de cada um, não é a classe que dá direito ao luxo. Assim, qualquer bem, mesmo o de subsistência, é primariamente um diferenciador social.

É possível acompanhar os progressos da modernidade seguindo a história do enfraquecimento das leis suntuárias e, mais ainda, a progressiva aparição da necessidade de ostentar para manter um lugar social. De fato, entre os séculos 12 e 14, as classes superiores da sociedade ocidental começam a manifestar uma nova sede de luxo que é diretamente proporcional ao progressivo enfraquecimento dos alicerces tradicionais da sociedade. Em outras palavras, até o século 12, a um rei, a um príncipe ou a um simples senhor era, com certeza, reservado o acesso ao luxo, que era atributo exclusivo de sua superioridade hierárquica, embora eles não precisassem desse supérfluo para se manterem como senhores. A corte não era um lugar que se distinguisse por algum esplendor particular ou pela acumulação ostentatória de bens. Nos dois ou três séculos seguintes vai-se preparando e, por fim, culmina o fogo de artifício — espécie de *potlatch* artístico — que chamamos habitualmente de Renascença. Esta não foi um efeito de alguma misteriosa melhoria do gosto dos senhores ou de sua generosidade, mas o fruto de uma sociedade em que o poder e o status cada vez mais deixam de ser consequência do berço e passam a ser resultado de uma riqueza que é preciso ostentar.

Essa descrição da aurora da modernidade acompanha a de Werner Sombart em seus estudos históricos sobre o capitalismo moderno, feitos nas décadas de 1910 e 1920. Marx pensa a modernidade como efeito de uma mudança produtiva; Weber, de uma mudança ideológica. Sombart, como se sabe (ou como dá para entender a esta altura), pensa a modernidade como um efeito da distribuição de bens que passa a constituir a diferença social. Se Sombart se torna hoje, aos meus olhos, mais adequado do que Weber ou Marx, é por revelação retroativa: a experiência contemporânea projeta sobre a modernidade inteira uma luz que a torna singularmente "sombartiana".

Resumindo, na modernidade o que importa não é onde e como nasci, mas como consigo me distinguir. Minhas posses me distinguem tanto quanto meus atos. Ora, a empreitada colonial responde a essas duas novas exigências: um cocar diferente, uma cor vermelha, um papagaio falante, o café... e — por que não? — uma aventura. A colonização das Américas é uma fantástica metáfora do sujeito moderno: os insatisfeitos com o lote que ganharam da cegonha tradicional procuraram sua ascensão social inventando sua diferença, caçando o supérfluo e ganhando méritos. Por isso, a viagem de Colombo marca o fim do mundo onde nosso ser é decidido por essência, ou seja, por nascença e tradição. Por isso, também, a oposição entre as duas motivações — a ideal e a materialista — é só uma aparência.

A procura de riqueza e a paixão do novo são as faces de uma mesma moeda, cuja circulação organiza o mundo moderno. "Diga-me o que tens e fazes, e assim direi quem tu és."

4.

Eleger a viagem de Colombo como início da modernidade é, em suma, adotar uma metáfora que salienta alguns traços decisivos da subjetividade moderna.

Esses traços não são atributos acidentais que, em dada época (a nossa, no caso), afetariam mais ou menos alguma "essência" subjetiva que de qualquer forma continuaria a mesma *per saecula saeculorum*. Ao contrário: a especificidade cultural é a organização psíquica de um sujeito, sua metapsicologia, por assim dizer. Se a modernidade, metaforicamente filha de Colombo, é sedenta de luxo e de aventura (e, portanto, de história, mudança e reconhecimento), esse não é um estado de espírito que afetaria uma essência subjetiva transcendente e imutável. A modernidade é uma nova organização psíquica. E a colonização das Américas é a metáfora de uma nova subjetividade.

Trata-se de uma subjetividade eminentemente histórica: o sujeito moderno não se define pelo mundo que encontra, mas pelo mundo que ele mesmo faz ou transforma. Ele não se define pelo lar onde nasce, mas por suas aventuras: é o sujeito saído de casa. O que implica uma nova experiência do tempo: a oportunidade, a potencialidade, enfim, o projeto vem fazer parte integral do ser.

De um mundo onde o passado determina o presente passa-se a um mundo onde o futuro é a verdade do presente.

Sobre o sujeito moderno assim definido, as reminiscências exercem o maior charme: como ele não lamentaria a ordem tradicional perdida? Como não seria nostálgico? Apesar disso, seu ser está no futuro e no projeto: seu sofrimento ordinário talvez se situe mais autenticamente na solução dos problemas da vida e na eterna inadequação a seus próprios ideais de sucesso. E é legítimo perguntar se acreditar que esse sujeito sofra exclusivamente ou mesmo principalmente de reminiscências não é um pouco homólogo a recomendar a um adolescente fugitivo: "Volte para casa!".

5.

Há duas Américas, naturalmente.

Na do Norte, a colonização foi direta e imediatamente a invenção de um mundo moderno (no sentido aqui exposto). Na do Sul, as coisas se passaram de outra maneira.

O drama que tornou tão diferente o sul das Américas pode ser contado de muitas maneiras. Tomemos, por exemplo, o Brasil e a história do império português: logo na hora de o colonizador declarar independência, ou seja, de confirmar a viagem inicial para longe da casa paterna e materna, a família real inteira veio morar com a gente.

O que teria sido dos Estados Unidos se, antes que ocorresse a Guerra de Independência, Napoleão tivesse invadido a Inglaterra logo após a sua vitória em Austerlitz, e em uma bela manhã a frota inglesa aportasse em Boston carregando a corte inteira para um longo exílio na América? A forçosa importação das modalidades tradicionais da pátria contrariou o gesto colonial brasileiro: a colônia — que nasceu como um lugar para onde fugir, ao deixar a casa paterna — se tornou o lugar da possível sobrevivência de hierarquias tradicionais que, em Portugal e na Europa inteira, já estavam ameaçadas. Tem-se, então, um paradoxo: a colônia, berço da modernidade, se transformou por um bom tempo no lugar de resistência da tradição. O que leva a confundir os espíritos: o país do futuro vira refúgio do passado.

A subjetividade moderna ocidental, vista pela luneta de Colombo, apresenta assim três nuances.

Primeiramente, uma Europa que sofre de reminiscências. O passado é lembrado como verdade do presente, mas — não podendo o sujeito moderno eximir-se de todo de apostar no futuro — com um corretivo: o sentimento da História com "h" maiúsculo (em que o futuro deve fazer sentido em relação ao passado que o prepara).

Depois, a América do Norte, onde o futuro dá sentido ao presente, e o passado é memória (e não História).

Por fim, a América do Sul, a cavalo entre as duas. Nascida do gesto inicial do colono americano, mas inibida pelos séculos de paradoxo. Essa é uma contradição que o sujeito sul-americano vive a cada dia: uma estranha pregnância do passado a dar forma ao presente, junto com todas as urgências do futuro. Talvez seja por isso que ser "o país do futuro" se torne, no Brasil, uma espécie de essência.

Um exemplo: o Mayflower, como se sabe, foi o barco no qual os primeiros "pais peregrinos" chegaram ao norte da costa atlântica americana. Mas o Mayflower, no Central Park West, era também um dos hotéis mais agradáveis de Manhattan e no qual — por ter mandado pintar meu apartamento — passei alguns dias.

Uma manhã, eis que batem à porta. É o serviço de limpeza do hotel: uma sorridente senhora afro-americana. Peço-lhe para ficar no quarto durante a arrumação, e ela me diz que sim, naturalmente eu poderia permanecer ali. Instalo-me, então, em uma poltrona perto da janela, e ela procede aos afazeres previstos. O problema é que, aos poucos, essa convivência temporária — que aparentemente não a atrapalha em nada — começa a me incomodar. Sem saber bem por quê, não consigo levantar os olhos, me perco em meus papéis, me dou ares de pessoa ocupadíssima, mas não consigo me concentrar. Ela continua tranquila sua tarefa, circula ao redor da cama, troca os lençóis, esvazia as lixeirinhas, desculpa-se enfim por causa do barulho do aspirador. Nesse momento, forçosamente levanto a cara e encontro seus olhos: de novo, nenhum traço aparente de desconforto em seu olhar. Mas por que então meu mal-estar?

Antes que ela tenha terminado o trabalho no quarto, vou me refugiar no bar do hotel. E, debruçado sobre um cappuccino, me rendo à evidência: fiquei com vergonha.

Como é possível? Ela estava trabalhando, ganhando a vida, assim como eu tentava ganhar a minha, mergulhando em vão a cara nos papéis. Para mim, porém, a cor da pele dela e a natureza doméstica de seu serviço pareciam evocar outra cena, que me dava vergonha. Uma cena complexa, contraditória: feita de uma intimidade extrema (com ela mexendo nos lençóis, na roupa suja, nas toalhas molhadas) e ao mesmo tempo de uma distância absoluta entre nós. Uma cena não necessariamente horrível, e talvez cordial (no sentido exato que Sérgio Buarque de Holanda deu a essa expressão). Mas também evoca a cena na qual a empregada que reclama seus direitos trabalhistas é considerada no Brasil uma "ingrata": a cena em que intermináveis horas extras por ela trabalhadas são "pagas" com favores dos empregadores ou mesmo com uma espécie de "inclusão" no quadro familiar.

O passado das duas Américas é parecido: séculos de escravatura (certo, a norte-americana durou menos e foi abolida por uma luta que quase dilacerou o país, mas a escravidão permanece um passivo comum). No caso norte-americano a memória é constante, e o presente é a tentativa de fazer diferente, de romper com o passado. No Brasil, a memória vacila, quando não é denegada, mas a História triunfa: o presente se define e se explica pelo passado, e é possível construir uma democracia formal em cima da herança preservada de um sistema de castas. Uma cultura considera o futuro como sua verdade, a outra padece da continuidade do passado, que é, aliás, chamado a justificar seu presente.

6.

Freud constatava, no começo do século 20, que o sujeito moderno padecia de reminiscências. É interessante, aliás, considerar com cuidado o valor dessa frase: ele não disse que o sujeito moderno teria necessariamente reminiscências, mas que sofria de reminiscências eventualmente fantasmáticas.

Ora, a modernidade — segundo sua metáfora, que é o gesto do colono americano — implica dar adeus ao passado. Esse adeus não é, propriamente, um esquecimento. Ele não apaga a memória: ao contrário, lembrar — como vimos — é o privilégio de quem aposta no futuro.

Mas esse adeus é mais do que um esquecimento, porque implica uma reorganização da personalidade, a partir de sua relação com o tempo, com o projeto e com a idealidade.

"Esquecimento" parece implicar certa substância do que é "esquecido". De fato, o sujeito moderno sofre mesmo de indeterminadas nostalgias. Nostalgias do ser, muito embora ele não tenha perdido nenhuma suposta "substância", e tenha apenas mudado. A nostalgia lhe apresenta o passado como se este fosse, e seguisse sendo, sua verdade — agora perdida.

Um hiato se instaura, assim, para o sujeito moderno e colonial entre o projeto — que é sua forma própria — e a nostalgia. Esse hiato, que talvez seja (ainda) seu lugar preferido de residência e de sofrimento, é uma espécie de ressaca no meio do oceano Atlântico.

A divisão subjetiva entre projeto e nostalgia toma a forma de um conflito, de uma incurável tensão entre ser e querer ser — incurável porque, por um lado, o ser é aqui uma hipóstase saudosista e, por outro, a idealidade do querer ser é sem fundo, indefinidamente perseguível, pois quem poderá considerar quitada a conta da aventura e suficiente o reconhecimento obtido?

Também se abre uma distância sofrida entre ser e aparentar: o sujeito moderno vive o ser que lhe é próprio — feito do reconhecimento dado pelo olhar dos outros — como uma mascarada, uma simples aparência. Provavelmente, esse sentimento de falsidade é só uma maneira de lidar com o caráter infinito de sua tarefa: insatisfeito por definição — pois nenhum reconhecimento jamais lhe dará a mesma certeza quanto a seu ser que a conferida por um código tradicional —, o moderno indivíduo se acha falso e ostentador. E acaba imaginando que as amarras de sua verdade estejam na tradição perdida.

O sujeito moderno, em suma, se atormenta entre as miragens da nostalgia e as miragens do projeto.

Nessa perspectiva, a angústia (e a depressão, como sua variante retórica) pode ser considerada a forma principal do mal--estar moderno e colonial: um permanente sinal de alarme — segundo a definição de Freud — para um sujeito ao qual nunca é dado descansar.

A angústia, e não a culpa. A saída de casa do sujeito moderno e colonial produz um complexo nuclear um pouco diferente do edípico nos moldes habituais. Aliás, talvez esteja na hora de revisar o complexo edípico habitual. Sem que se faça isso, vamos continuar escutando nossos pacientes contarem um romance que não é mais deles, mas é ditado pela nostalgia. De fato, a culpa pelo parricídio desejado (para perpetrar o incesto relativo) é um afeto pré-moderno. É no direito romano, por exemplo, que se tornar adulto plenamente é algo que implica a morte do *pater familias*, pois se trata propriamente de substituí-lo, em um mundo sem alternativas, nem temporais, nem geográficas. Para o sujeito moderno, saudade à parte, não importa substituir o pai, mas, sim, vir a ser alguém novo e diferente (eventualmente, alguém a mais), tentando, por exemplo, fazer sua vida alhures.

Hoje, o drama de Édipo não seria tanto se tornar rei e se casar com Jocasta, sua mãe, mas não conseguir sair de casa: sai de Tebas e volta para lá, onde efetivamente só pode se tornar rei tomando o lugar de seu pai. O Édipo moderno e colonial já há tempos foi tentar a fortuna em Esparta ou Atenas — ou do outro lado do mundo.

Com a angústia que lhe é própria, cada indivíduo moderno lida como pode, ou seja, segundo as modalidades próprias à sua particularidade. Nessa tarefa, a psicanálise pode lhe ser de grande ajuda. O extraordinário da descrição freudiana do sujeito moderno é que ela é suficientemente complexa para continuar valendo para seus diferentes avatares. E, de fato, a psicanálise acabou se diversificando conforme as transformações da subjetividade moderna (o cúmulo, aliás, seria conceber essa plasticidade da psicanálise como desvio de alguma reta doutrina, quando ela segue as exigências dos sujeitos que nela confiam).

Não é de estranhar que a psicanálise norte-americana, por exemplo, encontre o essencial do sofrimento subjetivo no drama narcisista, em que o sujeito sofre de ser para si mesmo um enigma que só o olhar dos outros pode resolver. Afinal, é essa a regra da modernidade "colonial" propriamente dita. Assim como não é estranho que a mesma psicanálise se oriente eventualmente para uma prática de *problem-solving*, pois a modernidade colonial procura a verdade na realização do futuro.

Da mesma forma, não surpreende que o sujeito europeu lide com os problemas de quem, aos cinquenta anos, mal saiu de casa: reminiscências que de fato são embaraçosas presenças. Justamente na Europa, a psicanálise descobriu com Lacan que o sujeito sofria, antes de mais nada, de seu apego ao ser que o passado lhe fornecia. E por isso tentou dobrar a cura no sentido moderno, de esvaziamento do sentido conferido pelo passado.

Talvez se possa então entender por que a América Latina se mantém como a meca da psicanálise. Porque justamente aqui, de alguma forma e paradoxalmente, o sujeito concilia o peso das sofridas reminiscências europeias com a exigência americana do projeto (e nessa conciliação às vezes ele se paralisa). Por isso, talvez, aqui, a psicanálise seja ainda pertinente em quase toda a sua diversidade.

Saudades da maloca: quinhentos anos sonhando com os índios

Fui me deitar um pouco triste ontem à noite, pois gostaria muito de chegar a este encontro com um achado racionalista e propor a vocês uma fórmula matemática universal da colonização. Infelizmente, não consegui. No entanto, acordei sonhando com a seguinte fórmula da colonização brasileira: Cabral barrado recalca o índio e fica com desejo de peixe frito. Então, esta é a fórmula que vou tentar defender:[1] $\mathcal{C}/i^p$

Na verdade, eu li, escutei e viajei demais — não como turista — para apreciar o gosto metálico do racionalismo. Portanto, não tenho nenhuma teoria geral do índio e do peixe frito. Aliás, o peixe frito, no sonho, vem do fato de que ontem mesmo, em uma conversa com Euvaldo Mattos, eu me lembrava de uma viagem que fiz a Salvador durante a qual comemos peixe frito na praia. Em suma, o resto diurno do sonho é o peixe frito.

1. Na época desta conferência, a psicanálise lacaniana gostava de criar "matemas", ou seja, fórmulas aparentemente matemáticas para quase tudo. E entre os convidados franceses do encontro, havia quem falasse de um "matema da colonização". O começo de minha fala, no contexto, era irônico e um pouco gozador...

Algo que sempre estranhei foi a facilidade com que os índios brasileiros iam à Europa. É claro que, nas primeiras décadas, sobretudo do lado ibérico, houve tráfico de escravos índios para a metrópole. Havia índios em Lisboa. Sabemos que os donatários das capitanias tinham direito a mandar para Portugal em torno de 24 escravos por ano, acredito. Esse era o total que podiam enviar sem pagar imposto; caso pagassem teriam direito a mandar um número muito maior.

A esses índios do tráfico somavam-se os que iam para a Europa por livre e espontânea vontade. Se vocês estão lembrados, se leram sobre isso, dez índios acompanharam Colombo, quando o navegador voltou ao Velho Mundo. E seis deles chegaram vivos, o que é uma boa média.

Os índios brasileiros eram os mais requisitados; peruanos e mexicanos, muito menos — acho que isso se devia ao fato de que eles tinham uma cultura forte. E não era esse o show que, na Europa, as pessoas gostavam de ver. Afonso Arinos tem uma observação preciosa sobre isso: ao levarem os índios para lá, o objetivo era dar aos europeus a lição de inocência que os intelectuais humanistas estavam reclamando. Exatamente por isso, os índios brasileiros, que claramente tinham uma cultura menos evidente — o que não significa que fosse menos forte — do que a dos peruanos e mexicanos, eram extremamente bem-vistos e bem-vindos pelos europeus.

O psicanalista Roland Chemama evocou neste encontro que, segundo Pero Vaz de Caminha, os índios gostavam de fazer imitações. Manoel da Nóbrega também conta, numa série de cartas, que os jesuítas eram continuamente seguidos e imitados pelos índios, os quais pediam que os batizassem e os levassem para a Europa. Existem algumas histórias que todo mundo conhece, como a de Paraguaçu.

Alguns desses índios foram batizados, vestiram roupas de europeus, frequentaram as cortes europeias e ficaram por lá.

Mas esse não era o propósito dos colonizadores. O propósito deles ao mandar esses índios brasileiros para lá era, segundo Afonso Arinos, dar um show de inocência, repito, que os intelectuais humanistas estavam pedindo. Tratava-se de oferecer um espetáculo — provavelmente aquele que os navegadores estavam procurando — que aconteceu de verdade.

Em 1550, em Rouen, na presença de Henrique II e Catarina de Médici, organizou-se uma grande festa brasileira, com a presença de muita gente importante: Mary Stuart, rainha da Escócia, a duquesa de Poitiers, que era amante de Henrique II — talvez mais importante que Catarina de Médici, de certo ponto de vista —, cardeais, bispos etc. Tal festa reunia, segundo os relatos, trezentos atores, cinquenta dos quais índios de verdade — mandados ou trazidos, dependendo da perspectiva, para a Europa — e 250 eram marujos que faziam figuração no espetáculo, tendo sido escolhidos por possuírem algum conhecimento da América e, logo, sabiam mais ou menos como agiam os índios de fato. O espetáculo era uma grande montagem, que representava duas tribos, os tabajaras e os tupinambás. As árvores de Rouen foram transformadas em florestas da Mata Atlântica, naturalmente cheias de micos e papagaios que também haviam sido levados para lá. Nessa arena, soltaram os micos e papagaios e fizeram entrar os trezentos "índios", todos, segundo relatos, inteiramente nus, embora na gravura *Une Fête brésilliènne célébrée à Rouen* (1551) alguns tenham penas ao redor das partes pudendas, como se diz.

Essa imagem de trezentos pelados, 250 dos quais não tinham nem a desculpa de serem índios para ficarem nus, deve ter produzido um efeito e tanto. Alguns construíam malocas, as malocas de ambas as tribos. Outros tentavam caçar; não era o momento de caçar de verdade, mas de mostrar como caçavam. Outros ainda mostravam o ciclo do pau-brasil: cortavam árvores e levavam-nas para barquinhos. Na cena final, em dado momento, os tabajaras e os tupinambás simulavam uma luta, e, possivelmente, os tupinambás venciam e colocavam fogo nas malocas dos tabajaras, que aparecem queimando na gravura citada.

Deixemos de lado os marujos e pensemos no destino daqueles cinquenta índios da "festa brasileira" de Rouen. Eles podiam ser considerados de escravos, que eram forçados a essa pantomima e resistiam ao que lhes estava acontecendo, a apaixonados índios imitadores dos brancos, quem sabe, que quisessem ser batizados e se tornar franceses. Para estes, serem lançados nus no espetáculo para se fazerem de índios era, certamente, àquela altura, a última coisa que podiam querer.

De qualquer forma, é difícil imaginar situação mais humilhante do que ter de transformar em espetáculo aquilo mesmo que, de certa forma, eles eram. Em outras palavras, isso é verdadeiramente o que significa se fazer de palhaço, quer movido pelo ódio, caso fossem escravos, quer pela frustração, se fossem pessoas que esperavam a integração na Europa. De qualquer modo, tratava-se de se fazer de palhaço. Mas é preciso entender que quem organizou essa cena, um diretor que eu desconheço, claramente não deixou espaço à improvisação.

Esses índios eram forçados a fazer o papel de si mesmos. Na ocasião, eles aprendiam ou devem ter aprendido, imagino, o abismo de alienação no qual eram lançados, pois tinham de fazer — saboreiem o paradoxo — o papel de si mesmos segundo o roteiro decidido pela expectativa dos outros. Por exemplo, eles tinham de dar uma lição de inocência, mostrando o que era a "vida primitiva". Ou seja, tinham de ser "eles mesmos", mas tal qual habitavam a psique dos espectadores. Surpreendente é que, hoje, estamos ainda na mesma situação; nada mudou. Estamos vivendo em Rouen em 1551.

Dou um salto para 450 anos mais tarde e de vários milhares, aliás, dezenas de milhares de quilômetros: até a Austrália do ano 2000, onde encontro um senhor chamado Boori Monty Pryor, aborígene australiano, que escreveu um livro de sucesso no país, chamado *Maybe Tomorrow* [Talvez amanhã]. Sua família viveu uma história terrível: dois irmãos e uma irmã se suicidaram um após o outro, enforcando-se, em razão, segundo ele, da ruína que atingiu a comunidade aborígene australiana. Não esqueçam que os aborígenes foram reconhecidos como cidadãos australianos somente em 1967. Monty Pryor conta no livro como ele conseguiu reviver e transformar sua história. Ele passou a viajar pelas escolas do país, fazendo, a pedido dos professores, uma apresentação sobre a cultura aborígene. Com isso, pareceu-lhe que entrava novamente em contato com sua cultura, ancestral e tradicional. Ele não se dá conta de que esse contato, de fato, é um contato não com a cultura aborígene, mas com o espetáculo dos aborígenes, tal como a Austrália quer ver, depois dos anos 1960. E, de certa forma, Monty Pryor é mais um ator da cena de Rouen.

Eu poderia contar uma série de outros casos de índios americanos etc., mas o caso do aborígene australiano é muito interessante por tudo o que ele conta. Imaginem uma assembleia de crianças ou adolescentes em uma escola da Austrália e, de repente, Monty Pryor, que é um negro grande de 1,90 metro, aparece nu, vestindo uma espécie de fio dental vermelho, com o corpo pintado de branco e ocre, que são as cores aborígenes, tocando o *didgeridoo*, dançando e respondendo a perguntas da classe.

Claro que é preciso certa coragem para fazer isso. Mas é uma estranha maneira de considerar que ele pode ser "ele mesmo". E é muito engraçado, pois um dia ele encontra uma criança que lhe faz a pergunta certa, que ele, porém, não percebe ser uma pergunta que de fato o interpreta. A criança pergunta: "Mas quando você começou a ser aborígene? E quantos anos você tinha quando começou?". Ele acha graça e diz: "Ela fala como se fosse uma profissão. Viu como as crianças não sabem o que é ser aborígene?". Na verdade, a criança entendeu justamente o que "ser aborígene" se tornou: *um show*.

Há ainda mais uma coisa importante mencionada por Monty Pryor. Ele nota que, nessas expedições pelas escolas australianas, as coisas são mais fáceis em suas apresentações, ou seja, as crianças reagem melhor a elas, quando são filhos e filhas de imigrantes recentemente chegados ao país (australiano tem 180 anos de Austrália, não mais; se tem mais, é aborígene). Com as crianças australianas as coisas são mais complicadas, e isso, segundo ele, deve-se ao fato de as crianças de imigração recente vivenciarem certa exclusão e, portanto, manifestarem alguma cumplicidade sentimental com os aborígenes por eles serem ou terem sido excluídos pelos australianos. Acredito não ser essa a explicação e me deterei sobre isso daqui a pouco.

Voltamos aos shows, o de Rouen ou o das salas de aula australianas. O palhaço indígena não faz propriamente o papel de si mesmo, ele faz o papel de um ideal do espectador. Não há dúvidas de que o ideal do espectador evoluiu, modificou-se um pouco ao longo de quinhentos anos, mas, mesmo assim, traços dessa idealização, na verdade, permanecem desde 1500 até hoje.

Cito aqui um livro muito bonito de Orlando Villas-Bôas sobre os pajés, no qual há frases extraordinárias como: "Fica a impressão, quase a certeza, de que o índio, o meio que o cerca, a sua cultura material e espiritual, faz parte de um todo indivisível ajustado ao tempo, em um equilíbrio que nós, civilizados, perdemos há muito, no passado distante, e talvez para sempre". É difícil chegar a um nível de idealização desta importância: "A cultura indígena fala em uma sabedoria que lá do alto equilibra a harmonia do universo". Não é pouca coisa.

Em Monty Pryor, ocorre o mesmo: existe uma mitologia da sabedoria indígena. Um dos traços fundamentais dessa sabedoria é a ideia da conexão com a terra, presente tanto em Villas-Bôas como em Monty Pryor, conexão que nós teríamos perdido. E, quando se começa a considerar isso com atenção, percebe-se que esse ideal — que, dentre outros, é um dos seus traços constantes — é construído como uma antítese. Na verdade, a ideia de uma relação privilegiada com a terra não tem nada a ver com os indígenas. Os aborígenes, em sua grande maioria, são povos nômades, não são povos sedentários. Uma grande parte dos índios brasileiros eram populações tomadas por grandes momentos de nomadismo.

Como é que se constituiu essa ideia de que haveria povos que teriam uma relação privilegiada com a terra? Constitui-se exatamente como a antítese comparativa relativamente a nós, aos navegadores, aos europeus, aos invasores. Sobre o mito dessa relação orgânica com a terra, dispõe-se a ideia de uma espécie de sedentariedade radical. A respeito desse ponto gostaria de mencionar o livro junguiano de Roberto Gambini, intitulado *Espelho índio*, que trata, na mesma linha de idealização, justamente da alma índia como sendo a alma da terra.

Se assim fosse, se os índios verdadeiramente se definissem por sua relação particularmente viva com a terra, por uma sedentariedade radical, por que teriam entrado nos navios para embarcar para a Europa? Pois, pensem bem, entrar em um navio com destino à Europa em 1510 é mais ou menos como encontrar um extraterrestre, que nos diz: "Olha, estamos voltando para Marte. Vocês não querem dar um passeio por lá?". É uma atitude que requer um espírito de aventura e uma capacidade muito grande de deixar para trás qualquer tipo de laço com a terra natal, uma capacidade muito grande de viajar.

Apesar disso, um dos elementos do nosso índio ideal é este: sua solidariedade com a terra, sua sedentariedade. Claro que, em vez de indagar "O que isso tem a ver com o índio?", a pergunta deveria ser: "Quem está sonhando?". Sobre os navegadores portugueses, achei muito bonita e pertinente a apresentação da psicanalista portuguesa Maria Belo, sobretudo por ela notar que os navegadores eram diferentes dos outros, pois eram heróis da modernidade em um sentido extremamente específico: eram heróis do nomadismo; não eram homens da ganância; pelo menos, não o eram no início. Para serem os navegadores que eles foram, precisavam primeiramente ser nômades. Heróis do querer não sei direito o quê projetaram seu ser no futuro, na aventura, na negação, em um estar fora de si, no tempo e no espaço. Possuíam essa capacidade de fato moderna de renunciar a uma parte tão consistente do ser: a permanência no lugar e a repetição do tempo. Assim sendo, entende-se por que sonhavam que o índio fosse, por definição, a antítese disso, o sedentário, alguém organicamente ligado à terra. Da mesma forma que as crianças de imigrantes recentes, que estão em pleno sofrimento causado pelo nomadismo, gostam das apresentações de Monty Pryor, o aborígene australiano, porque ele é exatamente o que elas querem encontrar: alguém que diga a elas "Eu sou a sabedoria da terra". Nos dois casos, o da Austrália ou o do Brasil, há uma mesma constatação a ser feita: o nômade sonha com aquilo que perdeu. Não à toa, a psicanalista Miriam Chnaiderman falou em sua apresentação justamente da dimensão melancólica do nômade, de sua perda inevitável.

Entretanto, o índio não é apenas o representante do que o nômade perdeu. Ele é um ideal mais complexo do que isso — o índio do qual eu estou falando, que não existe, o índio idealizado da festa de Rouen, que é o índio que conhecemos. Esse índio não é apenas o sedentário que balança na rede (também havia uma rede na festa de Rouen). Desde as cartas reunidas em *Novo Mundo*, de Américo Vespúcio, os índios foram apresentados como modelos da absoluta liberdade política. Eram livres: sem reis, sem chefes, cada um inteiramente dono de si, em completa liberdade moral e sem religião. Isso, no começo, chegou até a atrapalhar os jesuítas, que dos índios se aproximaram com a ideia de que não teriam religiosidade, embora logo tenham percebido que não era bem assim, e tentaram adaptar as coisas.

Esses dois elementos, liberdade política e moral, são os que, evidentemente, produziram os valores subversivos da figura do índio no pensamento do século 18 e no pensamento ocidental em geral. Isso ocorreu apesar das merecidas zombarias de Voltaire, o único que não se deixou levar por essa palhaçada, sem contar vários ingleses, a começar por Shakespeare. O índio anárquico e dono de si mesmo não é o ideal do que o navegador perdeu: ele é a imagem da liberdade moderna — política, social e de opinião.

Então, o índio de Rouen ou o apresentado nas escolas por Pryor — nem um nem outro existem. Esse índio é um duplo ideal do viajante moderno. Ele é a sedentariedade que o viajante perdeu e é também a liberdade que o viajante acha que está inaugurando. O índio, esse que não existe, é levado a encarnar uma contradição impossível. Por isso, na minha fórmula do peixe frito, o Cabral desejante recalca o índio e o substitui por uma espécie de ideal duplo e impossível: o índio tem de ser o ideal de liberdade (anseio do navegante) e o ideal sedentário, da sabedoria tradicional, de pertencer a uma terra. Tal índio é o sujeito impossível que o navegante gostaria de encontrar na praia e, de certa forma, se tornar, uma vez tendo instalado a si mesmo na praia.

É claro que esse índio nunca esteve lá. O índio do qual estamos falando, que é aquele do qual sempre falamos, talvez seja um fato intrapsíquico do navegador. Ele é uma entidade psíquica do navegador, dos seus sonhos.

As Américas e a Austrália são, fundamentalmente, aventuras sonhadas, projeções na realidade de uma aventura que poderia ter sido apenas a aventura psíquica do sujeito europeu da primeira Renascença. Se, por acaso, o mundo fosse mesmo limitado, se a Europa fosse mesmo um disco que acaba quando se passa de Gibraltar, acho que nós seríamos iguais e estaríamos sonhando com os índios. Talvez não se chamassem índios, mas a função intrapsíquica da nostalgia fundamental da sedentariedade, ou seja, daquilo que é o contrário do nomadismo, da nostalgia de uma subjetividade ligada às tradições, que, por sua vez, nos leva a pertencer a uma terra, tudo isso, inevitavelmente, teria sido uma componente do espírito moderno, pela simples razão de que a modernidade é uma aventura nômade.

Então, de alguma forma, a aventura da transplantação para o outro lado do Atlântico, certamente uma história maravilhosa, antes de ser uma aventura ocorrida nos mares e nos vários continentes, é uma história psicológica, é um momento da evolução da subjetividade. É o momento crucial, preparado desde o período que os historiadores sérios chamam de a segunda Renascença — sendo a primeira a que ocorreu nos anos 800, na época de Carlos Magno —, no século 12, quando os europeus de fato começaram a se deslocar para fora do continente. É o começo do fim do mundo tradicional, e as viagens tiveram uma função evidente nessa história.

Com as viagens ou não, tudo isso, porém, iria acontecer, de alguma forma. A mudança subjetiva que estava engatada talvez tomasse outros rumos e fosse designada por outras palavras. Mas duvido que teria sido diferente. É por isso que a aventura me parece, prioritariamente, ter de ser pensada como intrapsíquica.

Às vezes, pergunto-me o que teria acontecido se os pensadores e inventores da modernidade tivessem conhecido os índios — nessa longa fileira cultural, pelo menos na França, desde Jean de Léry (que, aliás, foi o único que aparentemente viu alguma coisa), todos escreveram sem ter visto nenhum índio in loco. Rousseau aspirava muito a viajar às Américas. Será que teria mudado alguma coisa em suas ideias, caso tivesse viajado? Não sei.

Foi pensando nisso, aliás, que passei a semana comemorativa dos quinhentos anos do Descobrimento do Brasil em Porto Seguro e lá fiquei bastante tempo na Conferência dos Povos Indígenas, pois era a manifestação mais interessante.

A conferência era um lugar muito comovedor justamente por causa do que disse antes: os índios sempre têm, hoje, um pouco, o aspecto de fantasmas, de pessoas que habitam esse mundo que é o espaço psíquico dos brancos e onde conseguem se fazer valer graças a algum milagre. Mas sobretudo duas coisas impressionaram-me na conferência. Primeiro foi a palavra usada pelos índios para se referirem à chegada dos europeus ao Brasil, e essa palavra não foi nem "descoberta" (do Brasil), nem "invenção" (do Brasil), mas "invasão". Ela é perfeitamente legítima, mas o interessante é que essa palavra é muito difícil de ser retomada pelos brasileiros — significando "brasileiros" os descendentes do bandeirante João Ramalho —, pois, logicamente, esses brasileiros estão situados em uma posição mista, complicada, entre a descoberta, a invenção (do Brasil) e a invasão (da terra então ocupada pelos indígenas).

A segunda coisa que mais me impressionou — apesar da qualidade da presença dos índios, da maneira como não estavam lá para dar um show e pareciam mostrar suas cores tradicionais sem que isso fosse, necessariamente, destinado ao observador branco — foi a violência do olhar da imprensa internacional.

A imprensa internacional estava em Porto Seguro para fotografar uma caravela que não chegou.[2] Então a imprensa achou que era muito mais interessante fotografar os índios. Um belo dia vi uma repórter escandinava — não sei se sueca ou norue-

---

2. A réplica da nau da frota de Pedro Álvares Cabral, construída na Bahia, afundou antes de chegar a Porto Seguro.

guesa — de saiote feito de palha, com o corpo todo pintado e participando muito feliz da Conferência dos Povos Indígenas. E a curiosa visão me fez imediatamente pensar que essa contradição pouco conciliável entre o ideal de liberdade moderno e o ideal de sedentariedade — da qual os índios estariam encarregados, papel que deveriam fazer na festa de Rouen e o qual se repete a cada dia — é, na verdade, uma divisão crucial da subjetividade moderna. Não há nada de surpreendente no que digo, porque justamente o índio do qual falamos é, quase sempre, repito, uma realidade intrapsíquica do sujeito moderno. O índio, para nós, não é um personagem da história brasileira, nem da colonização. Ele é um episódio da subjetividade ocidental moderna — um episódio muito importante e ainda muito presente. E é essa divisão que está representada pelo peixe frito.

Por quê? Porque precisamos ligar, por exemplo, a idealização do índio no Romantismo, no mundo inteiro, ao mito da vida nos subúrbios, da volta à terra, do camping, das pousadas sem luz elétrica. É preciso associar os chazinhos de flores, as ervas medicinais e coisas assim à idealização do índio, para poder entender a extensão da sua presença intrapsíquica na subjetividade moderna.

Refiro-me aos elementos, às escolhas, que participam da ideia de que gostaríamos de nos situar mais perto da natureza. Há escolhas, por exemplo, de conduta vestimentária — sabemos que é um imenso mercado. Por exemplo, não é engraçado esse aviso na etiqueta dos sapatos: "Couro natural"? Ou é couro, ou não é. Por que "natural"? Em geral "natural" se tornou um valor. E isso é bastante paradoxal, porque no fundo, do ponto de vista da modernidade propriamente dita, poderíamos pensar o contrário. Afinal, o que define um homem é a sua capacidade de dominar e transformar a natureza. Não é a sua capacidade de se conformar a ela ou de se integrar melhor a ela.

Os próprios índios, caso pudessem falar de fora da festa de Rouen, provavelmente não gostariam muito de ser identificados como porta-vozes de uma relação pacificada com a natureza. Porque, em última instância, uma relação verdadeiramente pacificada com a natureza seria a negação da cultura. Seria o mesmo que dizer que, por serem eles naturais, não teriam cultura.[3] Acho que a valorização, sob todas as suas formas, ideológicas e mercadológicas, de uma relação pacífica com a natureza e de uma sabedoria da natureza é a continuação de uma das faces da nossa idealização inicial do índio. Ou seja, está relacionada ao "índio que perdemos", à sedentariedade perdida, portanto à relação com a terra perdida etc. Do ponto de vista analítico, a relação com o que isso tem de materno, evidentemente, é grande. A esse respeito, há uma história muito divertida: consta que o costume de as mães voltarem a amamentar as suas crianças, sem recorrer a uma ama de leite, está fundado em sugestões que vêm da prática índia.

Dez dias atrás, quando estive no Timor Leste por uma semana, encontrei um jovem timorense de 23 anos chamado Gil Horácio Boa Vida. Ele pertence à mais nova geração timorense, mas não fala português, pois nasceu cidadão indonésio. É um roqueiro. Quando, em 1999, houve o referendo de independência do Timor Leste da Indonésia, ele estava em Java, estudando. Teve, então, de voltar para o Timor, onde não havia universidades, e não pôde continuar seus estudos. Também deixou de ter passaporte, pois no Timor teria de ter um passaporte da ONU.

3. Na abertura do encontro, Robson de Freitas Pereira mostrou como os relatos sobre a história do Brasil e dos índios deixavam entrever a preocupação destes em se diferenciar da natureza. De reafirmar, em seus cantos e rezas, que eram homens, que tinham uma tradição, que a maloca era uma casa. Eles precisavam espantar os maus espíritos também para poder caçar. Na relação com a floresta, como na relação com os espíritos, tinham de reafirmar a humanidade.

Além disso, para Gil, o ponto de contato com a modernidade, com a globalização, era a Indonésia, não o Timor.

E isso era o que importava, pois o que ele gostava era de assistir à MTV, embora não tivesse televisão em casa. Aliás, ele passou certo tempo me convencendo de que eu devia trazê-lo para o Brasil e chegou a cantar toda a "Aquarela do Brasil" para ver se me enternecia.

Um dia, quando estava me acompanhando como guia em uma viagem de carro, Gil quis parar na beira da estrada, onde havia uma velhinha que vendia peixe frito. Surpreendentemente, embora ele se apresentasse como ícone da modernidade frustrada pela necessidade de permanecer no Timor, Gil quis não apenas comer um peixe frito ali como que eu fizesse o mesmo. E eu estava meio desconfiado desse "peixe" e do "frito" — os quais recusei até o fim —, apesar de seu enorme esforço para me demonstrar que comer peixe frito na beira da praia era o suprassumo da sabedoria da sua raça. Penso que a sua raça tem outras sabedorias, como uma prática democrática de organização das tribos. Mas achei muito interessante como ele relacionava a sua sabedoria a uma imagem de apaziguado usufruto do cotidiano: sentar em um banquinho para comer esses peixes fritos enfiados em um espeto de madeira, como se fosse um picolé.

A história do índio impossível, do índio da festa de Rouen, ainda não acabou; os índios estão às nossas portas. Não são os índios verdadeiros, os índios que conseguimos exterminar, bem ou mal, ou simplesmente abolir, obrigando-os todos a fazer palhaçadas sobre si mesmos. Os índios que inventamos, esses índios intrapsíquicos, são misturas estranhas e contraditórias, feitas do conúbio entre a grande vontade de pertencer à terra — ou seja, um ódio determinado da globalização e dos seus piores efeitos — e uma exaltação da anarquia. E são exatamente esses dois elementos, presentes no mito do índio desde 1500 e nessa entidade intrapsíquica, que reaparecem hoje como fios condutores do que se pode chamar de nova revolta.

Há alguém levando os índios a sério, os índios impossíveis, os índios intrapsíquicos: são os baderneiros de Seattle, Washington, Melbourne, Praga, os quais estarão, em janeiro de 2001, pela primeira vez reunidos em Porto Alegre no Fórum Social Mundial.

Como eu tenho muita simpatia por esses índios baderneiros de Seattle, Washington, Melbourne, Praga, vou concluir então com uma exortação política: "Vamos lá, companheiros, peixe frito para todos!".

Fonte dos textos

"Brasil, país do futuro de quem?". *Vozes*, ano 86, v. 89, n. 6, nov./dez. 1992, pp. 21-9.

"Notebook on Migrations". *Journal for Ethnomedicine* ("The Medical Anthropologies in Brazil"), v. 12, VWB/Verlag für Wissenschaft und Bildung, 1997.

"Lei e comunidade: algumas propostas". Em: Pinheiro, Paulo Sergio (Org.). *São Paulo sem medo: um diagnóstico da violência urbana*. Rio de Janeiro: Editora Garamond, 1998, pp. 59-72.

"A psicanálise e o sujeito colonial". Em: Edson Luiz André de Souza (Org.). *Psicanálise e colonização: leituras do sintoma social no Brasil*. Porto Alegre: Artes e Ofícios, 1999, pp. 11-23.

"Saudades da maloca: quinhentos anos sonhando com os índios". Em: *Narrativas do Brasil: cultura e psicanálise*. Porto Alegre: Associação Psicanalítica de Porto Alegre, 2005, pp. 123-32.

Índice remissivo

aborígenes, 295-8
adolescentes, 76-7, 220, 257, 295
Afonso Arinos (de Melo Franco), 292
África, 154, 274, 276
afro-americanos, 241, 244
afro-brasileiro, discurso, 64
Alemanha, 85
Alencar, José de, 209
Alighieri, Dante, 274-5, 279
Amazônia, 155
América do Norte, 52, 54, 178, 205, 208-9, 222, 228n, 229, 247, 277, 285, 299
América do Sul, 52, 54, 198, 200, 203, 205, 227, 229, 243, 246, 285, 299
anarquia, 304
Andrade, Mario de, 209n
Andrade, Oswald de, 37, 66
angústia, 89, 118, 288
Antilhas, 115; emigrantes negros das, 241
antropofagia, 37-8, 65-7, 103
"Aquarela do Brasil" (Barroso), 304
Aragão, Luiz Tarlei de, 68-9, 128, 168
arcaísmo, 235
Ariès, Philippe, 257n
Armani, Giorgio, 278
Assembleia Nacional Constituinte (1987-88), 126

Association Freudienne, 50n, 177
Austrália, 224n, 295-6, 298-9

Bacon, Francis, 273
Bahia, 37, 166, 168, 301
Barbania, 109-10
Barroso, Gustavo, 203n
Barthes, Roland, 31
BBC, 24, 28
Beckett, Samuel, 51n
Belchior, Antonio Carlos, 37
Belo Horizonte, 38, 153, 155-6
Belo, Maria, 157, 298
Bento Gonçalves, 54, 109-10, 187
Benveniste, Émile, 126
Berkeley, 25, 212n
Blonsky, Marshall, 23
Blumenau (sc), 64
Boa Vida, Gil Horácio, 303
Bobbio, Norberto, 30
bom selvagem, mito do, 205n
Bonaparte, Napoleão, 89, 284
Boston, 24, 206, 284
Brasil: uma biografia (Schwarcz e Starling), 19
Brasil: "falta de pai", 172; invasão do, 301; país do futuro, 195, 211, 285
Brasília, 91n, 110, 124, 164, 199

Braudel, Fernand, 274
Brimelow, Peter, 224
Buarque de Holanda, Sérgio, 198, 203n, 206, 208n, 286
Buenos Aires, 203
Bush, George, 206

Califórnia, 24
Calligaris, Bernardino, 109
Calvino, Italo, 21
Caminha, Pero Vaz de, 292
Campo Santo Stefano, 112
Canadá, 207, 224n
Canavese, 109
Canudos, 197
capital cultural, 239, 240, 241, 247; latino, 243, 245; negativo, 256
capitalismo, 63, 127, 198
Cardoso de Mello, Zélia, 95
Cardoso, Fernando Henrique, 41
Carlos Magno, 274, 300
Carnaval, 23, 63, 81-3, 153, 167, 210, 262
Casa Colonial Felicitá, 187
Cazotte, Jacques, 164
Chaunu, Pierre, 204n
Chemama, Roland, 292
chistes, 52
Chnaiderman, Miriam, 298
cidadania, 35-6, 41, 50n, 54, 61, 64-5, 70, 75, 107, 114, 128, 134-5, 139, 172, 205, 213, 225, 245-7, 262; invocação à, 264; "tirar a cidadania", 35
cinismo, 62, 88-90, 93, 170
cives, 204
classe média, 139, 148, 150, 216, 232, 235, 237, 246, 263, 269
clientelismo, 91
Collor de Mello, Fernando, 57, 92n, 94, 107, 180n, 182
Colombo, Cristóvão, 198, 229, 247, 274, 276, 282, 285, 292
colonialismo, 115, 216
colonização, 113, 130, 168, 202, 207, 228, 235n, 240, 243-4, 247, 276-7,

282-3, 291, 302; brasileira, 128; matema da, 291n
colonizador, 41, 49-57, 59, 61, 63, 67, 69-70, 78, 80-2, 84, 89, 95, 98, 100, 102, 104, 114, 119, 124, 129, 131, 135-7, 140, 143, 151, 157, 161, 165, 168-70, 175-6, 180, 183, 185, 188, 204, 206, 208, 229, 240, 243, 276, 284; brasileiro, 79, 83, 204, 206; corruptos como porta-vozes do, 41; e o corpo materno, 52; emissário do país de onde vem, 36; exploração do corpo da terra, 62; ganância, 40; imposição da língua do, 50; oposição entre colono e, 41; pai, 101, 104, 108, 114, 124; representação no Carnaval, 82; sonho edênico, 201; transmitindo o discurso para o filho, 69
colono, 36, 49, 53, 55-7, 59-60, 64, 67, 70, 79, 89, 111, 119, 121, 124, 131, 135-7, 163, 165, 168-70, 175-6, 183, 185, 240, 285, 287; anseio de um pai, 64; antinomia do judeu errante, 112; brasileiro, 55, 62, 114; busca de função paterna, 89; condições de vida impostas ao, 61; escravatura, 65, 67-8, 70, 128-9, 186; filiação do, 135; imagem de pai, 104, 107-8; imigrante, 172; oposição entre colonizador e, 40; pedido de cidadania do, 70; portador de um sonho, 39; presidentes porta--vozes do, 41; significante nacional, 56; sonho de reconhecimento da cidadania, 61; um nacional, 55, 65; umtegração, 54; voz do, 57
complexo edípico ver Édipo
comunidade afro-americana, 246-7
Conferência dos Povos Indígenas, 301-2
Conquête et exploitation des nouveaux mondes (Chaunu), 204n
Conrad, Joseph, 166
Constituição dos Estados Unidos, 181
construção psicanalítica, 27

consumo, 141, 145-52, 211
contracultura, 25
contrato social, 223, 232, 246
conversão, 113-4, 216
corpo: da terra, 50, 52, 62-3, 67, 70-1, 90, 98, 124, 129, 160-1; do invasor, 157; do outro, 143; escravo, 62, 64-5, 67, 69, 82, 128, 130, 137, 151; exploração do, 61, 132; feminino, 45, 161, 209; índio, 135; materno, 50-3, 51n, 68-9, 78-9, 113
corrupção, 30, 40-1, 91, 93, 108, 137, 139, 198, 238; violência criminosa das elites e, 262
Cortez, Hernán, 213, 244, 247
crianças, 26, 59, 72-80, 90, 146, 148, 155, 157, 171, 197, 210, 220, 257, 295, 298, 303; abandonadas, 35, 73, 75; cidadania, 75; exaltação fantasmática das, 77; latino--americanas, segregação das (nos Estados Unidos), 245; paraíso para as, 78-9; promiscuidade doméstica, 77
criminalidade, 133-44, 238, 251n, 261, 269; infantil, 76; relação entre pobreza e, 260
"criminalidade em psicanálise, A" (Lacan), 133
cristãos reformados, 201n
cristãos-novos, 112, 114
Cruzado Novo, 125
Cunha, Euclides da, 197

Dallas, 154
Davatz, Thomas, 59, 60
De Gaulle, Charles, 172, 195
Deleuze, Gilles, 31
democracia parlamentarista, 108
democracia racial, 20
depressão, 288
desejo, 80, 115, 117, 164, 171, 173-5, 181, 210, 217, 219, 230-1, 278
diabo apaixonado, O (Cazotte), 164
direitos civis, 138, 243
ditadura militar, 88

diversidade, 239-40, 290
dívida externa, 182
Divina comédia (Alighieri), 88
Dumont, Louis, 217, 260n

Éden, 198-9, 202, 204-5, 208-10, 228
Édipo, 289
Ele & Ela (revista), 105
eleição, terra de, 175, 184, 196
eleições presidenciais, 57, 92, 150n, 180
elites, 68, 70, 215, 233-5, 264, 266-7; dirigentes, 262; serviço comunitário, 266; violência criminosa das, 262
empowerment, 244n
Encontro Franco-Brasileiro de Psicanálise, 177
entitlement, 244n, 245
eros-centers, 86
Escola Freudiana de Paris, 21
escravatura, 58-71, 75, 82, 104, 128-9, 131, 135, 137, 160, 173, 180, 186, 204, 216, 229, 235n, 241, 243, 262, 277, 279, 286, 292, 294
Escritos (Lacan), 133
espaço público, deterioração e aumento de violência, 269
Espanha, 113
Espelho índio (Gambini), 297
Estado Novo, 125
Estados Unidos, 24-5, 27-8, 39, 56, 65, 74, 85, 127, 178, 207, 209, 212n, 213, 222, 224-5, 227, 230, 232-9, 241-8, 269-70, 284; afro-americanos nos, 241; Constituição, 181; Declaração de Independência, 56; emigrantes das Antilhas nos, 241; meca das migrações, 223; psicanálise nos, 66; reação governamental contra a cultura do direito a subsídios dos imigrantes, 247
Esteio (RS), 156
ética protestante e o espírito do capitalismo, A (Weber), 127
eu ideal, 157, 209

Europa, 61, 72, 75, 78, 85, 89, 106, 127, 138, 148, 154, 165, 168, 178, 196-7, 203, 205, 211, 227-8, 233, 270, 274, 279, 284, 290, 292-4, 297, 300
europai, 178

Fantasia de Brasil (Souza), 23
fantasmas, 62, 65, 70, 130, 155, 173, 201, 209, 301
fantasmático, 62, 64
Farrakhan, Louis, 244n
fascismo, 22, 28, 48
favores, troca de, 107
Febem (Fundação Estadual do Bem- -Estar do Menor), 76
Febvre, Lucien, 200
Feira de Santana (BA), 154
felicidade, 86, 118, 147, 181, 209-10, 257-8; ideais de participação comunitária, 259; natalidade e valorização da, 257; social, 258; sonho de, 59, 181, 187, 209, 258-9
Fenomenologia do espírito (Hegel), 277
Ferrini, Contardo, 117, 122
Ferry, Jules, 80
Filadélfia, 56
filiação, 40, 48, 50n, 62, 67, 73-4, 80, 84-5, 90, 92, 98, 100-1, 103, 105, 111, 113-6, 118, 120, 122-4, 128-9, 131, 134-5, 137, 159, 164, 170, 172-5, 178, 182, 184, 187
Folha de S.Paulo, 21-2, 226
fome, 232, 241, 243, 278, 280
Fórum Social Mundial, 305
Foucault, Michel, 31, 163
França, 20, 25, 27, 29, 38, 45, 96, 101-2, 115, 148, 178, 184, 226, 237, 300
Franco, Itamar, 206-7
Freire Costa, Jurandir, 88
Freitas Pereira, Robson de, 303n
Freud, Sigmund, 31, 39, 67, 73, 99, 103, 174, 231, 278, 287-8
função paterna, 31, 33-4, 79, 83, 88-108, 112, 135, 177-9

Fundação Casa (Centro de Atendimento Socioeducativo ao Adolescente), 76n

Gambini, Roberto, 297
Garibaldi (RS), 64, 189
Gengis Khan, 213
Géographie du Moyen-Âge (Lelewel), 202
Gil, Gilberto, 37
globalização, 218, 304
Goiás, 129, 159
goût de l'effort, 78, 80, 84
Governador Valadares (MG), 153, 157
gozar/gozo, 50-2, 54, 56, 68, 78, 81-7, 89, 94, 96-7, 100-2, 105, 114, 118-20, 125, 128, 132, 140, 143, 149, 151, 155-7, 160, 164, 170, 174-5, 178, 180, 185, 188, 197, 200, 202, 204, 209-10
Grotius, Hugo, 206n
Guattari, Félix, 31
guerra do fim do mundo, A (Vargas Llosa), 197
Guerra do Vietnã, 25, 74
Guide Bleu Hachette, 22
Guimarães Rosa, João, 159

Hegel, Georg Wilhelm Friedrich, 202n, 230-1, 277-8
Hello, USA!, 24-5
Henrique II, 293
histeria, 172, 175, 178, 184
Histoire de Lynx (Lévi-Strauss), 200
História do capitalismo moderno (Sombart), 282
História social da criança e da família (Ariès), 257n
holismo, 214, 216, 219, 260n
hóspede europeu, 62
Humanismo, 274
Hy Bressail, 203

ideal antropofágico, 67
Ieltsin, Boris, 206
Iluminismo, 224n, 225

imigração, 53, 139, 172, 178, 212-48, 224, 261, 296; brasileira, 246; de brasileiros nos Estados Unidos, 238; europeia e asiática, 242; latino-americana, 242-4, 247; museu da, 54; privilégio à reunião de famílias, 243

imigrantes, 54-5, 111, 119, 173-5, 212-48, 256; brasileiros, 212n, 237-8; e a lei da nova comunidade, 255; europeus, 241; legais, 222; legais, destituição de benefícios dos, 245; possibilidade de assumir a cidadania, 246; *ver também* colono; colonizador

imperialismo cultural americano, 223

Inconfidência Baiana, 56

Inconfidência Mineira, 56

incorporação, 67

índio, 34, 201, 204, 228-9, 243, 291-305

individualismo, 212n, 214-20, 223, 225, 230, 260n; ocidental, 218

Inglaterra, 89, 284

Inquisição, 114

interdito, 51, 54, 71, 79, 130, 176

inveja, 236-7; como regulador social ocidental moderno, 271n

inversão, 103, 122; rito de, 82

investimento cultural, 95

Iracema, 209

Irlanda, 243

IstoÉ, 49

Itália, 20, 22-3, 25, 27-9, 36, 38, 48, 54-5, 117, 119, 148, 168, 187, 189, 226

Jefferson, Thomas, 181

jeitinho brasileiro, 33

Jerusalinsky, Alfredo, 82, 254n

jesuítas, 135, 292, 299

João VI, dom, 89

judeus, 111-3

judeus que construíram o Brasil, Os (Novinsky), 113n

Kerouac, Jack, 85

Kid Abelha, 37

Klein, Melanie, 99, 103

Kubitschek, Juscelino, 110

La Popelinière, Lancelot Voisin de, 205n, 206n

Lacan, Jacques, 21, 99, 103, 133, 181, 290

laços, 72, 85, 103, 129, 133-6, 141, 163, 221; simbólicos, 113, 119, 133, 141, 161

Langage et l'inconscient, Le (Melman), 50n

Lava Jato, operação policial, 40-1

lei, 249-72; disfunção da, 253; representação moderna da, 252, 255, 260; representações comuns da, 249

leis suntuárias, 281

Lelewel, Joachim, 202

Léry, Jean de, 300

Lévi-Strauss, Claude, 160, 200

Liberação da Itália, 22

Lima, Marina, 37, 168

limites, 51, 54, 68, 74, 79, 83-4, 102, 105, 151, 175

língua: do colonizador, 50-1, 63, 98, 101, 129, 168; inconsciente, 50n; materna, 50n, 51n, 53-4; paterna, 50n, 52, 69, 78, 84, 100, 113, 135; portuguesa, 51

Lisboa, 233

"Literatura de fundação" (Paz), 196

Londres, 28, 209n, 233

Los Angeles, 154

loucura, 34, 172

Lula da Silva, Luiz Inácio, 36, 41, 57, 180

Lula da Silva, Marisa Letícia, 35

luxo, 58, 279, 281, 283

"Mãe preta e tristeza branca" (Aragão), 68

maioridade penal, diminuição da, 77

Maison de l'Amérique Latine, 177

Manhattan, 226, 285

Marcha do Milhão, 244

marginalidade, 133-44, 251n, 261, 269

Marrocos, 58

Marx, Karl, 282

marxismo, 88, 273
máscara, 61
mascarada, 171, 210, 288
Matarazzo, família, 53
matemas, 291n
Mattos, Euvaldo, 63, 115, 291
Maugham, Somerset, 216
Mauss, Marcel, 90, 133
Maybe Tomorrow (Monty Pryor), 295
Mayflower, 285
Médici, Catarina de, 293
*Mediterrâneo e o mundo
mediterrâneo na época de Filipe II,
O* (Braudel), 274
Melman, Charles, 50n, 133, 172
Melo Franco, Afonso Arinos de, 292
Melo Neto, João Cabral de, 130
Memorial da América Latina, 95
Memorial JK, 110
Memórias de um colono no Brasil
(Davatz), 59
Menezes, Eduardo Diatahy B. de, 208n
México, 233
migração e cultura, 239
migrante, 178, 185
Migrations and Culture: A World View
(Sowell), 239
milagre econômico, 29
Milan, Betty, 63
Milão, 31
Minas Gerais, 153, 232
miséria, 50n, 58-9, 61, 114, 134, 172, 182,
242, 261, 278
mito, 122-3, 130, 199, 203, 205n, 209,
223, 240, 243, 246, 297, 302, 304
modernidade, 213, 215, 225, 227, 230,
256-7, 262, 273-4, 276, 278-9,
281-2, 284, 287, 289, 300, 302, 304
Mombaça (CE), 91, 94
Monroe, James, 209
Montaigne, Michael de, 200, 205n
Montevidéu, 203
Monty Pryor, Boori, 295, 297-8
Moreira de Souza, Alduísio, 45, 159
mouros, 113
MTV, 304

"Muda, Brasil" (Marina), 168
Museu do Imigrante, 109
Museu do Trabalhador, 53n

Nabokov, Vladimir, 51n
nação, 49, 168, 208n, 227-8; *um*
nacional, 48, 56; *umtegração*, 48,
54, 56, 129
"Narcisismo em tempos sombrios"
(Freire Costa), 88
Nardin, Paulo, 185
Nascimento, Milton, 37
nativos, 32, 199, 227, 276-7
natureza, imagem fantasmática da, 201
navegadores, 88, 205, 279, 292-3, 297
Navigatio Sancti Brendani, 203
negro, 81, 241, 244, 295
neurose, 22, 28, 31, 34, 51n, 57
Nóbrega, Manoel da, 292
Nome do Pai, 90
nominação, 63, 67, 203
nostalgia, 185, 200, 217, 287-8, 300;
comunitária, 215; da origem, 129;
do pai perdido, 34, 129
Nova Bréscia (RS), 64
Nova República, 125
Nova York, 114, 150, 207, 225, 269
Novinsky, Anita, 113n
Novo Mundo, 114, 279
Novo Mundo (Vespúcio), 298
Novum Organum (Bacon), 273

"Observações sobre a delinquência"
(Melman), 133
Oliveira, Valdomiro, 57
onomastico, 119-20
ONU (Organização das Nações
Unidas), 182, 303
opinião pública, 94, 106, 174, 265, 272
orçamento participativo, 268
Oriente Médio, 154
origem, 30, 61, 63, 98, 110-1, 124

Paes de Andrade, Antônio, 91, 94
pai, 31, 33-4, 40, 50-1, 54, 58-61, 64, 69,
71, 73, 79, 83-4, 90, 93, 96, 98, 100,

104, 107, 119, 129, 133, 135, 151, 159, 171-4, 176, 179, 181-2, 184-5, 275, 289; colonizador e, 100, 104, 108, 114, 124; colono e, 54, 62, 64, 67, 71, 79, 89, 104, 107-8, 113, 119, 121, 135, 172, 175, 185-6; fundador, 61, 64; imigrantes, 173, 175, 220, 296; soft-moderno, 134

Paraíso, 202, 204, 210; *ver também* Éden

Paralamas do Sucesso, 37

Paris, 27, 31, 38, 75, 85, 94, 150, 166-7, 177, 179, 184, 196, 233

Partido Comunista Italiano (PCI), 48

paternidade, 105, 186

pau-brasil, 62, 279, 294

Paz, Octavio, 127, 196, 203

pedagogia, 69, 78

Pennacchi, Valério, 190

peregrinos, 208, 285

perversão, 34, 172

Piaget, Jean, 31

Piemonte, 109

Plano Brasil Novo, 125

Plano Cruzado, 150n

Platão, 27

pobreza, 141, 147, 241, 264; criminalidade e exclusão, 260

Poitiers, duquesa de, 293

polícia, 62, 139, 263; abuso de poder, 270; autoimagem da, 271; capanga das elites, 264

pornochanchada, 29

Porto Alegre, 27, 38, 45, 55, 57, 109, 121, 128, 145, 147, 185, 187-8, 268, 305

Porto Rico, 245

Porto Seguro (BA), 301

portugueses, 51, 53, 114, 122, 185, 203, 298

pós-guerra, 29, 233

potlatch, 41, 42, 90, 95, 137, 150, 282

presídios, motins nos, 138

progressismo, 88

projeto antropofágico, 67

propriedade intelectual, 98

protestantismo, 208n

psicanálise, 26, 38-40, 50-1, 66, 96-7, 99, 133, 159, 175, 177, 183-4, 187, 209, 273-90; lacaniana, 101, 103, 291n

psicologia experimental, 269

psicose, 31, 33

Quércia, Orestes, 95

quilombos, 64, 129

racismo, 111

Rádio Londres, 28

Raízes do Brasil (Buarque de Holanda), 199n, 204n, 206

Ramalho, João, 301

Recife, 114

Rede Globo, 234

rede simbólica, 145

reforma agrária, 53, 169

regime de prisão especial, abolição do, 267

reminiscências, 39, 283, 285, 287, 290

Renascença, 274, 282, 300

representação arcaica, 249, 251-3, 255-6, 259, 261

representação comunitária, 258, 261, 266-7, 270

"República de Mombaça", 91n

Revolução de 1930, 130

Revolução Francesa, 179

Rinascita (suplemento semanal do *L'Unità*), 21

Rio de Janeiro, 139

Rio Grande do Sul, 58, 138, 156

Risi, Dino, 29

Romantismo, 225, 302

Ronsard, Pierre de, 205n

Rousseau, Jean-Jacques, 300-1

Rousseff, Dilma, 41

Salvador, 37-8, 81, 83, 115, 147, 153-5, 165, 167, 291

Santos (SP), 59

Santos, Silvio, 92

São Paulo, 27, 38, 53, 55, 59, 86, 95, 101, 103, 113, 153, 190, 236, 255, 266

Sarney, José, 91, 150n

Schwarcz, Lilia, 19
Sciarretta, Raul, 45
segregação habitacional, combate
à, 269
Segunda Guerra Mundial, 22, 24, 129-30
selvagem, 204, 208
selvaticus, 204
Senegal, 63
sertão, 159-64, 197
Shakespeare, William, 299
significante, 90, 124, 128, 169, 207, 209;
nacional, 48, 56, 62-7, 79, 125-7, 129,
168, 178; paterno, 68, 79; um, 63
Sócrates, 27
Sombart, Werner, 282
sonegação, 137
sonho democrático, 239
Souza, Octavio, 23, 190, 208n
Sowell, Thomas, 239-40
Spock, Benjamin, 74
Stafford, Mark, 23-4
Starling, Heloisa, 19
Stuart, Mary, 293
Suíça, 29, 226
sujeito moderno, 275, 278, 282-3, 285,
287-8, 302

Timor Leste, 303
Transbrasil, 153
Tratado de Tordesilhas, 204
Trois Mondes, Les (Popelinière), 205n
Tropicália, 37

Ulisses, 88, 274-5
um nacional, 54, 64, 67

*um*tegração, 48, 54, 56, 129
Une Fête brésiliènne célébrée à Rouen
(Denis), 293
Unità, L' [jornal], 21
universalismo, 218, 224-5
Universidade da Califórnia, 24, 212n
utopia, 195-8
Utopia [revista], 21

Veja, 49
Veloso, Caetano, 37
Veneza, 112
Vespúcio, Américo, 298
viajante, 32, 45, 155, 160, 163, 203, 299
Villas-Bôas, Orlando, 296
violência: criminosa, 254-6, 262, 269;
plano de ação contra, 265-6,
268-71
Visão do paraíso (Buarque de
Holanda), 198, 203n, 206n, 228n
Voltaire, 299

Washington, 244n, 305
Weber, Max, 127, 198, 282
Wertmüller, Lina, 29
Whitman, Walt, 85
*Wilderness and Paradise in Christian
Thought* (Williams), 208n, 228n
Williams, George, 208n, 228n
Wisnik, José Miguel, 37

Xuxa, 171

Zero Hora (jornal), 57
Zweig, Stefan, 195

A marca FSC® é a garantia de que a madeira utilizada na fabricação do papel deste livro provém de florestas gerenciadas de maneira ambientalmente correta, socialmente justa e economicamente viável e de outras fontes de origem controlada.

Copyright © 1991 Herdeiro de Contardo Calligaris

Todos os direitos reservados. Nenhuma parte desta obra pode ser reproduzida, arquivada ou transmitida de nenhuma forma ou por nenhum meio sem a permissão expressa e por escrito da Editora Fósforo.

EDIÇÃO E PREPARAÇÃO Três Estrelas
COORDENADORA EDITORIAL Juliana de A. Rodrigues
ASSISTENTE EDITORIAL Mariana Correia Santos
ÍNDICE REMISSIVO Probo Poletti
REVISÃO Geuid Dib Jardim
PRODUÇÃO GRÁFICA Jairo Rocha
CAPA Raul Loureiro
IMAGENS DA CAPA Marcus Steinmeyer
IMAGENS DO CADERNO Marcus Steinmeyer e DR/ fotógrafo(a) desconhecido (a)/ Arquivo de Maximilien Calligaris
TRATAMENTO DE IMAGENS Julia Thompson
PROJETO GRÁFICO DO MIOLO Alles Blau
EDITORAÇÃO ELETRÔNICA Alles Blau e Página Viva

Todos os esforços foram feitos para encontrarmos os detentores dos direitos das imagens publicadas neste livro, o que não foi possível em alguns casos. Estamos dispostos a incluir os créditos faltantes assim que houver manifestação.

Dados Internacionais de Catalogação na Publicação (CIP)
(Câmara Brasileira do Livro, SP, Brasil)

Calligaris, Contardo
  Hello, Brasil! e outros ensaios : Psicanálise da estranha civilização brasileira / Contardo Calligaris. — São Paulo : Fósforo, 2021.

  Bibliografia.
  ISBN: 978-65-89733-22-5

  1. Brasil — Usos e costumes 2. Características nacionais brasileiras 3. Psicanálise — Ensaios 4. Psicologia social — Brasil I. Título.

21-73643	CDD – 155-8981

Índice para catálogo sistemático:
1. Civilização brasileira : Psicanálise : Ensaios   155-8981

Cibele Maria Dias — Bibliotecária — CRB/8-9427

Editora Fósforo
Rua 24 de Maio, 270/276, 10º andar, salas 1 e 2 — República
01041-001 — São Paulo, SP, Brasil — Tel: (11) 3224.2055
contato@fosforoeditora.com.br / www.fosforoeditora.com.br

Este livro foi composto em GT Alpina
e GT Flexa e impresso pela Ipsis
em papel Pólen da Suzano para a
Editora Fósforo em agosto de 2021.